本书出版由"信访实验室建设的研究与探索"项目资助

打造战略支点国家

——美国对波兰剧变与转轨的影响研究

宋　超◎著

世界知识出版社

图书在版编目（CIP）数据

打造战略支点国家：美国对波兰剧变与转轨的影响研究 / 宋超著 . --北京：世界知识出版社，2019.7

ISBN 978-7-5012-6075-1

Ⅰ.①打… Ⅱ.①宋… Ⅲ.①波兰—现代史—研究

Ⅳ.①K513.507

中国版本图书馆 CIP 数据核字（2019）第 184680 号

责任编辑	刘豫徽
责任出版	王勇刚
责任校对	张　琨

书　　名	打造战略支点国家
	——美国对波兰剧变与转轨的影响研究
	Dazao Zhanlüezhidian Guojia
	—Meiguo dui Bolan Jubian yu Zhuangui de Yingxiang Yanjiu
作　　者	宋　超
出版发行	世界知识出版社
地址邮编	北京市东城区干面胡同 51 号　（100010）
经　　销	新华书店
网　　址	www. ishizhi. cn
投稿信箱	lyhbbi@163. com
印　　刷	北京虎彩文化传播有限公司
开本印张	787 毫米×1092 毫米　1/16　18¼印张
字　　数	226 千字
版次印次	2019 年 9 月第一版　2019 年 9 月第一次印刷
标准书号	ISBN 978-7-5012-6075-1
定　　价	58.00 元

前　言

冷战结束后，美国将建立单极霸权作为全球战略目标。面对苏联解体后中东欧地区出现的"权力真空"，美国迅速调整全球战略，试图在欧亚大陆加强自身存在，构筑对美国霸权有利的跨欧亚安全体系。波兰作为中东欧地区大国，是东、西欧地理上的连接点，文化上的交融点，更是周边邻国、域外大国争夺、争取的重点与热点。对美国而言，波兰的地理位置关键，向西能够影响欧盟，向东可以牵制俄罗斯，恰好可以作为美国在中东欧地区的地缘战略支点。美国在波兰转轨过程中提供了大量帮助与支持，力图将波兰拉拢到美国阵营中，并希望以波兰为模板，在中东欧地区和世界其他地区推广民主。

本书从美国对波兰的政策为切入点，全面研究了美国对波兰剧变、转轨与发展的影响。重点论述了美国对波兰剧变后政治经济转轨的影响，研究了美国对波兰政治、经济、国家安全的影响及美波关系在美国对外战略中的重要作用，在美国如何帮助转轨国家进行制度建设、如何推动其民主转型等问题的研究上具有一定创新性。波兰的转轨与发展是中东欧国家中的典型案例，通过研究美国政策对波兰的影响，有助于理解美国对"新兴民主国家"的帮扶措施，对研究美国如何通过对外政策建立单极世界和稳固全球霸权很有意义。

全书核心章节共分为以下几个部分。

第二章研究了美国对波兰的影响与波兰剧变的关系。本章全面梳理分析了冷战结束前美国与波兰的关系，包括美波两国历史上的友好往来，第一次世界大战后美国如何支持波兰重新建国，第二次世界大战后美国怎样帮助波兰争取独立自主，冷战时期美国对波兰政策的演变等。本章的重点是，美国利用苏联改革的时机，对 20 世纪 80 年代兴起的波兰"团结工会"实施了帮助，最终促成"波兰剧变"的发生。本章为分析冷战后美波关系的特殊性和美国对波兰的影响建立了研究基础。

第三章研究了美国政策对波兰政治经济转轨的影响，讨论了美国对转轨国家的帮扶政策在波兰的实施情况。政治上，探讨了美国政府和具有政府背景的非政府组织如何指导波兰制定宪法和实行西方选举制度，分析了美国的文化战略如何帮助波兰巩固民主体制；经济上，分析了美国经济学家萨克斯的"休克疗法"（shock therapy）为何能够成为波兰转轨初期的选择，又为何在波兰的实施效果要强于其他国家；探讨了美国以怎样的政策和支持方式促进波兰转轨；由于美国对欧盟东扩的支持也是对波兰转轨的间接促进，本章还讨论了欧盟东扩及波兰入盟的过程对波兰政治经济转轨的促进和推动作用。

第四章探讨了波兰加入欧盟后美国与波兰关系的发展。本书认为加入欧盟是波兰完成转轨的标志。本章重点论述了美国与入盟后的波兰的关系，从美国对入盟后波兰的政治经济影响和对波兰能源支持两方面展开讨论。政治影响方面，研究了美国如何在波兰不同总统执政时期与波兰发展关系、美国对波兰领导人的支持、美国非政府组织对波兰民主巩固的影响等问题。经济影响方面，论述了美国资本在波兰加入欧盟后的投资规模始终保持较高水平，美国与波兰发展了良好的经济关系。在美国对波兰能源支持方面，探讨了波兰国内能源需求以及对俄罗斯能源高度依赖的客观现实，美国帮助波兰破解能源难题，支持波兰能源进口多元化选择；美国在技术上积极支持波兰，在波兰页岩气开采暂时遇冷的情况下，美国还在与波兰合作开发和利用风能、太阳能等可再生能源，满足波兰能源多样化需求。

第五章着重分析了美国对波兰国家安全的影响。分析了波兰为何愿意在安全上倚重美国；论述了美国实施"北约东扩"战略的原因，以及加入北约对波兰国家安全产生了怎样的影响；分析了美国"东欧导弹防御计划"的前因后果、意义以及对波兰国家安全的影响，梳理了美国在波兰部署反导系统的历程，讨论了反导系统将为波兰带来的技术上、军事上、经济上的额外利益。分析总结了美国及其领导的北约对波兰国家安全的重要意义。

第六章研究了美国对波兰政策产生的国际影响。本章着重分析了波兰对美国全球战略格局的重要意义，讨论了美国将波兰作为推广民主的榜样，并利用波兰巩固冷战时期形成的政治与军事同盟等问题，探讨了美国怎样通过对波兰政策从地缘战略层面遏制与影响俄罗斯。此外，本章从政治、经济与安全三方面分析了美波关系对欧盟的影响，论述了美国与波兰特殊关系对欧盟的"分化"作用和对美欧关系的"黏合"作用。由此可见，波兰作为支点国家对美国的重要作用，以及美国在对外政策实施的过程中如何将别国为己所用，盘活棋局。

本书的主要观点如下。

首先，波兰剧变的发生是内因、外因共同作用的结果，并且内因起主要作用；其次，美国的政策对波兰的成功转轨具有一定影响，在波兰的制度建设和民主转型中有所体现；最后，美国对别国的帮扶必有所图，绝非"无私奉献"。美国一方面扶植波兰成为在世界推广民主的重要力量，另一方面，美国通过自身实力保障了同盟国家核心诉求，并借此完善自身的地区战略部署，对俄罗斯进行地缘战略干扰与遏制，对欧盟施加影响。

通过观察美波关系对地区事务的影响，可以了解美国在其他地区战略布局的意图。中国周边地区不乏美国盟友，美波关系的发展及其影响对中国具有一定的参考价值和借鉴意义。

目　录

第一章

绪　论

波兰是中东欧国家中转轨成果最为显著的国家之一，也是现今美国在中东欧地区的亲密伙伴和重要战略支点。基于历史、现实与地缘政治等多重因素，美国在波兰剧变与转轨过程中给予了诸多支持和帮助，助力波兰成为冷战后转轨国家的"成功样板"和美国对外政策的"忠实拥趸"。

第一节　选题的缘由

冷战结束后，美国欲建立单极世界，实现全球霸权，并以此为导向在全球进行对外战略布局。中东欧地区是美国关注的重点区域。苏联的解体让中东欧地区出现"权力真空"，美国调整全球战略，意图在欧亚大陆加强自身存在，将曾属于苏联阵营的国家拉拢到美国阵营内，构筑一个合作更为深入的跨欧亚安全体系。波兰则是美国对中东欧地区政策的重点实施目标和成功典型。

美国选定波兰作为中东欧地区的重点政策目标，有着历史、现实与地缘政治等多方位因素。

从历史的角度看，美国与波兰颇有渊源。早在美国独立战争时期，波兰裔将领就曾为美利坚大陆的独立立下战功；几个世纪以来，大批的波兰移民到美国立足生根，波兰裔美国人成为美国与波兰之间无法割断的情感纽带。从历史上波兰人民反抗沙俄统治，到第一次世界大战结束后波兰重新建国，再到冷战后期波兰率先脱离苏联模式，走上西方式民主市场经济转轨之路，美国政策对波兰的影响始终贯穿其中。

从现实的角度看，美国与波兰在中东欧地区有着相似的战略诉求。对美国而言，推动波兰等中东欧国家加入北约，有利于加强美国在中东欧地区的存在，增强美国的地缘政治影响和军事影响；美国帮助波兰成功完成转轨，能够通过波兰的示范效用带动其他转轨国家，引领更多中东欧国家向美国靠拢，确保美国在欧洲地区的影响力。对波兰而言，波兰人虽属西斯拉夫人的一支，但国民多信仰天主教，文化上始终与以罗马天主教为主导的西方世界相亲近，加之波兰历史上与巨型邻国俄罗斯之间的复杂关系和冷战期间作为苏联卫星国的不愉快记忆，使得冷战后的波兰将"回归欧洲"并"成为美国的忠实盟友"作为主要国家战略，积极加入"北约"和"欧盟"。这不但源于波兰对其邻国俄罗斯的"恐惧"情绪，也源于波兰对以美国和欧盟为主导的"西方世界"的归属感和文化上的认同感。

从地缘政治的角度看，波兰地处欧洲中部，地缘政治意义重大，被历史学家形象的称为"欧洲的心脏"。[①] 正如英国地缘政治学家哈·麦金德在《民主的理想与现实》中提到的，"谁统治了东欧谁便控制了心脏地带；谁统治了心脏地带谁便控制了世界岛；谁统治了世界岛谁便控制了

---

① Norman Davies, *Heart of Europe: A Short History of Poland* (Oxford & New York: Oxford University Press, 1984) , p. 463.

世界"。波兰在欧洲政治史上一直是大国争夺的对象。特殊的地理位置和"百年辉煌"① 之后日渐衰落的国力致使波兰几度被邻国瓜分，甚至曾亡国达 123 年之久。从 1815 年的维也纳会议，到一战后的巴黎和会，再到二战结束前的德黑兰会议和雅尔塔会议，波兰在大国协商中始终处于重要地位。

二战结束后，在波兰自由选举的问题上，美英等国与苏联产生了分歧，加速了美国杜鲁门政府对苏"遏制政策"的出台和冷战的开启；冷战期间，波兰被美国选定为瓦解苏联阵营的突破口。波兰剧变的发生与美国的政策影响有关，是美国"和平演变"战略在中东欧地区取得的重要成果。冷战结束后，美国在波兰转轨和国家发展的过程中给予了大量支持，希望把波兰打造成美国在中东欧地区的地缘战略支点。

今天的波兰被称为中东欧转轨的"优等生"②，并且在金融危机中成为欧盟成员国中唯一保持经济正增长的国家，这与波兰转轨过程中的成功表现关系密切，也与美国在波兰转轨过程中提供的大量支持与援助有关。近年来，美国积极利用波兰作为欧盟与北约东部边缘的地缘优势，推动波兰在西方与俄罗斯的角力中发挥作用，并以波兰为"新欧洲"的代表，分化欧盟内部团结。对于冷战后外交政策中明确指出要帮助"新兴民主国家"转轨的美国，在哪些方面、以何种方式给予了波兰支持与

---

① 历史上波兰曾经国家富庶，兵强马壮，先后战胜过强大的条顿骑士团、奥斯曼帝国和莫斯科大公国。从公元 15—16 世纪的近 100 年中，波兰雅盖隆王朝（1386—1572）盛极一时，波兰—立陶宛联邦的版图几乎从波罗的海延伸到黑海，对该地区的政治、经济、文化都有着重要的影响，被称为波兰的"百年辉煌"或"黄金时代"。在雅盖隆王朝衰落之后，波兰实行了"自由选王制"和"自由否决制"。权力的分散和有发言权的贵族各自为政导致了波兰国力的迅速衰落，加上周围邻国在波兰王位争夺中挑起的战争，令波兰连年战事不断，最终在 18 世纪末被俄普奥三国瓜分，亡国达 123 年之久。

② 马细谱、李少捷主编：《中东欧转轨 25 年观察与思考》，北京：中央编译出版社 2014 年版，第 147 页。

帮助？这些帮助对于波兰向西方式民主市场经济的转轨和其后的国家发展起到了怎样的作用？对于大国夹缝中生存的波兰，美国又通过怎样的方式影响了其国家安全，美国如何利用与波兰关系服务与自身的战略诉求？这些问题都值得分析与探讨。目前国内外学术研究中缺乏对于这些问题的权威性、系统性研究成果。本文以美国对波兰政策为出发点，全面、系统地研究美国对波兰剧变、转轨与发展的影响，所形成的研究成果具有一定的创新性，可以作为该领域研究成果中的一项有益补充。

第二节　选题的意义

第一，通过波兰这个案例，可以更深地了解美国在东欧剧变和转轨中的作用。波兰是苏东阵营内首个开启转轨模式的国家，实现了由苏联模式向西方多党议会民主制、市场经济的转轨。转轨过程中，波兰国家内部因素固然重要，但美国等西方国家主动向波兰提供的物质支援与技术指导也起到了重要推动作用。深入讨论美国对波兰转轨的影响，研究波兰转轨成效显著的国际因素，能够探知冷战后美国对"新兴民主国家"的"帮扶"及其效果，理解美国全球战略格局中的支点国家追随美国的原因，也有助于理解位于中国周边自恃为美国"盟友"国家的战略选择。

第二，深入分析美国在波兰转轨过程中的作用，有助于明晰美国如何以"民主援助"为理由，运用各种外交手段干涉主权国家的发展。冷战后美国成为唯一的超级大国，触角遍及与其自身利益有关的世界各处。中东欧地区冷战时就是美国外交政策的重点，冷战后美国又将防止民主浪潮逆转作为政策制定的关键。通过探讨美国对波兰转轨与发展的影响，可以窥测到美国对冷战后国际秩序重建的基本政策与实施方法，描摹出冷战后"新兴民主国家"大图景，而这些国家多数都成为美国在该地区的战略基石。分析美国政策在波兰的具体实施状况，对于深刻把握美国全球战略的长远布局很有裨益。

第三，通过分析美国对波兰国家安全的影响，可以了解美国如何通过自身实力保障同盟国家的核心诉求，同时又完善美国的地区战略部署。波兰作为北约东扩后首批加入其中的国家，始终在北约框架中保持活跃，追随美国的军事行动，并要求美国在波兰领土上增设军事部署等方式提升波兰安全感。波兰积极追随美国有多方面原因，对经济利益的追求还在其次，对国家安全的考量是波兰关注的重点。[1] 美国则通过满足波兰对于安全感的期待，提升自身在中东欧地区的战略优势。这对于理解美国在亚洲地区、特别是中国周边地区的战略部署有很强的借鉴意义。

第四，美国的对外政策必然服务于其国家利益，从美国对波兰的政策产生的国际影响能够探知一二。美俄关系与美欧关系仍是当今世界最重要的双边关系之一，通过分析美国对波兰的政策，有助于了解美国如何在中东欧地区布下"棋局"，压缩俄罗斯战略空间，又如何在该地区借助波兰的力量，对俄罗斯进行地缘战略干扰与遏制。欧盟是美国的重要盟友，美国对波兰的政策能够对欧盟产生有益影响。但是美国担忧统一的欧盟成为美国的对手，通过分析美国对波兰政策对欧盟的影响，可以看出美国如何帮助波兰提升地区影响力，同时利用波兰在中东欧地区的地位和话语权来"分化"欧盟成员国，以保障美国自身地位不被挑战。

---

① Jeremy Shapiro and Nick Whitney, *Towards a Post-American Europe: A Power Audit of EU-U. S. Relations*(The European Council on Foreign Relations, 2009), p. 36.

第三节　核心概念界定

对于波兰转轨的概念界定有以下两方面。

一是对"转轨"概念的辨析。对后冷战时期波兰国家西方化的转变过程，通常有转型（transformation）和转轨（transition）两种说法。根据丹麦社会学家米米·拉松（Mimi Larsson）对这两个概念的区分，"转轨"是一种直线的演进过程，重点在于政治和经济制度改革进程的结果，在初期就明确了改革的目标和方向；而"转型"则暗含了改革进程的不可确定性，是一种向着崭新和未知目标的改革。[①] 波兰剧变后即明确要抛弃苏联式中央计划经济和一党执政体制，转变为西方式民主市场经济和多党议会制，具有相对明确的目标和参照物，相较之下中国的改革开放目标明确，但没有可参照的对象，是"摸着石头过河"，探索前所未有的社会主义市场经济道路，符合"转型"国家的定义。由此比较可看出，对波兰而言，用"转轨"一词描述波兰剧变后的国家发展更为妥当。

二是对转轨完成指标的界定。一种普遍的看法是以加入欧盟为转轨完成的重要标志，但也有观点认为加入欧盟只是完成了转轨的一个阶段，转轨是否结束应考察"转型意外"是否已广泛消失。[②] 根据经济合作与发展组织（OECD）和世界银行的数据，波兰自 2011 年起就被纳入高收

---

① Mimi Larsson, "Political Action in a Post-Socialist Society," Department of Anthropology and Ethnography, Århus University MA Research Thesis, 2004, http://www.anthrobase.com/Txt/L/Larsson_ M_ 02.htm.

② 朱晓中：《转型九问——写在中东欧转型 20 年之际》，《俄罗斯中亚东欧研究》2009 年第 6 期，第 50 页。

入国家行列①，剧变以来波兰国内政治形势没有出现巨大动荡，甚至2010年的斯摩棱斯克空难也没有令国家陷入停滞与混乱，所以本文认为第一种看法更为妥帖。虽然波兰仍处于经济上升与民主巩固时期，但国内政治与经济形势整体发展良好，2004年加入欧盟即是波兰转轨完成的标志，在此之后波兰进入转轨后国家发展时期。

第四节　研究现状

国内外学界对于美国政策对波兰影响的研究主要集中于冷战后期，多为探讨美国对波兰剧变的推动作用。关于冷战后美国对波兰的政策研究，多数嵌于美国对欧政策、对俄政策等大框架中。针对美国通过怎样的方式、组织机构、途径帮助波兰转轨，在波兰国内又产生了怎样的效果等问题，学界尚缺乏系统的研究与探讨。

一、国内研究状况

国内学界关于美国对波兰的影响主要集中于探讨波兰剧变的著述中。对于冷战后美国对波兰等中东欧国家政策的研究成果，多为在讨论"北约东扩""东欧导弹防御计划"等地区性政策，或在研究美欧关系及美俄关系时提及中东欧地区。关于美国对波兰国家发展的影响，则多以波兰为切入点，在探讨波兰转轨与国家发展过程中的外部影响和对外政策取向时论及美国。

---

① 马细谱、李少捷主编：《中东欧转轨25年观察与思考》，北京：中央编译出版社2014年版，第167页。

（一）关于美国对波兰剧变影响的研究

随着冷战时期美国外交政策档案的解密，国内学界关于波兰剧变中美国政策的影响的研究成果逐渐丰富起来。美国对波兰的政策是美国对中东欧政策中的一部分，关于冷战时期美国对波兰等中东欧国家的政策，一些研究美国外交的专著中有所涉及。这些著作多从大国视角来分析冷战局势和大国关系，立足于美国对苏东和平演变的视角，分析冷战时期波兰等中东欧国家在美苏角力中的处境与选择。① 关于冷战时期美国对波兰政策的研究，主要集中于探讨美国政策对波兰剧变的影响。冷战时期的美波关系在华盛顿地位特殊，美国将波兰作为向东欧国家推行和平演变的重要试点。② 冷战伊始，美国就开始在东欧地区推行援助政策，特别是1956年波匈事件之后，美国意识到苏东阵营并非铁板一块，对东欧地区的"演变政策"得以确立和实施。③ 国内学界在20世纪90年代前后有很多关于西方国家对社会主义阵营实施"和平演变"战略的相关著述和资料集，基于社会主义与资本主义相互斗争的视角，分析波兰发生政治体制转轨的原因，并分析了美国等西方国家对剧变前后的波兰实施的政策，认为西方的政策是催生并推动了波兰剧变的重要原因。④

---

① 崔丕：《冷战时期美国对外政策史探微》，北京：中华书局2002年版；刘金质：《冷战史》，北京：世界知识出版社2003年版；王玮、戴超武：《美国外交思想史（1775—2005）》，北京：人民出版社2007年版；资中筠：《战后美国外交史——从杜鲁门到里根》，北京：世界知识出版社1994年版。

② 吕香芝、白建才：《冷战时期美国对波兰政策的特点》，《社会科学家》2012年第9期。

③ 赵耀虹：《冷战时期美国对东欧的援助政策（1945—1968）》，华东师范大学国际关系史专业硕士学位论文，2014年；许加梅：《冷战时期美国对东欧政策研究（1955—1968）》，复旦大学世界史专业博士学位论文，2004年。

④ 刘洪潮：《西方和平演变社会主义国家的战略策略手法》，武汉：湖北人民出版社1989年版；董耀鹏、胡克、白广元：《两种制度的生死较量——和平演变与反和平演变》，北京：书目文献出版社1991年版；李振城：《无硝烟的战争——"和平演变"与对策》，天津：天津社会科学院出版社1991年版；梁云彤等：《美国和平演变战略》，长春：吉林人民出版社1991年版；郑怀义主编：《和平演变与反和平演变》，北京：中国人民公安大学出版社1990年版。

　　杨友孙的《波兰演变的美国因素探析》是研究冷战时期美国对波兰政策的代表性著作，通过解密档案资料，系统梳理了冷战时期美国如何在东欧地区实施"和平演变"战略，将波兰作为典型案例进行研究，并认为，"美国外交政策是波兰乃至整个东欧社会主义灭亡的一个重要外部因素"。[①] 1980 年至 1989 年是波兰"团结工会"最活跃的时期，也是最能集中体现美国对波兰政策重要性与影响力的时期，吕香芝的《打开缺口：美国对波兰政策研究（1980—1989）》运用大量新解密的一手资料，对从 1980 年波兰危机到 1989 年波兰剧变之间美国对波兰的政策作了详细的梳理，讨论了"隐蔽行动"战略在波兰的实施，认为美国政策对波兰的政局演变和制度崩溃起到了"加速器"的作用。[②] 一些研究成果论述了波兰剧变发生的原因与过程，或从政党研究的角度讨论波兰统一工人党下台的原因。其中比较独特的是驻波兰外交官裴远颖的《关于波兰剧变的回忆》，对剧变第一现场进行了生动描写，并对剧变发生的过程与原因作了具体论述。波兰剧变很重要的因素是 20 世纪 80 年代波兰经济每况愈下，波兰统一工人党无法扭转经济颓势，却试图镇压反对者和罢工者，加之教会和西方国家对波兰施加影响，使波党政权最终失去了人民的信任，导致剧变的发生。[③] 中国前驻波兰大使刘彦顺的专著《波兰历史的弄潮儿：雅鲁泽尔斯基》通过对雅鲁泽尔斯基生平的记述，从波兰政策制定者的视角形象地描摹了 20 世纪 80 年代波兰局势的变迁，记述了

---

　　① 杨友孙：《波兰演变的美国因素探析》，北京：中国文史出版社 2005 年版。

　　② 吕香芝：《打开缺口：美国对波兰政策研究（1980—1989）》，陕西师范大学世界历史专业博士学位论文，2013 年。

　　③ 万昌华：《波兰政治体制转轨研究》，济南：齐鲁出版社 2013 年版；刘邦义：《波兰政局的剧变与"团结工会"》，《世界历史》1995 年第 5 期；郭增麟：《波兰：从军管到交权——政治转轨中的雅鲁泽尔斯基》，《当代世界社会主义问题》2001 年第 2 期；李兰：《波兰统一工人党下台的原因及启示》，《理论前沿》2011 年第 10 期。裴远颖：《关于波兰剧变的回忆》，《南风窗》2005 年第 7 期。

剧变发生的过程，对于深入了解剧变前后的波兰形势有一定的参考价值。① 美国对外政策中的文化宣传手段不可小觑，冷战时期的"自由欧洲电台"等文化宣传对东欧地区民众的观点产生极大影响。② 美国还利用宗教对波兰民众的影响力，在 1982 年与波兰籍教皇约翰·保罗二世签订"神圣同盟"，共同商定扶植"团结工会"，争取从体制内部产生变动，以使波兰早日脱离苏联卫星国的轨道。③

（二）关于美国对波兰转轨影响的研究

国内学者关于美国政策对波兰影响的探讨多集中于冷战时期，对冷战后美国在波兰转轨过程中发挥作用的论述中，多数是从波兰的视角讨论波兰外交转型与波兰国家安全等方面的问题时会论及美国的影响。④ 研究美国冷战后对波兰等中东欧国家政策的成果多数集中于讨论美国对该地区政策的不同方面，例如北约东扩、东欧导弹防御计划、美欧关系或美俄关系中的中东欧地区等。美国对波兰的政策研究多散见于以上种种研究之中。

关于冷战后美国对波兰等中东欧国家政策的研究：冷战结束后，美国针对原华沙条约组织成员推出北约"和平伙伴关系"计划，并在此基础上积极推进北约东扩，同时支持欧盟东扩，以期对中东欧转轨国家的政治、经济与社会转型和国内制度建设起到引导作用。冷战结束初期，

---

① 刘彦顺：《波兰历史的弄潮儿：雅鲁泽尔斯基》，北京：世界知识出版社 2016 年版。

② 吴媛：《自由欧洲电台与东欧剧变》，陕西师范大学美国史专业硕士学位论文，2013 年。

③ 杨友孙：《论宗教因素在美国对波兰和平演变中的作用》，《江西财经大学学报》2008 年第 1 期；段德智：《境外宗教渗透与苏东剧变研究》，北京：人民出版社 2015 年版。

④ 李寒秋：《波兰对外战略转型剖析》，《国际展望》2004 年第 3 期；赵艳霞：《波美特殊关系及其制约因素探析》，《天中学刊》2008 年第 3 期；汪红英：《欧盟东扩背景下的波兰外交政策》，华东师范大学思想政治教育专业硕士学位论文，2007 年。

美国即出台政策，将帮助促进和巩固新的民主制和市场经济视为重要外交任务，认为"新生民主国家"的民主制度和市场经济往往脆弱，防止这些国家出现民主浪潮的逆转，关系到美国政策的成败。① 王缉思、徐辉、倪峰主编的《冷战后的美国外交（1989—2000）》一书探讨了美国与欧盟对中东欧国家的经济援助，认为该时期美欧在中东欧地区的利益一致，"欧盟东扩"可以说是克林顿政府倡导的"参与和扩展战略"的主要手段，双方都对中东欧国家的经济转轨提供了积极的援助。② 陆南泉、朱晓中主编的《曲折的历程：中东欧卷》是国内关于中东欧转轨问题研究的合辑，对中东欧地区转轨进行了比较全面的论述。从中东欧国家的视角，在政治、经济、外交、国家发展等领域分别探讨中东欧国家的转轨情况。其中专题讨论了美国与中东欧国家的关系，以及欧盟和北约对于中东欧的转型约束和影响，但都未以国别的形式分别讨论，而是将中东欧作为整体加以论述。③ 波兰的地理位置与文明归属可以解释剧变后其"回归西方"政策的根本原因，美国对于波兰则是解放者和历史上拥有友好往来的国家，波兰为了安全保障、地缘政治利益和经济利益，自觉与美国保持亲密关系，在一些国际事务中站在美国一边。④ 而以美国为首的西方国家积极支持波兰的政治与经济转轨则是出于制衡俄罗斯的目的。⑤

北约东扩战略在冷战后美国中东欧政策中具有重要意义，有助于波兰国家安全感的提升，对美欧关系、美俄关系都有重要影响。北约东扩

---

① 赵学功：《当代美国外交》，北京：社会科学文献出版社 2012 年版，第 10 页。

② 王缉思、徐辉、倪峰主编：《冷战后的美国外交（1989—2000）》，北京：时事出版社 2008 年版。

③ 陆南泉、朱晓中：《曲折的历程：中东欧卷》，北京：东方出版社 2015 年版。

④ 周伟：《浅谈冷战后波美关系》，《俄罗斯中亚东欧研究》2007 年第 4 期。

⑤ 朱新光：《地缘政治与西方对波兰的外交战略》，《东欧中亚研究》2000 年第 6 期。

的目的之一便是巩固中东欧地区的民主，推广共同价值观，是克林顿政府提出并实施的"参与和扩展战略"的重要组成部分。美国以全球治理与地区介入为手段，大力推广美国民主和普世价值，维护其全球霸主地位。因此，北约东扩首先代表美国的重要政治利益，在美国政府内部被看成可与"马歇尔计划"相提并论的历史性事件。[①] 一种观点认为，美国的北约东扩战略是为冷战后北约在欧洲地区的存续找到恰当的理由，实则为推行单边主义政策，抢占东欧地区市场[②]；然而"和平伙伴关系计划"不但将波兰等中东欧国家纳入了与北约合作的轨道，并且通过一系列加入条件和联合军事行动促进了中东欧国家进一步向着经济自由化、政治民主化转变，还逐步树立了美国在合作中的中心地位。也就是说，美国主导的北约东扩战略对中东欧国家内政外交与国家安全的塑造也有重要意义。波兰作为北约东扩中首批加入北约的国家，在转轨过程中内政和外交必然都受到北约东扩的影响，特别是在国家安全方面，北约对于波兰可谓影响深远。国内学界多从大国关系或波兰外交转向的角度探讨北约东扩，鲜有分析北约东扩之后对波兰国家安全感的影响的成果。[③]

欧盟东扩与波兰入盟无疑对波兰转轨具有重要推动作用，而美国对波兰的战略定位使得美国与欧盟的关系会影响波兰的战略选择。冷战后美国对欧盟政策几经变迁，特别是 2003 年伊拉克战争之后，美国对"新老欧洲"的区分政策分化了欧盟成员国，有学者认为，美国积极支持波兰等北约成员国加入欧盟，是为了抵消欧盟内部的凝聚力。[④] 另外，大国

---

① 李芸：《从冷战后北约战略概念的演变看美欧关系变化》，外交学院国际关系专业硕士学位论文，2013 年。

② 林婕：《冷战后北约东扩与美欧关系》，武汉大学世界史专业博士学位论文，2005 年。

③ 刘军、李海东：《北约东扩与俄罗斯的战略选择》，上海：华东师范大学出版社 2010 年版；陈佳：《论北约转型》，中共中央党校国际政治专业博士学位论文，2009 年；彭睿睿：《试论美欧在北约东扩中的争论与合作》，上海师范大学世界史专业硕士学位论文，2003 年。

④ 杨友孙：《美国对欧盟政策的演变及其影响》，《国际问题研究》2006 年第 4 期。

夹缝中的中东欧国家左右逢源，在美欧争执时，波兰等国往往支持美国而得罪欧盟，而当欧俄不和时，则倚重欧盟。可以说，波兰等国是美国平衡欧盟主要大国的重要砝码，也是牵制与防范俄罗斯的前沿阵地。^① 美国在波兰等中东欧国家部署反导系统进一步支持了这一观点。很多学者认为，美国对波政策不但能够削弱俄罗斯对其传统势力范围的影响与控制，而且能够巩固美国在北约的主导权，还能进一步紧密欧盟与美国关系，这实质上是"冷战思维"的延续。^② 同时，波兰等国也能在美国反导系统的设立中得到好处，波兰将在反导基地建设中得到溢出效应，包括美国资金大量涌入、更新现代化防空体系装备和加速波兰军事现代化等。^③

伊拉克战争是美国对波兰的影响中具有里程碑意义的界点。美国与欧盟主要大国（法德轴心）的一大分歧产生于 2003 年的伊拉克战争，伊拉克战争后美国划分了"新欧洲"与"老欧洲"，同时也加强了美波同盟关系。中国前驻法国大使蔡方柏曾指出，2003 年，美英绕过联合国授权对伊拉克发动战争引发了二战后欧美关系史上最严重的冲突，标志着欧美矛盾由经贸等方面的一般摩擦上升到战略层面。欧美矛盾尖锐化的原因主要是冷战后共同敌人的消失使得欧洲减少了对美的防务依赖，欧洲一体化的推进使得力量对比发生了有利于欧洲的变化，欧美战略目标的差异使得深层次矛盾难以调和。^④ 对此，美国采取了"奖罚分明"的做法：与欧洲各国选择性结成联盟，分化欧盟内部团结，重视"新欧洲"

---

① 朱行巧：《大国争斗与夹缝中的中东欧》，《俄罗斯中亚东欧研究》2008 年第 1 期。

② 刘华平：《论美国东欧反导计划对欧洲共同安全与防务政策的影响》《国际论坛》，2009 年第 2 期；李巧英：《美国的东欧导弹防御计划研究》，华东师范大学国际政治专业硕士学位论文，2010 年；姜振飞：《美国在东欧部署反导系统的动机及影响》，《现代国际关系》2007 年第 8 期；姜振飞：《美国东欧反导计划评析》，《解放军外国语学院学报》2008 年第 1 期。

③ 梦峨：《美国反导基地好处多波兰不轻言放弃》，《世界报》2008 年 6 月 25 日，第 6 版。

④ 蔡方柏：《欧美矛盾及其发展趋势》，《国际问题研究》2003 年第 6 期。

国家，拉拢波兰到伊拉克维稳，排斥更有维和经验的德法两国，将美国在德国的驻军调至波兰，进一步压缩俄罗斯的战略空间。① 冷战后美国欧洲战略的重心在向东移，由于新欧洲国家对美国过去的帮助充满感激，在伊拉克问题上更容易接受"道德论据"而非欧洲的"现实政治"。伊战后的波兰时刻以"新欧洲"的领头羊自居，特别是在金融危机中成为欧盟唯一经济没有衰退的国家后，让波兰更有底气充当"新欧洲"地区大国，外交上采取更加积极的姿态。②

关于美国对波兰政治转轨的影响的相关研究表明，美国非政府组织在波兰政治转轨中发挥了很大作用，除了有政府背景的非政府组织外，美国私人基金会也对波兰转轨时期的公民社会建设等方面进行了援助和支持。③ 美国主导的北约东扩也促进了波兰等国政治转轨进程。除了美国的直接影响外，美国通过推进欧盟一体化进程，间接促进了波兰政治转轨。有统计数据表明，波兰的政党体系在中东欧转轨国家中受欧盟影响最大而且最直接。④ 高歌在《中东欧国家政治转轨的基本特点》中指出："中东欧国家的政治转轨发生在经济全球化和区域一体化的大潮中，外部因素对政治转轨的导向性不可低估。北约、欧盟等国际组织的援助对政治转轨起到了一定的促进作用，而中东欧国家回归欧洲的迫切愿望使得西方组织，特别是欧盟提出的标准对转轨更具有规范和导向意义。"⑤ 也有学者认为，虽然中东欧国家在政治体制转轨过程中离不开欧盟的导向作用，但也应注意本国在入盟、民主和效率等方面存在的矛盾，积极应

① 赵怀普：《美国"新欧洲"战略》，《瞭望新闻周刊》2003 年第 43 期。

② 朱晓中：《新欧洲 老欧洲：欧洲再次分裂?》，《世界知识》2013 年第 13 期。

③ 霍淑红：《冷战后美国私人基金会对中东欧国家的民主援助解析》，《国际论坛》2013 年第 3 期，第 38—42 页。

④ 孙敬亭：《转轨与入盟——中东欧政党政治剖析》，北京：中国文史出版社 2006 年版。

⑤ 高歌：《中东欧国家政治转轨的基本特点》，《当代世界与社会主义》2009 年第 1 期。

对并及时调整自身发展战略。① 转轨前十年中，相较其他欧洲国家，波兰公众的政治热情始终高涨，因而推动波兰的"民主私有化"并成为"工会治下走向资本主义"的典型。② 正是由于民众的广泛参与和配合，波兰才较顺利地渡过了转轨之初的"休克"阶段，但因此而造成的企业改制过程中各方讨价还价也导致了转轨成本较高。曾是波兰最大的格但斯克造船厂就因为争论十年不决而导致资不抵债，遭受破产清理。然而这也使波兰改革过程中的产权配置具有充分的道义合法性，也是波兰贫富分化程度相对较低、人民幸福指数高的原因。③ 波兰的民众政治参与程度高有其本国内部的历史因素，也离不开美国的引导与影响，这在以上这些研究中鲜有提及。

关于美国对波兰经济转轨影响的研究中，国内学界主要研究内容包括波兰转轨时期的路径选择，以及美国主导的国际组织的"帮扶"措施等。受"新自由主义经济学"影响，以及来自国际货币基金组织和世界银行等国际金融机构的帮助与指导，波兰等中东欧转轨国家将"华盛顿共识"（倡导"私有化、市场化、自由化"）应用于国家转轨改革，推出了一系列涉及金融改革、对外开放等领域的重要改革举措。基于波兰视角探讨转轨的成果相对较多，主要包括对波兰等转轨国家经济体制转轨的全面探讨以及对经济转轨某一方面的分析，还有对两个经济转轨国家的对比分析。④ 波兰之所以成为中东欧转轨国家中的"优等生"，得益

---

① 张迎红：《浅论中东欧国家政治体制的欧盟化问题》，《俄罗斯中亚东欧研究》2006 年第 5 期；宋耀：《欧盟东扩对中东欧国家的负面影响分析》，《俄罗斯中亚东欧研究》2005 年第 1 期。

② 金雁、秦晖：《十年沧桑——东欧诸国的经济社会转轨与思想变迁》，北京：东方出版社 2011 年版。

③ 金雁：《从"东欧"到"新欧洲"20 年转轨再回首》，北京：北京大学出版社 2011 年版。

④ 范新宇：《转轨国家经济发展道路的思考》，中国社会科学院研究生院世界经济专业博士学位论文，2001 年。

于其成功忍受"休克疗法"带来的经济衰退、国内民主化程度相对较高、贫富分化问题较小、改革方式结合本国情况不完全照搬西方，另外，其地缘战略位置也使波兰有充裕的空间吸收西欧的先进技术，同时利用东欧的廉价劳动，更有国际环境上的有利条件为波兰经济转轨争得先机。① 其中国际上的有利条件就包含美国和以美国为主导的国际金融机构的大力支持，这些有利因素促进并推动了波兰经济转轨的成功。

从波兰转轨初期的"休克疗法"到民主制度下的选举方式，美国都曾直接或间接给予波兰指导和帮助②，但对于美国民间基金会、智库和美国主导的国际货币基金组织、世界银行等国际组织在波兰政治经济转轨过程中发挥的影响，国内研究成果缺乏系统性论述分析。乌克兰危机的持续发酵使得中东欧地区再次成为众矢之的，而经济发展状况良好、与美国关系紧密的波兰在本地区也正在发挥愈发重要的作用，详细分析美国对波兰在冷战后的转轨过程中的影响，对于深入理解中东欧政治格局中美国的战略部署将很有帮助。

（三）关于美国对波兰国家发展的影响的研究

波兰加入欧盟以来，以国别形式探讨美国对其欧洲盟友波兰的影响的文献比较鲜见，国内研究成果多为在探讨波兰转轨与国家发展过程中的外部影响和对外政策取向时论及美国。马细谱、李少捷主编的《中东欧转轨 25 年观察与思考》从政治、经济与外交领域分别探讨了中东欧国家迄今为止的转轨情况以及未来发展方向，认为波兰已经成为中东欧转型经济体中名副其实的"明星国家"，已在 2011 年成为经济合作与发展

---

① 马细谱、李少捷主编：《中东欧转轨 25 年观察与思考》，北京：中央编译出版社 2014 年版，第 163—177 页。

② 北京大学国家发展研究院：《科勒德克：波兰改革历程及启示》，《北京大学国家发展研究院简报》2004 年第 11 期。

组织和世界银行定义下的"高收入"国家。在对外关系上，美国仍是波兰在欧洲之外最重要的伙伴，美波两国不仅商讨建立反导系统，开采波兰页岩气、发展核能等问题也已列入日程；波俄关系虽然有所改善，但波兰仍是美欧向俄罗斯和独联体国家推行"颜色革命"的重要推手。①熊昊的《入盟后波兰对美欧俄外交政策的演变——基本政策与主要难题》是目前国内对波兰加入欧盟后外交政策变化比较全面的论述，从历史记忆和地缘政治等多个角度分析了波兰外交选择与现状，探讨了大国与地区对波兰外交政策的影响、波兰面临的困境与主要难题。该文探讨了波兰加入欧盟后不同总统任期内波美之间的互动，显示出波兰国家发展过程中美国对其政治、经济、外交、能源和国家安全等方面的影响，波兰当政者始终注意维护与美国的关系，即便是在亲欧盟的图斯克政府执政时期，美波关系也并没有被弱化。②

　　美国与波兰关系的发展无法绕开俄罗斯和欧盟，与俄罗斯关系始终是波兰外交政策关注的重点。对俄罗斯而言，西部安全一直是国家安全的核心，苏联解体以来的俄罗斯西部安全战略主要以应对北约为主，战略的目标包括制止对俄罗斯主权、领土完整的挑衅，遏止境外武装冲突向俄罗斯蔓延，力守周边势力范围，保持和维护俄罗斯的大国地位，为其在未来欧洲安全体系中争取有利的地位等方面。③影响波俄关系的内因包括历史问题、经济问题、车臣问题以及文化价值观差异，外因主要是以美国为首的北约、欧盟以及乌克兰的因素。虽然俄波在一些领域的合作取得了一定进展，但因为历史积怨、大国博弈和领导人治国理念等各

---

　　①　马细谱、李少捷主编：《中东欧转轨25年观察与思考》，北京：中央编译出版社2014年版。

　　②　熊昊：《入盟后波兰对美欧俄外交政策的演变——基本政策与主要难题》，中国人民大学国际关系专业博士学位论文，2011年。

　　③　柳丰华：《苏联解体后俄罗斯的西部安全环境与西部安全战略》，中国社会科学院研究生院国际政治专业博士学位论文，2002年。

种主客观因素的存在，两国仍然有许多实质问题未得到解决。除了北约东扩和历史问题纠缠不清外，俄罗斯不满波兰在车臣问题上的举动。波俄之间核心战略相背离、波美特殊关系和俄美之间的竞争态势，让俄波关系的未来充满变数。① 从长期看，波兰等国与俄罗斯对彼此的偏见仍不容忽视，普京时期的俄罗斯对中东欧政策实施了细分，针对包括波兰在内的中欧地区以尽量使其中立为主。因为波兰作为中东欧地区大国，其外交政策将不仅影响与俄罗斯双边关系，还将影响俄罗斯与欧盟关系。② 对此，有学者认为波兰等国可以采取经济上靠欧盟，安全上靠美国的左右逢源的角色，也有观点认为中东欧国家在俄欧关系中扮演"桥梁"角色是最佳选择。③ 波兰在外交上亲美取向的背后是一种深刻的不安全感，以及对唯有美国能帮助它摆脱地缘政治陷阱的坚定信念。几乎每届波兰政府上台都会强调，支持美国继续在欧洲保持军事和经济存在，也乐于保持与美国的"特殊"关系。波兰不仅能依靠美国牵制俄罗斯、保障自身安全与防务，还可以在一定程度上借助波美"特殊关系"提升自己在欧洲的地位和影响。④ 但也有观点认为卡钦斯基政府正是由于过分亲美导致与国内民意相违背而丧失了执政地位。⑤ 波兰的外交政策主要秉持"亲美不脱欧"的原则，积极以欧盟大国姿态执行欧盟外交政策，并继续同美国一道向外推销民主政治，特别是在涉及独联体国家和乌克兰事件时，

---

① 唐娟：《冷战后的俄波关系》，黑龙江大学国际关系专业硕士学位论文，2012 年；杨娜：《冷战结束以来的波俄关系研究》，中共中央党校国际政治专业硕士学位论文，2012 年。

② 高歌：《冷战后中东欧国家与俄罗斯的关系》，《俄罗斯研究》2007 年第 1 期；朱晓中：《从铁板一块到市场细分——普京时期俄罗斯对中东欧国家政策》，《俄罗斯中亚东欧研究》2008 年第 3 期；成键：《空难·气田·俄欧关系走向》，《中国石油石化》2010 年第 9 期。

③ 朱行巧：《大国争斗与夹缝中的中东欧》，《俄罗斯中亚东欧研究》2008 年第 1 期；陈士平：《论冷战后中东欧在俄欧关系中的角色变化》，华东师范大学国际关系专业硕士学位论文，2005 年。

④ 郭洁：《近二十年波兰外交转型刍议》，《俄罗斯研究》2012 年第 1 期。

⑤ 吴庆隆：《后金融危机时代中东欧政党政治研究——以波兰、匈牙利为例》，华东师范大学国际关系专业硕士学位论文，2013 年。

仍会起到推动"颜色革命"的作用。[1]

　　加入欧盟后波兰政治局势总体平稳，但在 2015 年，波兰法律与公正党赢得了总统大选和议会参众两院的选举，继而出台了一系列颇具争议的法案，引发"宪法危机"，被质疑为"民主倒退"，在欧盟内部引起强烈反响。[2] 转轨国家过度依赖出口是其经济金融不稳定的重要来源。波兰是 2009 年欧盟 27 个成员国中唯一没有发生经济衰退的国家，是由于波兰有着较大规模的国内市场，对国外市场的依赖较小，这在某种程度上也由于波兰贸易开放程度相对低。另外，政府的宏观经济调控对于金融体制相对脆弱的转轨中国家十分重要，波兰国家层面的经济把控与主导政策也在其良好的经济走势中发挥了重要作用。[3] 孔田平也认为："与欧盟的深度一体化才是中东欧国家蒙受如此之大经济损失的深层或制度基础。"[4] 一国的经济发展离不开外国资本的流入，美国在波兰的投资额超过对所有其他中东欧国家投资的总和，这也成为美国与波兰形成中东欧地区特殊关系的一个重要背景。[5]

　　2016 年，英国通过脱欧公投后，波兰也出现了欧盟分离主义的呼声，加入欧元区的步伐再次放缓，甚至波兰前总理图斯克竞选连任欧盟理事会主席时，唯一一票反对票就来自波兰，这与波兰国内的党派争斗有关，也间接表现出了波兰对欧盟的不满。美国特朗普政府上台后，对欧盟也

　　[1]　马细谱、李少捷主编：《中东欧转轨 25 年观察与思考》，北京：中央编译出版社 2014 年版，第 178—189 页。

　　[2]　朱晓中：《波兰的"民主后退"和欧盟的两难选择》，《世界知识》2016 年第 8 期。

　　[3]　刘坤：《金融全球化背景下俄罗斯中东欧转轨国家金融发展与金融安全》，东北财经大学世界经济专业博士学位论文，2012 年。

　　[4]　孔田平：《试论国际金融危机对中东欧国家的影响》，《俄罗斯东欧中亚研究》2009 年第 4 期。

　　[5]　冯绍雷：《构建中的俄美欧关系——兼及新帝国研究》，上海：华东师范大学出版社 2010 年版，第 374 页。

多有微词。波兰作为欧盟内深受美国影响的成员国，在欧盟内部问题上的表现和产生的影响都值得深入探讨。

二、国外研究状况

国外研究成果对于波兰的转轨与发展论述视角更为多样。对于美国对波兰转轨与发展的影响方面，参与波兰转轨初期经济政策制定的美国经济学家的相关著述具有重要参考价值。与国内研究现状类似，国外学者也多从波兰视角出发，在讨论波兰的经济转轨、对外政策转型等方面谈及美国的影响。

（一）关于美国与波兰剧变与转轨问题的研究

国外学界对波兰政治、经济与外交转型成果相对丰富，分析视角也多样化。

对于波兰国家历史与基本国情的基础性研究中，波兰学者耶日·卢克瓦斯基和赫伯特·扎瓦德斯基合著的《波兰史》讲述了波兰皮亚斯特王朝时期直至 2005 年的波兰历史；英国学者罗伯特·拜德勒克斯与伊恩·杰弗里斯合著的《东欧史》讨论了波兰剧变以来的社会发展历程与转轨过程。两部著作对波兰国内转轨情况、政党变迁、经济改革以及加入北约、欧盟等冷战后的重大事件都有涉及，虽然篇幅有限，但论述思想性很强。[1] M. K. 杰万诺夫斯基编写的《波兰共产党历史概要》以梳理波兰统一工人党历史的方式展现了冷战时期的波兰国家状况，并认为

---

[1] ［波］耶日·卢克瓦斯基、赫伯特·扎瓦德斯基：《波兰史》（常程译），上海：东方出版中心 2014 年版；［英］罗伯特·拜德勒克斯、伊恩·杰弗里斯：《东欧史》（韩炯等译），上海：东方出版中心 2013 年版。

波党大力推进工业化造就了庞大的中产阶级，他们渴望消费、渴望西方的生活方式，要求更多地参与国家管理，波兰又是具有西方倾向的、罗马天主教占绝对优势的国家，这使得波兰社会从本质上就不愿意受外来意识形态支配，但这却与波兰统一工人党垄断政权相矛盾，也构成了波兰在80年代末发生剧变的根源。[①] 对于波兰剧变后的"向西方"政策的根源，塞缪尔·亨廷顿从文明角度给出了很好的解释，东正教地区与归顺梵蒂冈教廷的基督教地区被视为不同的文明形式，而在90%以上民众都信仰天主教的波兰，对西方的归属感自然强于对东正教的俄罗斯。[②] 美国学者雷蒙德·塔拉斯在《波兰的长期恐俄症？精英和大众态度的比较》中引用了约翰·罗素（John Russell）[③] 的观点，认为那些坚持、渴望1214年《大宪章》（Magna Carta）统治的社会对那些1206年《成吉思汗法典》（Genghis Khan's Great Yasa）治下的现代社会感到的恐惧[④]。在欧洲，这两者的断层线恰恰位于东欧。[⑤] 这也间接解释了波兰为何要竭力转向西方而远离曾在成吉思汗治下的俄罗斯。

（二）关于波兰转轨与发展的研究

由于波兰在转轨过程中经济发展成绩卓著，国外学者与研究机构很

---

① ［美］M. K. 杰万诺夫斯基：《波兰共产党历史概要》（杨绿洲译），北京：人民出版社1990年版，第421—423页。

② ［美］塞缪尔·亨廷顿：《文明的冲突与世界秩序的重建》（周琪等译），北京：新华出版社2013年版。

③ John Russell, "The Problem with Russian Foreign Policy: Their 'Chechenophobia', or our 'Eurasiaphobia'?" Unpublished paper presented at the international Studies Association Conference, New York, February 15, 2009.

④ 1206年《成吉思汗法典》是成吉思汗针对民众列出的各种犯罪的惩罚性规则；1214年《大宪章》则列举出了英国人所享有的个人自由。

⑤ ［美］雷蒙德·塔拉斯：《波兰的长期恐俄症？精英和大众态度的比较》，《俄罗斯研究》2014年第1期。

多都关注于波兰的经济转轨情况。"休克疗法"的创始人杰弗里·萨克斯（Jeffrey Sachs）所著的《波兰跃入市场经济》（Poland's Jump to the Market Economy）以参与者的角度详述了波兰向市场经济转轨初期的情况，对于了解波兰转轨初期的策略选择和实施情况具有重要的参考价值。① 大卫·利普顿（David Lipton）代表国际货币基金组织在波兰的报告《建设欧洲市场经济：25年转轨的经验与挑战》（Building Market Economies in Europe：Lessons and Challenges after 25 Years of Transition）介绍了波兰25年的经济转轨过程，大卫·利普顿作为国际货币基金组织职员，曾在25年前亲历波兰剧变，并参与了最初经济计划的制订，曾在波兰转轨初期与杰弗里·萨克斯合著《在东欧创造市场经济：以波兰为例》（Creating a Market Economy in Eastern Europe：The Case of Poland），转轨初期的波兰经济面临严重的宏观经济失衡和结构性问题，而当时波兰国内几乎没有对市场经济有深刻理解的经济学家或政策制定者，全世界都缺少从中央计划经济转向民主市场经济的参考经验，经过一系列关于渐进改革还是"休克疗法"的争论，最终认定改革是一张无缝的网络，只有所有改变同时进行才有可能成功，因为自由定价、完善管理、稳定经济和金融环境相辅相成、互为促进，分开进行改革或将一无所获。经济转轨初期美国等亲波兰国家为波兰提供了稳定基金（Stabilization Fund），国际货币基金组织、世界银行、欧洲复兴开发银行（EBRD）等帮助波兰政府减轻了在宏观经济环境中进行结构改革时面临的财政压力，此后波兰的稳定基金又转而用于支持银行私有化。在对25年后波兰经济未来的展望中，作者始终围绕波罗的海国家与独联体国家的经济发展状况和市场经济改革讨论，分析加入欧盟将带来的经济利益，并明确表示国际货币基金组织愿

---

① Jeffrey Sachs, *Poland's Jump to the Market Economy* (Massachusetts: The MIT Press, 1999).

意帮助任何国家进行改革，由此不难看出国际货币基金组织等机构试图利用波兰的成功在中东欧地区形成"示范"和带动作用。[1] 瓦迪斯瓦夫·叶尔马科维奇（Władysław W. Jermakowicz）主编的论文集《波兰外国企业的私有化》（Foreign Privatization in Poland）详细介绍了东欧剧变后（截至 1994 年）中东欧国家的外国投资情况，并以波兰为例，用大量的数据、表格说明了波兰转轨初期的外国企业投资情况，并指出美国的很多投资是由其在欧洲的分支公司操作，因此，总体来看外国对波兰投资美国占比很大。另外，外国公司对波兰国内经济建设的影响力也显而易见，是波兰转轨初期的重要贡献者。[2]

关于波兰国内政治转轨方面，国外学者也有相关著述。托马斯·绍耶尔（Thomas S. Szayna）的《非共产主义波兰政府的政策：期待与问题》（Polish Policy under a Non-Communist Government：Prospects and Problems）论述了波兰在转轨初期的国内基本情况，认为波兰若要取得转轨成功，国内因素自然重要，但外部因素更不可或缺，美国与德国除了投资与技术支援外，对波兰的政治支持亦十分重要。此外，苏联的宽容态度也必不可少。[3] 约翰·杰克逊（John E. Jackson）、亚采克·克利希（Jacek Klich）与克里斯蒂娜·波兹南斯卡（Krystyna Poznanska）合著的《波兰的政治经济转型：新企业与改革政府》（The Political Economy of Poland's Transition：New Firms and Reform Governments）从政治经济学角度分析了波兰转轨，作者认为，波兰在剧变后成为欧洲经济增长速度最高国家的

---

[1] David Lipton, "Building Market Economies in Europe: Lessons and Challenges after 25 Years of Transition,"Warsaw: International Monetary Fund, October 24, 2014; David Lipton and Jeffery Sachs, "Creating a Market Economy in Eastern Europe: The Case of Poland," Brookings Papers on Economic Activity, 1990.

[2] Carl J. Bellas, Zbigniew Bochniarz, Władysław W. Jermakowicz, Michał Meller and David Toft., "Foreign Privatization In Poland," Warsaw, October 1994.

[3] Thomas S. Szayna, "Polish Policy under a Non-Communist Government: Prospects and Problems," The Rand Corporation, 1990.

重要原因是国内新兴本土企业的发展，书中运用翔实的经济与政治数据来探究这些企业对波兰转轨的影响，即在促进经济发展的同时能够影响选民投票给经济政策更加自由的政党，并由此影响波兰的政治转轨与政党政策。① 苏珊·罗斯-阿克曼（Susan Rose-Ackerman）的专著《从选举到民主政治：在匈牙利和波兰建立负责任的政府》（From Elections to Democracy：Building Accountable Government in Hungary and Poland）在波兰部分描述了冷战结束后波兰国内政治力量的消长，认为波兰虽然已经成功入盟，确立了宪法、民主选举和市场经济，但在巩固民主化的道路上仍然任重道远，并以波兰学生与青年组织的作用为例，说明在公共监督与参与决策方面仍需改善。作者分析了美国开放式的公众参与经验的优缺点，及其对波兰等转轨国家的参考意义。②

关于波兰外交转向的研究中，《1989年之后波兰的外交政策》（Poland's Foreign Policy After 1989）对于波兰剧变后外交转型的讨论具有一定的权威性。该书作者罗曼·库兹尼亚（Roman Kuzniar）是华沙大学国际问题研究中心的教授，曾两度主导制定波兰外交部的相关政策。他在书中梳理了波兰1989年之前的外交政策，探讨了波兰1989年之后在苏联阵营中脱离重获主权的过程，重点关注了波兰加入北约和欧盟的过程，以及其后波兰国家安全感的获得和外交政策的调整。书中从波兰的角度讨论了波兰与美国的战略伙伴关系，认为华盛顿已经将愈发独立的波兰作为对中东欧地区政策和对德国及欧盟政策的支点。③ 亚历山大·齐耶莱涅茨

---

① John E. Jackson, Jacek Klich and Krystyna Poznanska, *The Political Economy of Poland's Transition: New Firms and Reform Governments* (Cambridge: Cambridge University Press, 2005) .

② Susan Rose-Ackerman, *From Elections to Democracy: Building Accountable Government in Hungary and Poland* (Cambridge: Cambridge University Press, 2005) .

③ Roman Kuzniar, *Poland's Foreign Policy after 1989* (Warsaw: Wydawnictwo Naukowe Scholar, 2009) , p. 247.

（Aleksandra Zieleniec）编著的《波兰—美国90年的外交关系》（90 Years of Polish-U. S. Diplomatic Ties）系统的梳理了波美关系的历史。[1] 理夏德·齐巴（Ryszard Ziba）的《波兰外交政策的转型》（Transformation of Polish Foreign Policy）和萨拉·M. 特里（Sarah M. Terry）的《1989年以来的波兰外交政策：独立的挑战》（Poland's Foreign Policy since 1989: The Challenges of Independence）对波兰外交政策的转变进行长线梳理。[2] 亚历克斯·什切尔巴科（Aleks Szczerbiak）的《欧盟的波兰：一个尴尬的新伙伴还是欧洲的新中心?》（Poland Within the European Union: New Awkward Partneror New Heart of Europe?）着眼于欧盟与其成员国的关系，分析了加入欧盟后的波兰对欧盟的影响，以及欧盟政策对波兰国内政治与选举的影响，认为波兰是大西洋主义者和美国外交政策的坚定支持者，欧盟的政策虽然会对其国内政治产生影响，但即使政党轮替，与美国的联盟关系始终处于波兰外交的重要地位。[3] 克里·朗赫斯特（Kerry Longhurst）和马尔钦·扎博罗夫斯基（Marcin Zaborowski）的报告《新大西洋主义者：波兰外交与安全的优先选择》（The New Atlanticist: Poland's Foreign and Security Policy Priorities）从欧盟的视角探讨了波兰的外交政策变迁，认为波兰在后入盟的国家中最有影响力，将在未来的跨大西洋关系和欧盟的国际认同中起决定性作用。[4]

---

[1]　Aleksandra Zieleniec, 90 Years of Polish-U. S. Diplomatic Ties (Krakow: Technet, 2009) .

[2]　Ryszard Ziba, "Transformation of Polish Foreign Policy," The Polish Foreign Affairs Digest, Vol. 4, Iss. 13, 2004; Sarah M. Terry, "Poland's Foreign Policy since 1989: The Challenges of Independence," Communist and Post-Communist Studies, Vol. 33, Iss. 1, March 2000.

[3]　Aleks Szczerbiak, Poland within the European Union: New Awkward Partner or New Heart of Europe? (New York: Routledge, 2011), pp. 187–192.

[4]　Kerry Longhurst and Marcin Zaborowski, The New Atlanticist: Poland's Foreign and Security Policy Priorities (Wiley-Blackwell, 2007) .

（三）关于美国对波兰转轨与发展的影响研究

关于冷战后美国的外交政策对波兰的影响，阿瑟·齐尔（Arthur I. Cyr）的著作《冷战之后：美国外交政策，欧洲和亚洲》（After the Cold War: American Foreign Policy, Europe and Asia）梳理了包括波兰在内的东欧国家在冷战后与美国关系的发展，认为美国应该综合运用传统外交、经济推动、军事手段和政治范例（political example）来引领一个更加稳定的世界，波兰正是美国在中东欧地区悉心培植的"政治范例"，尤其可对其东部的独联体国家起到示范与引导作用。[①] 约翰·伊肯伯里的《大战胜利之后：制度、战略约束与战后秩序重建》讨论了冷战后美国主导的制度性约束以及北约东扩的原因与逻辑，指出克林顿政府的"参与和扩展"战略一定程度上是为锁定东欧的民主和市场化改革方向。[②] 马尔钦·扎博罗夫斯基的文章《从美国的被保护国到欧洲建设者，21 世纪的波兰安全政策》（From America's Protégé to Constructive European, Polish Security Policy in the Twenty-First Century）对"9·11事件"之后波兰的国家安全政策进行了梳理总结和全面分析，认为波兰对伊拉克战争的失望将动摇波兰对跨大西洋关系的信心，波兰或将会加强与欧盟的关系，在发展欧盟共同安全防务政策方面发挥积极作用。[③]

对于冷战后美国对波兰的影响的研究也多集中于对北约东扩、伊战后"新老欧洲"的划分及美国在东欧设立反导系统的探讨中。波兰学者

---

① Arthur I. Cyr, *After the Cold War: American Foreign Policy, Europe and Asia* (New York: New York University Press, 1997).

② ［美］约翰·伊肯伯里：《大战胜利之后：制度、战略约束与战后秩序重建》（门洪华译），北京：北京大学出版社 2008 年版。

③ Marcin Zaborowski, "From America's Protégé to Constructive European, Polish Security Policy in the Twenty-First Century, " The European Union Institute for Security Studies, December 2004.

马尔钦·扎博罗夫斯基和大卫·杜恩（David H. Dunn）的论文集《波兰——跨大西洋安全中的新兴力量》（Poland-A New Power in Transatlantic Security）主要研究了波兰加入北约后面临的新的安全困境，探讨了美国与波兰的军事联盟关系、波兰与欧盟防务关系等重要问题。认为从北约东扩到美国在波兰驻军，都是为了压缩俄罗斯战略空间，俄罗斯是美国与波兰的安全合作中不可或缺的重要因素。① 卡特研究所特德·盖伦·卡彭特（Ted Galen Carpenter）和安德鲁·斯托内（Andrew Stone）的报告《北约东扩第一危险区：波兰与白俄罗斯接壤边界》（NATO Expansion Flashpoint No. 1: The Border between Poland and Belarus）分析了北约东扩政策的可行性与俄罗斯可能的反应，从一个侧面反映出波兰在中东欧地区重要的地缘战略意义。②

马克·梅拉梅德（Mark Melamed）在《伊拉克战争后的波兰与美国关系》（Polish-American Relations in the Aftermath of the War in Iraq）中分析了美国与其忠实盟友波兰在伊拉克战争结束后的维和与战后重建等事务上的合作。伊拉克战争开始前，欧盟主导国法德，希望波兰与他们保持一致，对伊拉克战争保持缄默，但他们没有考虑过波兰的利益诉求。法德的周围都是民主国家，而波兰的周围却是白俄罗斯、乌克兰、俄罗斯等国，不同的地缘政治特点导致了不同政策的产生，但是波兰被对待的方式确实升级了欧盟内部的信任问题。③ 然而，对伊拉克战争的参与并没带来很多本应理所当然的经济利益，更多的是政治和军事上的好处，

① Marcin Zaborowski and David H. Dunn, *Poland-A New Power in Transatlantic Security* (Frank Cass Publishers, 2003).

② Ted Galen Carpenter and Andrew Stone, "NATO Expansion Flashpoint No. 1: The Border between Poland and Belarus," *Cato Institute Foreign Policy Briefing*, No. 44, 1997.

③ Mark Melamed, "Polish-American Relations in the Aftermath of the War in Iraq," *The Polish Foreign Affairs Digest*, Vol. 5, No. 2, 2005; Michael Moran, "MSNBC: Terms of Estrangement: For Poles, the Choice Was Easy," Council on Foreign Relations, 2014.

伊拉克战争帮助波兰增强了国际影响力，令波兰军队收获了难得的作战经验。[①] 在杰里米·夏皮罗（Jeremy Shapiro）与尼克·惠特尼（Nick Whitney）合作的研究报告《向着后美国时代的欧洲：欧盟—美国关系的权力统计》（Towards a Post-American Europe: A Power Audit of EU-U. S. Relations）从美欧关系的角度分析了"新欧洲"国家对美国安全保障的依赖，认为对于东欧国家，欧盟和北约所能提供的安全保障都无法令他们忽视美国或许会与俄国联手，令该地区被"背叛"的历史重演。美国对该地区的安全保障至关重要，但美国也希望欧盟在对俄关系上有更积极姿态，并承担更多地区责任。[②]

对于美国在东欧设立反导系统，尼古拉·布勒特（Nicola Butler）与马丁·布彻（Martin Butcher）合著的《布加勒斯特峰会：美国反导基地继续分裂北约》（Bucharest Summit：U. S. Missile Defense Bases Continue to Divide NATO）从美国视角探讨了美国反导基地计划给北约内部、美欧关系、欧俄关系造成的影响。[③] 阿加塔·翁多夫斯卡（Agata Wadowska）的《美国反导防御：基于波兰视角》（US Anti-Missile Defense：The View from Poland）从波兰角度分析了美国反导计划对波兰的利与弊。[④] 尤里·费奥多罗夫（Yury Fedorov）的《美国反导基地、俄罗斯伊斯坎德尔导弹以及欧洲新的导弹危机》（American Ballistic Missile Defence, Russian Iskanders and a New Missile Crisis in Europe）从军事角度分析了美国在波兰部署反

[①] Grzegorz Motak, "Poland's Role in European and World System of States 1979 – 2007," Monterey California, Naval Postgraduate School, 2008.

[②] Jeremy Shapiro and Nick Whitney, "Towards a Post-American Europe: A Power Audit of EU-U. S. Relations," The European Council on Foreign Relations, 2009.

[③] Nicola Butler and Martin Butcher, "Bucharest Summit: U. S. Missile Defense Bases Continue to Divide NATO," Disarmament Diplomacy, No. 87, Spring 2008.

[④] Agata Wadowska, "US Anti-Missile Defense: The View from Poland," *Daily Estimate*, September 4, 2007.

导基地对俄罗斯威慑力的影响。[①] 伊兰·贝尔曼（Ilan Berman）主编的《防务汇编》（Defense Dossier）梳理了美国反导系统的历史，探讨了美国布设反导基地对于美国国家安全的必要性，提及其主要针对目标是武器力量迅速崛起的俄罗斯与中国和国内政治极不稳定的伊朗和朝鲜，由此可见防范俄罗斯是美国在东欧布设反导系统的目的。[②]

国外学者对波兰转轨与美国外交政策的研究视角更加多样，为本文提供了很多启发。但对于冷战后美国对波兰的政策研究更多的是嵌于美国对欧政策、对俄政策等大框架中。另外由于 20 世纪 90 年代美国的战略格局并不明确[③]，所以美国对波兰的影响只能散见于关于波兰政治、经济、外交转型的专题研究中，后期的政策也主要体现在北约东扩战略、"新老欧洲"的划分和关于反导基地建设的研究中。虽然美国政府"重返亚洲"战略的实施令欧洲的小伙伴略感失落，两国也都有声音认为"结盟无用"，[④] 但从历史沿革的角度看，波兰在美国战略中的地位仍然十分重要。因此，有必要深入分析并从多个角度探讨美国政策对波兰转轨的促进作用和美国与波兰关系对于地区局势如何产生影响。

综合以上国内外研究状况可知，关于美国政策对波兰影响的研究主要集中于冷战后期美国对波兰剧变的推动作用。就目前掌握的国内外资料来看，对冷战结束以来美国对波兰转轨与发展影响的系统性讨论尚有不足，多是从波兰的角度分别论述美国对波兰外交及国家安全的影响。波兰转轨的显著成效和波兰地区地位的提升固然与波兰国内因素密切相

---

①　Yury Fedorov, "American Ballistic Missile Defence, Russian Iskanders and a New Missile Crisis in Europe," Chatham House, May 22, 2009.

②　Ilan Berman, "Defense Dossier," American Foreign Policy Council, February 2014.

③　［美］约翰·伊肯伯里：《大战胜利之后：制度、战略约束与战后秩序重建》（门洪华译），北京：北京大学出版社 2008 年版，第 215 页。

④　Doug Bandow, "Poland's Alliance with America: Worthless to Whom?" Cato Institute, June 25, 2014.

关，但也不能忽视美国在波兰政治经济转轨和安全保障中给予的支持与帮助，然而学界对于美国怎样对波兰产生影响、通过怎样的方式、组织机构、途径帮助波兰转轨，在波兰国内又产生了怎样的效果等问题都缺乏研究与探讨。另外，关于美国对波兰政策的研究多体现在研究美国对欧盟和对俄罗斯政策中，缺少从美国的视角专门探讨美国政策对波兰国家安全的影响和美波关系的国际影响的著述，而探讨这些问题对深入理解美国对转轨国家的政策、美国如何利用同盟国家制衡地区大国都很有裨益。本文拟从美国的视角，对以上问题进行分析与讨论，系统分析美国政策对波兰剧变、转轨与发展的影响，探讨美国政府、非政府组织和美国主导的国际金融机构如何援助和支持波兰，并在此基础上深入分析美国与波兰特殊关系对美国全球战略的推广的作用，以及对俄罗斯和欧盟的重要影响。

第五节　主要研究方法与创新之处

本文运用多种研究方法，在掌握最新资料和数据的基础上，对冷战后美国对波兰转轨与发展的影响进行论述与分析，并在此基础上，探讨美波关系的国际影响与重要意义。本文系统梳理了美国与波兰关系的历史，运用国际组织、美国政府、智库及非政府组织网站上的一手资料，分析美国及其主导的国际组织在波兰转轨过程中实施的相关政策及其影响，并探讨了波兰如何在中东欧地区为美国发挥战略支点的作用，对我国有一定的现实借鉴意义。

一、主要研究方法

本文以马克思主义国际战略理论为指导思想，将历史唯物主义与辩证唯物主义相结合，定性分析和定量分析相结合，借鉴历史学、经济学、国际关系学、军事学、地缘政治学等科研成果，在掌握最新资料和数据的基础上，运用历史分析、比较分析、例证分析、数据分析和层次分析等研究方法，在对美国与波兰关系的历史梳理的基础上，对冷战后美国对波兰转轨与发展的影响进行论述与分析，并在此基础上，探讨美波关系的国际影响与重要意义。

二、创新之处

本文拟在现有研究的基础上有所拓展，系统分析美国的政策对波兰转轨的重要作用和对转轨后波兰国家发展的影响，并探讨美波关系对美国的作用。本文的创新体现在以下几方面。

第一，通过历史梳理，理清了冷战结束前美国对波兰产生影响各个重大事件，探寻出如今波兰甘愿追随美国、成为美国特殊盟友的源头。

第二，通过运用一手资料（包括美国对波兰转轨的相关政策文件、国际货币基金组织等国际组织的总结报告、转轨政策制定者的分析与总结资料等）分析美国及其主导的国际组织在波兰转轨过程中实施的相关政策及其影响，由此推知美国对外推广西方式民主市场经济制度的方式、手段以及对目标国产生的影响。通过对比分析明晰"休克疗法"在波兰的实施比在该地区其他国家成功的原因。透过以上两点，能够了解美国外交的长线布局，以及波兰亲美倾向的基础。

第三，本文分析了美国对波兰政策的国际影响，特别是对俄罗斯和对欧盟的影响。从美国对波政策对俄罗斯的影响中，可以类比出美国对中国周边的日韩等国的同盟政策对中国的影响，例如在波兰部署的导弹防御系统对俄罗斯的影响和美国在韩国部署的"萨德系统"对中国的影响具有异曲同工之处，从这个角度看，深入分析美波关系对我国有很强的现实借鉴意义。

但是，研究中运用的文献资料限于中文和英文，波兰语和俄语资料的缺失使得看待问题的角度难免受限。另外由于国内学术资料数据库的规模限制，很多外文资料无法获得，分析问题的全面性不免会受影响。关于波兰转轨的问题国内外都有很多相关著述，但是就目前资料掌握的情况看，并没有专门研究美国对波兰国内转轨影响的著作，多数是散见于对波兰经济转轨或政治转轨的专题讨论中。从海量的资料中收集论据，增强文章的说服力是一项有挑战性的工作，由于资料掌握情况的局限性，难免会有论述不足之处。

第二章

美国对波兰的影响与波兰剧变

美国与波兰有着悠久的交往历史。早在 1608 年秋天，第一批波兰移民就已经抵达美洲大陆，这时英属殖民地詹姆斯敦建立仅一年，距美利坚合众国发表《独立宣言》还有 168 年。几百年来，波兰人由于躲避宗教迫害和政治避难等原因向美洲大陆移民，并扎根美洲，融入美洲社会的方方面面，为美国社会建设与发展贡献力量，跨越大西洋的亲缘关系至今仍是美波之间的关键纽带。

18 世纪后，美国与波兰境遇迥异。美国实现了独立建国，波兰却被周边列强瓜分。美波双方以人员往来、经济支援等多种方式相互支持对方的独立事业，为两国关系的发展打下了基础。但在欧洲强国瓜分和占领波兰时，美国作为远离欧洲大陆的国家，缺少强大的内在驱动力帮助波兰赢得独立，而是更多考虑自身与欧洲强国之间的关系。第二次世界大战爆发之时，波兰再次沦为苏德分庭抗礼的前线。二战结束后，波兰又以苏联卫星国的身份成为冷战时期美苏两大阵营较量的前沿阵地。美国伺机在波兰内部培植反政府势力，借助波兰"团结工会"的力量打开了苏联阵营的缺口，成为冷战的胜利者。

第一节 美国与波兰的历史渊源

从第一批波兰移民到达美洲大陆算起，美国与波兰的关系距今已有400多年的历史。整个殖民地时期，来到北美的波兰人大多定居在纽约、新泽西和宾夕法尼亚，他们与当地人相融，在北美大陆生息繁衍，成为美国与波兰最初的情感纽带。在美国独立战争中，波兰人做出了积极贡献，正如马克思所说，"波兰在美国独立战争中流下了自己的鲜血"①。波兰从18世纪末被俄普奥三国瓜分殆尽，直到1918年第一次世界大战结束才再次建立波兰国家，其间亡国达123年之久。此间波兰人始终为复国奔走不息，波兰裔美国人也对美国执政者施加影响。美国虽然在一些关键问题上，出于对本国利益和国际战略格局的考量，牺牲过波兰的利益，但总体上给予了波兰很多积极的帮助和支持。

一、第一次世界大战之前的美波关系

美国与波兰最初建立密切关系在于波兰人积极投入美国革命，支持美国独立事业。18世纪70年代，波兰和美洲都发生了重大政治变革。此前的几个世纪中，波兰都在欧洲政治生活中发挥着核心作用。但在1772年，波兰的强大邻国奥地利、普鲁士和俄国开始了对波兰的瓜分，并在1795年彻底肢解了波兰。在同时期的美洲，北美殖民者于1775年开始反抗英国统治，最终于1776年成功地建立了独立国家。其间，许多波兰人

---

① 《支持波兰》，载《马克思恩格斯全集》第18卷（中共中央编译局编译），北京：人民出版社1964年版，第631页。

在波兰亡国之后被驱逐，迁往巴黎后，得知了北美独立战争的开始。波兰人中的杰出代表卡齐米日·普瓦斯基（Kazimierz Pułaski）、塔德乌什·柯斯丘什科（Tadeusz Košciuszko）等人正是在此时前往美洲，去支持美利坚争取独立自由的革命。

普瓦斯基是一名波兰贵族，也是反抗俄国起义时的老兵，他以志愿军的身份参与美国革命，在布兰迪万河战役中，他从英军手中救了华盛顿的命。他英勇善战，训练并领导了美国首支骑兵，被誉为"美利坚骑兵之父"。他最终牺牲在美国独立战争的战场，为争取美国的独立自由献出了生命。他的牺牲成为萨凡纳战役（Siege of Savannah）[1] 中美军与英军对抗的转折点，美国至今仍以"普瓦斯基将军纪念日"（10 月 11 日）永久纪念这位波兰英雄。柯斯丘什科是第一批到达北美支援美国革命的欧洲志愿者。他是一名工程师，在美国独立战争中被任命为上校。在北美革命关键的转折点——萨拉托加大捷（Battles of Saratoga）中，柯斯丘什科对最终胜利起到了至关重要的作用。其他一些波兰人也为美国独立贡献了力量，一些人加入了法国派到美洲抵抗旧法军的部队，另一些则在战场外进行支援工作。波兰犹太人哈扬·所罗门（Haym Salomon）经常向美国的开国元勋亚历山大·汉密尔顿（Alexander Hamilton）和詹姆斯·麦迪逊（James Madison）提供资金支持，是大陆会议的重要财政来源，麦迪逊曾专门谈到萨罗蒙坚决义务资助美国独立事业，拒绝一切对等的补偿。[2] 在欧洲，波兰人彼得·斯坦尼斯基（Pieter Standnitski）的银行成为欧洲地区美国债券的销售地，卖出数额远高于其他公司。

由于波兰人对美国独立战争的积极参与和贡献，美国人在国家独立

---

[1]　萨凡纳战役发生于 1778 年秋天，英军通过对该区域的占领获得了重要的立足点。法美盟军在此共同对抗英军，是自 1775 年美国独立战争之始的邦克山战役（Battle of Bunker Hill）之后最为激烈的一场战役。

[2]　Aleksandra Zieleniec, *90 Years of Polish-U. S. Diplomatic Ties* (Krakow: Technet, 2009), pp. 7-9.

后对波兰颇有好感，在此后的波兰复国运动中，美国给波兰以积极支持。相对而言，欧洲各国却没有帮助波兰摆脱被瓜分的命运。欧洲列强在1814—1815年间召开的维也纳会议上，将波兰大部分领土划归沙皇俄国管辖。波兰认为"西欧国家会与波兰站在一起，帮助波兰摆脱亡国命运"的想法只是一厢情愿的"单相思"。美利坚身处大洋彼岸，原本可以不卷入欧洲事务，却为波兰的复国积极贡献力量。1830年，波兰爆发反抗沙皇俄国统治的"十一月起义"，即刻在美国引起广泛的同情，美国媒体发表社论向全美人民呼吁："现在，正是我们公正地对待这些我们所敬仰的、具有崇高品格的人民的恰当时机，我们的民族应该向这些英勇地扯碎沙俄的旧世界、寻求平等与公正的人们敞开胸怀，保护并支持他们免受暴虐政府的恐怖迫害。"[①]

1834年，在美波兰族群向美国国会提交了一份备忘录，希望索要可供波兰群体定居的土地，得到国会史无前例的批准，波兰移民得到位于伊利诺伊州芝加哥西部的一个小镇的土地。当年6月30日，安德鲁·杰克逊（Andrew Jackson）总统签署了一项法案，为波兰人定居地提供每英亩1.25美元拨款，这是美国历史上唯一一次由国会向欧洲政治避难群体提供定居土地。

虽然美波之间相互支持对方的独立事业，但关系并非始终紧密，因为美国对波兰提供支援与帮助时，也难以忽略自身与沙皇俄国之间的关系。1863年，波兰发生反抗沙皇俄国统治的"一月暴动"，在纽约的波兰籍领导人迅速建立了纽约波兰中央委员会，意图"唤起不同种族的公众的同情心，不论信仰和政治原则"。[②] 然而，尽管美国其他族群对波兰人投以大量的同情，但是此时美国的政治局势已与十一月起义时不同。

---

① Aleksandra Zieleniec, *90 Years of Polish-U. S. Diplomatic Ties* (Krakow: Technet, 2009) , p. 9.

② Aleksandra Zieleniec, *90 Years of Polish-U. S. Diplomatic Ties* (Krakow: Technet, 2009) , p. 15.

1863 年春天，美国南北战争还未见分晓，英国和法国虽然名义上保持中立，却暗自向南方联盟提供武器船只等支援，北方联邦也要寻找盟友，摆脱孤立无援的处境。俄国沙皇亚历山大二世感到来自西欧国家的敌意，担心英国和法国干预其对波兰 1863 年一月暴动的镇压，便派出舰队，出访纽约和旧金山，一方面是讨好北方联邦，另一方面也是为了防止俄国舰队在与英法的战争中被他们严密封锁在港口里。北方联邦此时亟须欧洲盟友的支援，以抵御英法威胁，于是他们愉快地接待了俄国伙伴。对波兰人而言，俄国沙皇与林肯政府新结成的友好关系，意味着北方人民不再愿意给予波兰精神和财政援助。美国对波兰的态度在沙皇突然成为美国的伙伴后开始了巨大转变。《纽约时报》在整版发文鼓励波兰"一月暴动"后，又发表社论表示站在沙皇一边，褒扬俄国人废除农奴制："亚历山大用他推动进步的双手和充满同情的内心打破了枯燥的传统。"无独有偶，在 1830—1831 年"十一月起义"期间发表社论强烈支持波兰的威廉·柯伦·布赖恩特（William Cullen Bryant）[1] 在 1863 年也站在了沙皇一边，发表社论赞美俄国统治者的解放行动，将其等同于"历史上最伟大的自由运动"。历史学家约瑟夫·维切尔斯卡（Joseph Wieczerzak）在评论中一针见血地指出，"沙皇的解放农奴运动和林肯的解放黑奴被作了肤浅的类比，同样，所谓的不干涉别国内政的原则在俄国与波兰的冲突中未被加以考虑。"早期波兰革命在美国公众中得到了大量支持，1863 年他们却仿佛对帮助的呼声置之不理。[2] 由此可见，早期美国对波兰的帮助和支持，是建立在不影响自身国家利益前提下的。

美国内战之后，大批的欧洲移民来到美国。1914 年，波兰移居美国的人口数量在欧洲移民中仅次于意大利。随着上百万波兰人的到达，大

---

[1]　威廉·柯伦·布赖恩特（1794—1878），美国著名报纸编辑和诗人。

[2]　Aleksandra Zieleniec, *90 Years of Polish-U. S. Diplomatic Ties* (Krakow: Technet, 2009), p. 15.

型的波兰民族社区第一次在大部分北部工业城市出现。尽管大部分经济移民并不像早期的流亡者那样在政治上紧密关注欧洲，但他们始终维持着与故土的强烈情感纽带。各种波兰裔组织在美国一直保持着波兰传统，促进并支持自己祖国的独立。

二、美国对波兰重新独立建国的影响

20 世纪初，国际局势风云变幻，俄国和欧洲大陆开始历经革命与战争。波兰人始终没有忘记被列强瓜分的祖国，借机积极参与国际事务，为祖国的独立奔走周旋，并在一战结束后实现了国家重建。在此期间，美国利用自身的国际影响力和话语权，给予了波兰大量支持。

1905 年俄国革命爆发，唤起了波兰人的独立希望，波兰裔美国人更加努力促进波兰独立，组织募捐以鼓励新波兰移民进行选举登记，从事体育训练的波兰团体有意识的转向军事训练，为一轮新的祖国解放运动做准备。1914 年 8 月第一次世界大战爆发，在美国的波兰人加入 1917 年在法国创立的哈勒军团，并打出波兰的旗帜。

很多波兰人在一战期间为祖国的独立奔忙，世界知名的钢琴家、政治家伊格纳齐·帕岱莱夫斯基（Ignacy Jan Paderewski）就是推动波兰独立的最有影响力的波兰人。战争伊始，他就联合诺贝尔奖得主亨里克·显凯维支（Henryk Sienkiewicz），在瑞士组建了帮助波兰战争受害者的委员会。帕岱莱夫斯基 1915 年 3 月旅居美国，他在美国巡回宣讲，寻求美国舆论和决策者对波兰的支持。美国总统威尔逊就是被其说服的关键人物之一。威尔逊总统曾经得到 300 万张美籍波兰裔选票，他在 1917 年 1 月（就职典礼两天后）就重提了波兰重建的问题。他在《没有胜利的和平》的演讲中表示，"无论是哪里的政治家，都一致认为，应该有一个统一的、独立的、自主的波兰"。① 这也是他在一战后提出的"十四点计划"中关于波兰问题的初步表态，美国的政治氛围也持续关注波兰问题。

1918年1月8日，美国总统威尔逊在国会发表演说，正式提出了作为世界和平纲领的"十四点计划"。其中第十三条为："应当建立一个独立的波兰国家，它应包括无可争辩地由波兰居民居住的领土，它应保证有自由和安全通往海洋之路，而且它的政治和经济独立和领土完整应由国际协定予以保证。"这是美国在一战后积极为波兰争取国家独立的表态，对波兰独立是个鼓励。俄国1917年二月革命推翻了沙皇统治后，"工人和士兵代表苏维埃"及"资产阶级临时政府"两个政权分别于3月27日和30日发表告波兰人民书，承认波兰独立。十月革命之后，苏俄政府于1918年8月29日宣布废除沙俄政府与普鲁士、奥地利签订的瓜分波兰的条约，正式承认波兰的独立。② 1918年11月，波兰在被分割了123年之后重新独立建国。

在关于波兰独立问题的协商过程中，美国虽然在波兰独立问题上做出了明确的表态，却十分注意限度，只将波兰问题作为欧洲问题的一部分来考虑。1918年6月3日，协约国（英国、法国、俄国）三国领导人在凡尔赛开会通过了关于波兰问题的决议。虽然"四巨头"③都对波兰问题有了明确的表态，但为了促使德国成为反对苏俄的阵地，美英等国决定不能过分削弱德国，在提到独立的波兰时故意说得含混不清，他们使用"纯血统波兰人"和"自由和安全的通往海洋之路"等词句为掩饰，为分割波兰西部领土波莫瑞和西里西亚埋下了伏笔。④ 在凡尔赛会议

① ［英］哈莉克·科汉斯基：《不折之鹰：二战中的波兰和波兰人》（何娟、陈燕伟译），北京：中国青年出版社2015年版，第32页。

② 孔寒冰：《东欧史》，上海：上海人民出版社2010年版，第165—166页。

③ 美国、英国、法国、俄国。

④ 刘祖熙：《波兰通史》，北京：商务印书馆2006年版，第348页。

协商期间，波兰强调历史权益，要求本国国土回到被占领前的界限，以此削弱德国；美国则着重强调民族融合，并以此作为政治上的决定因素，认为割让出的土地已经属于别国。巴黎和会最终综合了双方观点，但以美国和协约国主导的观念为主，将但泽①作为自由城市。

对美国而言，波兰的独立一方面符合美国主导的"民族自决"原则，另一方面能够满足美国几百万波兰裔公民的期待。可以说，波兰独立建国的"功能性"意义远大于其对于美国和世界格局的战略意义。这也导致在关于波兰独立和边界问题的商讨中，美英等国更加关注欧洲总体格局，而非波兰人的领土诉求，也为波兰之后的国家命运留下了隐患。

1918 年，建国后的波兰政府主张在东部边境恢复 1772 年的俄波边界线，为此，波兰借苏俄国内战争之际，出兵占领了苏俄的西部地区，引发苏波战争。1920 年 1 月，美国驻波兰全权公使休·吉布森（Hugh Gibson）呼吁美国政府向波兰军队提供 50 万兵援和 6 个月的供需，但未得到美国政府的积极响应。在国内战争结束后，苏俄红军继续向波兰进发，力图激起欧洲革命，结果遭到了波兰军民的顽强抵抗，兵败华沙城下。1921 年 3 月，苏波签订《里加条约》，此时正好赶上美国政府换届，美国国内并未像之前对待波兰问题那样产生强烈的反响。根据《里加条约》，苏俄控制的西乌克兰、西白俄罗斯和立陶宛的部分土地划归波兰所有，这为二战时苏德分割波兰埋下伏笔。

波兰重新建国后，作为美波之间纽带的波兰裔美国人与波兰国内的联系增加。除了家庭之间亲缘关系上的往来外，文化与经济上的相互往来也增多。波兰裔美国人不惜为建设祖国贡献金钱与力量，并且大力游

---

① 即格但斯克（波兰语：Gdańsk），波兰北部城市。1793 年被普鲁士占领，改称但泽（德语：Danzig）。第一次世界大战后，《凡尔赛和约》中规定但泽作为"但泽自由城市"，由国际联盟和波兰行使管辖权。第二次世界大战开始后，德国再度吞并了但泽，直至二战结束，但泽回归波兰，并恢复原名"格但斯克"。

说美国支持波兰的振兴。美国也从多方面与新生的波兰建立了友好关系。

美国的人道主义援助物资帮助波兰在建国之初渡过了难关。据美国救济管理局波兰办事处的估算，从1919年2月到1922年5月期间，总共有75万吨价值超过2000万美元的食物从美国运往波兰，分发给了130万人。苏波战争期间，成百上千的波兰人依靠外部支援生存。[1] 1922年年底，波兰国家议会（色姆）授予美国救济管理局负责人胡佛"波兰荣誉公民"的称号，华沙、克拉科夫和利沃夫的三所大学则分别授予胡佛荣誉博士称号。1922年，波兰政府还授予伍德罗·威尔逊代表波兰最高荣誉的白鹰勋章，这些都是波兰政府争取美国政治家对波兰保持友好所做的努力。

在外交领域，美国在1919年1月就在法律上先于其他大国承认了波兰。1919年5月，两国分别向对方选派了外交全权代表。波兰在美国多地建立领事馆，同时，美国在华沙设立了总领事馆，并在但泽自由市设立了领事馆。

在经济上，美国向波兰提供了很多援助。1927年10月，波兰获得来自美国银行财团的7100万美元的稳定借款，这是美国在两次世界大战期间对波兰最有力的支援。[2] 此外，波兰对美国的信赖还体现在委托美国的公司铸币上。1924年，波兰总理瓦迪斯瓦夫·格拉布斯基（Władysław Grabski）着手推进货币改革。战后迅速贬值的波兰马克停止流通，由波兰兹罗提代替。由于波兰国内的铸币能力无法满足波兰银行的需求，美国费城的铸币公司和美国其他几个硬币铸造者共同承担了为波兰铸就2400万枚银币（每枚含银量75%）的合同，并在1925年年初完成了为波

[1] Aleksandra Zieleniec, *90 Years of Polish-U. S. Diplomatic Ties* (Krakow: Technet, 2009), p. 27.

[2] Aleksandra Zieleniec, *90 Years of Polish-U. S. Diplomatic Ties* (Krakow: Technet, 2009), p. 31.

兰铸币的工作。① 这份合同也是美国在波兰有良好信誉的例证。同时，铸就波兰硬币的银块也购买于美国矿业公司，两国的经贸关系由此加深。此外，美国与波兰的商品贸易迅速发展。到 1921 年，美国对波兰的出口额达到 7750 万美元，占美国海外销售额的 1.73%。虽然由于路途遥远，波兰对美国的出口水平不高，但也始终保持增长。1938 年，波兰对美国出口额接近 1900 万美元，占波兰出口总额的 8.43%。②

在 1926 年美国独立 150 周年之际，波兰举办了声势浩大的庆祝活动。活动组委会发表了关于波兰与美国友好关系的声明，得到 500 万波兰人签名支持。波兰国内发行了数以百计的关于美国历史和当代事件的出版物，唤起了更多的亲美情绪，增进了双边关系的发展。

这一时期，美国对波兰邻国的一些政策令波兰不满。1926 年，美国支持并协助魏玛共和国加入国联，使之成为国际社会的一员，德国开始重提波德边界问题，让波兰感到不安，也影响了美波关系。1933 年，德国退出日内瓦裁军会议，日本又在东亚扩张，侵占了中国东北地区，美国需要苏联制衡动荡的欧亚大陆局势。因此，1933 年，美国总统罗斯福决定在外交关系上承认苏联，这也引起波兰的不快。由此可见，尽管历史上波兰与美国素有友好往来，但美国对这一地区的政策并未考虑波兰的意愿，而是从自己的利益和政策考量出发的。

美国国内因素也影响美国对波兰政策及美波之间的关系。美国国会 1934 年通过《约翰逊债务拖欠法案》(Johnson Debt Default Act)，禁止拖欠债务的欧洲国家在未来进行信用申请，这影响到波兰对美国战争债务

---

① Aleksandra Zieleniec, *90 Years of Polish-U. S. Diplomatic Ties* (Krakow: Technet, 2009), p. 31.

② Aleksandra Zieleniec, *90 Years of Polish-U. S. Diplomatic Ties* (Krakow: Technet) , 2009, p. 33.

的偿还。① 日内瓦裁军会议失败后，美国国内对于是否要保持中立的辩论升温，美国国会在1935—1937年通过了三项中立法案。这三项法案意在防止美国再次被卷入世界争端。这使波兰意欲借助美国力量保卫自己安全的希望落空。波兰政府曾在1939年4月的纽约世界博览会期间试图获得一笔美国的借款也遭拒。

三、第二次世界大战期间美国对波兰的支持

波兰成为第二次世界大战的引爆点，有着深刻的历史和现实因素。正如波兰裔英国作家哈莉克·科汉斯基所言，在两次世界大战期间，"波兰能够作为一个独立的国家在大国的夹缝中喘息，全然是因为18世纪参与瓜分波兰的强国全处疲惫不堪之际"②。《凡尔赛和约》中关于波兰领土的划分为第二次世界大战的爆发埋下了隐患。德国著名陆军元帅曼施泰因曾提到："波兰自从根据苛刻的《凡尔赛和约》侵占了德国领土之后，就成为我们挥之不去的切骨之敌，因为这种侵占无论从历史的公正角度，还是依据民族自决权而论，都是没有根据的。"③ 被誉为"二战德军之父"的冯·泽克特将军在1922年就指出，波兰已经成为德国东方问题的核心，"波兰的存在是无法忍受的，与德意志的生存条件格格不入。必须通过它自己的、内部的弱点，通过俄国……加之我们的帮助，使其消亡"④。可以说，德国对重新复国的波兰的仇视和准备吞并波兰的计划

---

① 在1929年大萧条之前偿还了部分欠款后，波兰在1931年宣布运用胡佛的延期偿付法案。延期偿付到期后，波兰首批宣布了无限中止偿付。

② [英]哈莉克·科汉斯基：《不折之鹰：二战中的波兰和波兰人》（何娟、陈燕伟译），北京：中国青年出版社2015年版，第62页。

③ [德]冯·埃里希·曼施泰因：《失去的胜利》（戴耀先译），北京：民主与建设出版社2017年版，第5—6页。

④ [德]冯·埃里希·曼施泰因：《失去的胜利》（戴耀先译），北京：民主与建设出版社2017年版，第6—7页。

早在希特勒上台之前就已存在。一方面，是由于波兰的存在分割了德意志的领土，将东普鲁士地区与德国本土切断；另一方面，波兰被认为是法国的附庸国。波兰复国运动时期，大批精英分子及军队都驻扎在法国，得到了法国大量的资金支持和军事援助，1921年，法国又与波兰签订了军事联盟条约，这难免令德国担忧自身安全。法德历来互为宿敌，1870年普法战争结束后，普鲁士国王威廉一世在法国凡尔赛宫的镜厅宣布德意志帝国成立，令法国蒙羞。第一次世界大战结束后，法国为了一雪前耻，在没有德国参与的对德合约的谈判中，无限制压榨德国，引起了德意志民族的极大反感，也为希特勒上台之后德国民族主义的兴起留下伏笔。苏联认为重建的波兰国家只是英法等国植在东欧地区的楔子，不仅从陆地上阻隔了苏联与其他欧洲国家互通，而且由西方国家支持建立的波兰资产阶级政府与苏联意识形态相异，也是苏联向欧洲大陆推广共产主义的障碍。① 英法苏三国关于集体安全体系的谈判破裂，随后的军事谈判又由于波兰问题无法解决而陷入僵局。② 急于入侵波兰的希特勒向斯大林抛出了橄榄枝，以确保不会因贸然出兵而受到英法和苏联的两面夹击。1939年8月23日，《苏德互不侵犯条约》签订，条约规定，"签约双方保

---

① 1939年9月7日，斯大林在与季米特洛夫的谈话中说："在现在的条件下消灭这个国家就意味着少一个资产阶级法西斯国家！如果由于波兰被打败，我们把社会主义体系扩大到新的地区和新的居民中去，那有什么不好呢。"引自《希特勒对德国武装力量领导人讲话记录》（节录），载沈志华主编：《苏联历史档案选编》第16卷，北京：社会科学文献出版社2002年版，第65页。

② 伏罗希洛夫指出，"苏联军事代表团认为，苏联同侵略者没有共同的边界，只有在让苏军通过波兰领土的条件下，苏联才能给法国、英国、波兰以援助，因为没有其他道路可使苏军和侵略者的军队接触。在第一次世界大战中，假使美英军队不能在法国领土登陆，那英美军队就不能同法国军队进行军事合作。同样的道理，假若苏联军队不能再波兰领土上通过，那它也不能同法英军队进行军事合作。尽管这一立场分明是完全正确的，法英军事代表团仍不同意苏联代表团的立场，而波兰政府公开宣布，它不需要也不接受苏联的军事援助。这种状况使苏联和这些国家不可能进行军事合作。这就是主要的分歧所在。谈判因此而中断。"引自《伏罗希洛夫就同英法军事代表团谈判问题答记者问》，载沈志华主编：《苏联历史档案选编》第4卷，北京：社会科学文献出版社2002年版，第503页。

证相互之间，不单独也不与其他国家一起对对方使用任何武力和实施任何侵略行动"，"如果签约一方成为第三国实施武力或进攻的目标，在这种情况下，签约另一方不以任何形式支持该国的类似行动"①。在条约的《秘密附加议定书》中则明确了对波兰的瓜分。

> 第二条 一旦波兰国家所属领土发生领土或政治的变动，德国和苏联的势力范围将大体上以纳雷夫河、维斯杜拉河和桑河一线为界。
>
> 缔约双方的利益是否需要维持一个独立的波兰国家，以及这个国家的边界应如何确定的问题，只有在今后政治局势的发展中方能予以明确规定。在任何情况下，两国政府都将通过友好的谅解来解决这个问题。②

据此，"波兰被推上了联合起来的德国人和俄国人之间突出的位置上"③，成为英法绥靖政策和苏德合作的牺牲品。1939 年 9 月 1 日，纳粹德国军队闪击波兰，第二次世界大战爆发。半个月后，为了索回 1921 年《里加条约》中被迫划归波兰的领土，苏联红军也出兵波兰。两国随后于 1939 年 10 月 4 日在莫斯科签订了《苏德关于边界划分的秘密协定书》，明确了对波兰的瓜分。④

---

① 《莫洛托夫面交舒伦堡的苏德条约草案文本》，载沈志华主编：《苏联历史档案选编》第 4 卷，北京：社会科学文献出版社 2002 年版，第 467—468 页。

② 《秘密附加议定书》，载王绳祖、何春超、吴世民主编：《国际关系史资料选编（17 世纪中叶—1945）》，北京：法律出版社 1988 年版，第 784 页。

③ 《法驻苏大使纳吉亚尔关于波兰立场给法驻波大使诺埃尔的电报》，载沈志华主编：《苏联历史档案选编》第 4 卷，北京：社会科学文献出版社 2002 年版，第 501 页。

④ 《苏德关于边界划分的秘密协定书》，载沈志华主编：《苏联历史档案选编》第 4 卷，北京：社会科学文献出版社 2002 年版，第 538—542 页。

二战爆发前夕，美国一直试图在德波间居中调停，直到战争爆发前一周，美国总统罗斯福还分别给德国与波兰领导者寄送调停信件。① 战争爆发后，美国政府立即表态奉行孤立主义政策，拒绝卷入欧洲事务，但仍然给予波兰道义上的支持和间接军事援助。战争期间，美国总统罗斯福在多个场合提到，"美国离波兰很远，但美国政府却要考虑600万波兰裔美国公民的感受"②。这也是在该时期美国支持波兰的一个重要因素。1939年10月，美国承认了由西科尔斯基领导的波兰流亡政府。1941年3月，美国政府通过了"租借法案"（Lend-Lease Program），该法案旨在令美国在不卷入战争的情况下为盟国提供战争物资，波兰流亡政府也通过其战时盟国英国得到了美国的援助物资。"珍珠港事件"之后，美国宣布参战并与波兰成为盟友。1944年，美国军队与波兰武装力量在意大利卡西诺山（Monte Cassino）和法莱斯包围战中联合作战，共同为盟军的最终胜利做出了重要贡献。

波兰期待美国能够关注战后波兰国家重建时的领土范围（回到德国与苏联1939年入侵波兰之间的边界）以及卡廷森林大屠杀事件等关乎波兰切身利益的关键问题。但美国却始终认为"波兰问题"并非单独存在，而是与其所处的地缘政治环境紧密相关。1943年11月，在德黑兰首脑会议上，美国总统罗斯福提出了英国、苏联、美国、中国的"四大警察"主导世界秩序的构想，欧洲秩序主要由英国（从斯堪的纳维亚半岛到葡萄牙的西欧地区）和苏联（从芬兰经过波兰和中欧到巴尔干地区）分别主导。由此，美国已明确表示波兰从属于欧洲秩序的一部分，并且在苏

---

① Aleksandra Zieleniec, *90 Years of Polish-U. S. Diplomatic Ties* (Krakow: Technet, 2009), p. 39.

② 《斯大林与罗斯福的会谈记录》，载沈志华主编：《苏联历史档案选编》第17卷，北京：社会科学文献出版社2002年版，第491页；又见《苏美英三国首脑会议第三次会议记录》，载沈志华主编：《苏联历史档案选编》第18卷，北京：社会科学文献出版社2002年版，第429页。

联的主导范围内。①

雅尔塔会议期间，波兰问题曾引发激烈的争论。斯大林强调，波兰问题对英国而言事关荣誉，但对苏联而言却事关国家安全。两次世界大战期间，德国都是通过走廊地带的波兰进攻了俄国，而德军能够轻易通过波兰走廊，正是因为波兰是个弱国，只有波兰真正变成一个强国，靠自己的力量从内部用力，波兰走廊才能被牢牢关闭，苏联的国家安全也才更有保障。② 此前在莫斯科召开的三国外长会议上，莫洛托夫指出："我们主张波兰独立，并准备帮助它，但是，必须在波兰有这样一个同苏联保持友好关系的政府。"③ 对此，美国总统罗斯福向斯大林表示，他了解苏联对于一个对苏友好的波兰政府的需求，④ 并保证："任何时候美国政府都将不以任何形式支持对苏联利益持敌视立场的波兰临时政府。"⑤ 事实上，在雅尔塔会议开始之前，苏联就已经承认了由共产党主导的波兰政府。丘吉尔和罗斯福在会上要求斯大林允许波兰政府中有亲西方的波兰人。最终签订的《雅尔塔协定》中规定，波兰政府必须"在更广泛的民主基础上进行改组"，包含"国内外波兰民主活动家"，"这个临时民族统一政府必须承担义务，尽快在普选权的基础上，通过秘密投票，

---

① Aleksandra Zieleniec, *90 Years of Polish-U. S. Diplomatic Ties* (Krakow: Technet, 2009) , p. 45.

② Third Plenary Meeting, February 6, 1945, U. S. Department of State, Foreign Relations of the United States: The Conferences at Malta and Yalta(FRUS) , 1945(Washington, D. C. : Government Printing Office, 1955) , pp. 667-669.

③ 《苏美英三国外长莫斯科会议》，载沈志华主编：《苏联历史档案选编》第18卷，北京：社会科学文献出版社2002年版，第305页。

④ ［美］沃尔特·拉费伯尔：《美国、俄国和冷战，1945—2006年》（牛可、翟韬、张静译），北京：世界图书出版公司北京公司2012年版，第11页。

⑤ 《苏美英三国首脑雅尔塔会议》，载沈志华主编：《苏联历史档案选编》第18卷，北京：社会科学文献出版社2002年版，第474页。

举行自由而没有任何限制的选举。"① 为了尽快达成关于战后国际秩序的共识，协定仓促签订，其中很多词句都可以有不同解读。时任罗斯福首席军事顾问威廉·莱希（William D. Leahy）随即表示，这个协定"弹性太大了，俄国人甚至不必在技术上破坏它就可以把它从雅尔塔拉伸到华盛顿"。② 这也为以后苏联违背该协定中关于自由选举的条款埋下了伏笔。

二战后期，苏联红军以解放波兰的名义全面开进波兰领土。波兰流亡政府为了保卫华沙，急于赶在苏联红军到来之前击退华沙的纳粹德国占领者，于1944年8月组织波兰地下军发起了华沙起义。起义最终失败，不仅没能赶走纳粹分子，更没能有效阻止苏联对华沙的占领。1944年年底，以设在卢布林的波兰民族解放委员会为基础的波兰共和国临时政府成立，即刻得到苏联的承认。半个月后，由苏联赞助的波兰军队挺进华沙，波兰流亡政府被迫边缘化，波兰随之开始了波兰统一工人党执政时期。1945年4月21日，苏波两国在莫斯科签订了《苏波友好互助和战后合作条约》。根据该条约的规定，苏联最高统帅部于1945年5月29日发布决议，在波兰建立苏军北方集群，用于管理控制苏军在波兰的武装力量。北方集群的重要作用之一是监视波兰国内政局动态，不仅随时向莫斯科报告波兰执政高层的思想和行为动向，还在1956年、1970年以及1981年爆发的政治危机中对稳定波兰局势发挥过作用。③ 直至1993年，苏军北方集群才正式从波兰撤离。

在当时的国际形势下，美国政府对波兰的兴趣也主要与其国内几百

---

① ［波］耶日·卢克瓦斯基、赫伯特·扎瓦德斯基：《波兰史》（常程译），上海：上海东方出版中心2014年版，第262页。

② 《克里木会议议定书》，载沈志华主编：《苏联历史档案选编》第18卷，北京：社会科学文献出版社2002年版，第630—631页。

③ 《苏联与战后波兰》（二），载沈志华主编：《苏联历史档案选编》第23卷，北京：社会科学文献出版社2002年版，第1—20页。

万心系母国的波兰裔民众息息相关。雅尔塔会议将波兰裔美国人前所未有地团结在了一起，因为会议在没有任何波兰代表参与的情况下商讨并决定了波兰战后的边界划分和政治安排，严重伤害了波兰人的情感和民族自尊心。美国总统罗斯福曾在会谈中明确向斯大林表示，对于斯大林关于重建后波兰边界划分的提议，他个人是赞同的。但是由于要参加下一届总统选举，他需要争取到波兰裔群体的选票，出于稳定美国波兰裔民众的需要，他无法在选举结束之前公开表态。[①] 波兰裔美国人谴责美国漠视《大西洋宪章》的精神，向自由世界的"公敌"苏联做出让步。多数波兰裔美国人与波兰流亡政府站在同一立场，将苏联扶植的波兰统一工人党政府看作苏联政权的傀儡和对自由波兰的侵犯，他们期望波兰战后重回独立自主。[②] 为迎合国内民众的呼声，进一步确保欧洲国家人民自由选择社会制度的权利，美国总统罗斯福又倡议发布"关于被解放的欧洲宣言"，规定三大国的每一方都要保证合作，在新近被解放的国家中使用民族自决原则，实际上是支持战后波兰在独立自主的基础上决定本国的发展道路。

第二节　美苏对抗背景下美国对波兰的政策

随着第二次世界大战临近胜利，美英等国与苏联的结构性矛盾开始

---

① 《斯大林与罗斯福的会谈记录》，载沈志华主编：《苏联历史档案选编》第17卷，北京：社会科学文献出版社2002年版，第496页。

② 罗斯福认为，美国舆论对承认卢布林政府持反对态度，因为美国人民觉得，卢布林政府只代表波兰人民中不多的一部分。据他所知，美国人民希望在波兰看到一个民族团结政府，参加这个政府的将有波兰所有政党的代表，有工人党、农民党、社会党、民族民主党以及其他政党。引自《苏美英三国首脑会议第三次会议记录》，载沈志华主编：《苏联历史档案选编》第18卷，北京：社会科学文献出版社2002年版，第429页。

显现。意识形态和国家利益冲突令美苏由同盟关系变为对立关系。美国军方认为："俄国的稳定和发展在可预见的未来是对美国最大的威胁。"① 为了帮助战后西欧克服经济困难，稳定资本主义制度，美国自 1947 年起推行了旨在促进欧洲复兴的"马歇尔计划"。然而，波兰等东欧国家在苏联的高压政治下不得已放弃参与该计划，转而成为 1949 年 1 月由苏联主导建立的"经济互助委员会"② 的成员。

在冷战的背景下，美国与波兰的关系发生了质的变化。波兰由一个能够独立行使主权的欧洲国家、英法等国的盟友，变为与美国对抗的苏东阵营的一部分。曾在第一次世界大战时期、第二次世界大战爆发之前已经显露的美国会否支持波兰独立的疑问，再次成为美波关系发展的掣肘。美国认为，波兰等苏联的东欧卫星国在欧洲舞台上本身只有第二位的重要性，在目前两个世界的斗争中，波兰等国的意义就在于它们在不同程度上依附于苏联力量，并把苏联力量推到欧洲心脏地带。所以，美国对波兰等国的战略目标就是"消除苏联的控制"，并把苏联对波兰等卫星国的影响"减少到保持正常关系的程度"。③

波兰成为苏联阵营与西方对抗的前沿阵地，美国对波兰的政策则从冷战初期的遏制，到之后的区别对待，最终将波兰作为"和平演变"的重点实施对象。

---

① FRUS, 1946, Vol. 1, pp. 1165-1166.

② 该委员会旨在加速恢复苏联及东欧地区各国的经济，打破西方经济封锁，对抗美国的"马歇尔计划"。

③ 美国国家安全委员会第 58 号文件：《美国对苏联在东欧卫星国的政策》，载刘同舜主编：《"冷战"、"遏制"和大西洋联盟：1945—1950 年美国战略决策资料选编》，上海：复旦大学出版社 1993 年版，第 224—234 页。

一、美国对苏联控制波兰选举的反对

第二次世界大战结束后，美苏在如何落实《雅尔塔协定》中关于波兰的问题上产生了分歧。协定提到，波兰政府应当"在更广泛的民主基础上进行改组"，对苏联而言，以波兰共和国临时政府为基础来解决波兰政府问题是苏联始终坚持的立场，所谓"改组"则只能是对波兰共和国临时政府的有限度扩大，不能弃之不顾，而完全重组一个新政府。协议授权苏联外长莫洛托夫、美国驻苏大使哈里曼和英国驻莫斯科大使克拉克为代表进行针对该问题的"三国两方"商谈，即以苏联为一方，以美英两国为另一方，要求"首先同波兰共和国临时政府成员和波兰国内外的其他民主领导人进行协商"。基于对"改组"仅是有限增加新成员的理解，苏联方面认为，三国代表应当"首先"同波兰共和国临时政府的代表进行协商，共同确定参加莫斯科会谈的代表名单。[①] 这无疑令波兰临时政府处于有利地位，但却引起美英两国代表的反对。美英两国对于《雅尔塔协定》相关条文的理解与苏联大相径庭，他们认为，不仅"首先"之后的"波兰共和国临时政府成员"和"波兰国内外的其他民主领导人"两方应处于并列的平等地位，而且"改组"的含义并非西方盟国在承认波兰共和国临时政府的基础上将其补充扩大，而是要成立一个新的波兰临时民族统一政府。由此，美英与苏联关于波兰政府组成问题的矛盾已经凸显，虽然双方几经协商调和，但苏联对于保留其大力支持的波兰临时政府为主体的态度坚决。

在雅尔塔会议期间，斯大林向美英两国领导人强调，对于帮助波兰

---

① 如果参照俄文的表达方式，这种分层断句的处理会更加有依据。引自吴伟：《苏联与"波兰问题"（1939—1945）》，北京：世界知识出版社2001年版，第395页。

获得解放的苏联红军而言，现任的波兰临时政府是有益的，因为它能保证军队后方的安宁与秩序，而不像波兰流亡政府那样，组织"国内抵抗力量"杀害苏联红军。[①] 斯大林坚持从军事角度出发，对于二战结束前夕正在向柏林挺近的苏联红军，维持安稳的后方是至关重要的。而从苏联国家安全的角度，苏联需要一个对苏联友好的波兰。

1942 年，波兰工人党在斯大林的支持下重建。1944 年 7 月，以波兰工人党为主体的"波兰民族解放委员会"成立，并与苏联签订了《关于苏军驻扎波兰的协定》。美国认为这表明苏联事实上承认了"波兰民族解放委员会"的临时政府地位。对此，美国明确表态，要求苏联在三国首脑会议召开之前不要公开承认卢布林临时政府，但遭到苏联拒绝。美国陆军部长亨利·史汀生认为，俄国已经牢牢控制了波兰，而斯大林在实质问题上……不大会让步的，因此波兰根本不可能进行什么自由选举。[②]美国总统杜鲁门采取了更激进的建议，即对苏联采取强硬政策，把美国对苏联政策建立在"针锋相对的基础上"。[③] 可以说，苏联与西方国家关于波兰政府组成问题的分歧一定程度上加速了杜鲁门政府对苏"遏制政策"的出台。

美国为了推进《雅尔塔协定》中规定的波兰自由选举，有意支持波兰农民党主席米柯瓦伊契克作为自己的"代理人"。到二战结束时，重新组建的波兰农民党人数已经达到工人党的两倍多，并且赢得了大量农民和反对工人党的其他党派的支持，对工人党的执政形成了很大挑战。匈牙利共产党 1945 年 11 月的选举遇挫，让波兰工人党更加注意防范农民

---

① 《苏美英三国首脑雅尔塔会议》，载沈志华主编：《苏联历史档案选编》第 18 卷，北京：社会科学文献出版社 2002 年版，第 445—446 页。

② Henry Lewis Stimson, Documents: Diary, April 23, 1945 (Yale University Library, Connecticut, New Haven).

③ 刘金质：《冷战史》（上），北京：世界知识出版社 2003 年版，第 82—83 页。

党。波兰大选的日期不断拖延，因为波兰工人党主导的政府希望可以随着时间的推移巩固政权。同时，他们还想尽办法削弱米柯瓦伊契克的地位：成立一个忠于波兰工人党政权的新农民党来分裂现有农民党；发起运动将米柯瓦伊契克及其支持者与反动势力的活动牵连在一起；在该进行大选的时间发起公投[①]，又借公投结果发起运动，宣传农民党执政理念的不当之处，以此降低农民党的声誉。

1947年1月19日，波兰进行了选举，苏联根据其对《雅尔塔协定》的理解，不允许超过三个以上亲西方人士进入由八名成员组成的波兰政府，这在美英等国看来就是公然违反《雅尔塔协定》。此外，选举舞弊现象严重，投票站数量被强行减半，反对党候选人被取消资格，违背了《雅尔塔协定》中"举行自由而没有任何限制的选举"的要求，波兰工人党的优势地位成为必然。1947年的选举以左派的获胜告终。以波兰工人党为主的波兰民主阵线获得80%的选票和近90%的议席。[②] 美国驻波兰大使莱恩（Arthur Lane）组织了16支由英美人员组成团队监督选举，监督团发布了20份证实选举存在大规模欺诈行径的报告。[③] 美国和英国政府于是就1947年的选举提出抗议，认为它没有实现"自由与公正"。[④] 杜鲁门在一次公开讲话中指出，美国政府持续性反对在波兰等国实行高压政治和胁迫，反对破坏《雅尔塔协定》相关决议的行为。[⑤] 对于西方国家

---

① 公投包含三个问题：1. 是否赞成废除参议院；2. 是否同意加强以农业改革和基础民族工业国有化，包括民营企业的法定权利为基础的经济体制；3. 是否希望波兰的西部边境划到波罗的海、奥得河以及奈赛河的劳济茨段。农民党的执政理念中，对这三个问题的意见均为"是"，但米柯瓦伊契克为了表示对当局的反对，而着意将第一个问题投了"否"。

② 《苏联与战后波兰》（二），载沈志华主编：《苏联历史档案选编》第23卷，北京：社会科学文献出版社2002年版，第2页。

③ Aleksandra Zieleniec, *90 Years of Polish-U. S. Diplomatic Ties* (Krakow: Technet, 2009), p. 53.

④ ［英］哈莉克·科汉斯基：《不折之鹰：二战中的波兰和波兰人》（何娟、陈燕伟译），北京：中国青年出版社2015年版，第653页。

⑤ Aleksandra Zieleniec, *90 Years of Polish-U. S. Diplomatic Ties* (Krakow: Technet, 2009), p. 55.

反对选举结果的声音，波兰政府并未理会。1947 年 10 月，美国大使馆协助农民党领导人米柯瓦伊契克逃离波兰。波兰工人党在实质上掌握了国家权力，未按照西方国家的意愿，遵从西方国家对"小宪法"① 的解读，工人党的总书记则直接由斯大林任命。② 美国与苏联在波兰问题上的分歧无疑损害了两国关系，也暴露了美苏战略利益的分歧，迫使美苏从联盟走向对立。

二、波兰未能参与美国主导的"马歇尔计划"

随着两大阵营对立的形势愈发严峻，美国虽然与波兰维持正常外交关系，但人员往来和经济援助都在减少，在 1947 年停止了对波兰的经济援助。

欧洲国家在二战废墟中的重建举步维艰，经济衰退和政治动荡的阴霾笼罩着欧洲地区，美国意识到欧洲内部崩溃的可能性甚至超过苏联红军产生的威胁。1947 年 6 月 5 日，美国国务卿马歇尔在哈佛大学毕业典礼上阐述了帮助欧洲复兴的计划，引起了英法等国积极反响。该计划名义上"任何愿意协助完成恢复工作的政府都将得到美国政府的充分协助"，但附加条件却要求欧洲提出统一的经济计划，并提供各国的详尽经济资源情报，这些涉及国家机密的要求苏联无法接受。③ 最终该计划成为美国"遏制战略"的一个方面，即从经济上遏制苏联阵营，并通过经济

---

① 1947 年 2 月 19 日，波兰议会通过了《关于波兰共和国最高机构的体制和活动范围的基本法规》，简称"小宪法"。1952 年正式宪法通过之前，"小宪法"曾起到临时宪法的作用。参考刘祖熙：《波兰通史》，北京：商务印书馆 2006 年版，第 47 页。

② ［波］耶日·卢克瓦斯基、赫伯特·扎瓦德斯基：《波兰史》（常程译），上海：上海东方出版中心 2014 年版，第 272 页。

③ 刘金质：《冷战史》（上），北京：世界知识出版社 2003 年版，第 137—139 页。

影响，将接受援助的西欧国家拉入对抗苏联的阵营中。

1947年6月，讨论"马歇尔计划"的英法苏三国外长会议在巴黎召开前夕，苏联外长莫洛托夫致信波兰等国，表达了苏联准备对该援助计划有条件接受。但在会议进行过程中，英法与苏联外长观点对立，无法达成共识，苏联对该计划的态度转为坚决反对，并要求与苏联友好的国家也拒绝参加7月12日在巴黎召开的会议。在联共（布）中央发给东欧各党的紧急电文中通告了苏联发现的两个新情况：英法不打算对损害其国家主权的欧洲复兴计划做出修改；英法试图组织包括德国西方占领区在内的西方集团。[①] 斯大林随后向准备参加该计划的捷克斯洛伐克领导人解释道："我们确信，在向欧洲提供贷款援助的幌子下正在组织某种类似反苏的西方集团的东西。"[②] 如果参加该计划，不论该国主观意愿上是否与苏联友好，客观上都是在帮别人孤立苏联。这也是苏联反对苏东阵营内国家参加此次会议的原因。实际上，早在1945年，斯大林就曾警告波兰共产党中央委员会第一书记哥穆尔卡，美国和英国正在试图拆散我们的同盟，要拒绝美国人的"门户开放政策"。[③] 随着苏联与美英之间对立的升级，苏联愈发注意控制其东欧卫星国与西方的往来，到1951年，甚至撤销了波兰所有大学的英语系。[④]

作为对"马歇尔计划"的回应，响应东欧国家对于外部援助和外部市场的强烈需求，苏联很快推出了"莫洛托夫计划"，以促进苏联对东欧

① 刘金质：《冷战史》（上），北京：世界知识出版社2003年版，第140—141页。

② 《斯大林关于对"马歇尔计划"的态度与捷政府代表团的谈话纪要》，载沈志华主编：《苏联历史档案选编》第23卷，北京：社会科学文献出版社2002年版，第376—380页。

③ Andrzej Werblan, "The Conversation between Wladyslaw Gomulka and Josef Stalin on 14 November 1945," Cold War International History Project Bulletin, No. 11, Winter 1998(Washington, D. C.: Woodrow Wilson International Center for Scholars), p. 134.

④ ［波］耶日·卢克瓦斯基、赫伯特·扎瓦德斯基：《波兰史》（常程译），上海：上海东方出版中心2014年版，第276页。

国家的经济援助和东欧各国与苏联的贸易往来。这是 1949 年在莫斯科成立的"经济互助委员会"（经互会）的雏形。该委员会以苏联的经济模式为样板，遵循国际分工原则，推行各成员国之间的经济一体化，并且各国的经济计划必须与苏联相协调。经互会的主要工作人员为苏联人，工作语言为俄语。

三、"波匈事件"的爆发与美国"和平演变"政策的出台

1947 年，美国停止了对波兰自 1918 年以来的经济援助，冷战的出现又让波兰失去了传统的西方市场，百废待兴的战后波兰没有实现人民所期待的经济增长。相反，苏联模式导致农业生产率低下，与西方产品交换被迫中断，人民日常生活所需供给不足。"粮食短缺，尤其是肉类的短缺，几十年持续不断折磨着波兰人民。"[①] 斯大林去世后，波兰人民开始呼吁改革，表达不满。1955 年，波兰、匈牙利等国开始出现政治性民间社团组织，知识分子、学生和工人在社团中热烈讨论敏感的政治、经济和社会问题。在波兰 1956 年春天的文化科学大会上，参会人员甚至将矛头直指总统贝鲁特，"把文化界对现实的不满和对改革的要求推向了高潮"。[②]

1956 年 2 月 15 日，赫鲁晓夫在苏共二十大上作了《关于克服个人崇拜及其后果》的报告，谴责斯大林罪行，这让波兰人民看到了希望，他们以为借苏联反对斯大林之机，可以摆脱斯大林加在他们身上的桎梏。6 月 28 日，波兹南工人为反抗不合理的劳动定额和工资制度上街游行，最

---

① ［波］耶日·卢克瓦斯基、赫伯特·扎瓦德斯基：《波兰史》（常程译），上海：上海东方出版中心 2014 年版，第 285 页。

② 时殷弘、张振江：《1956 年波兰事件及美国的有关政策》，《国际论坛》1999 年第 2 期。

终与警察发生冲突，死伤500多人。这场冲突表现了波兰政治危机尖锐
化，在波兰及世界都产生很大反响。[1] 波兰在哥穆尔卡的带领下掀起了去
斯大林化运动，他在波兰统一工人党中央委员会的讲话中批判了斯大林
主义的非法行为、农业集体化政策的失误以及波兰对苏联的过分依赖，
他提到各国可以根据本国国情走不同的社会主义建设之路，社会主义国
家间的关系应该建立在工人阶级的国际声援原则之上，建立在相互信任、
权利平等和相互援助之上，建立在相互帮助、相互展开"同志式批评"
的基础之上。[2] 赫鲁晓夫认为波兰已经失控，甚至把苏联军队向华沙
集结。

在这一背景下，美国有人认为应该给波兰以帮助。美国国家安全委
员会和参谋长联席会议讨论通过了北约或美国单方面军事援助波兰，但
总统艾森豪威尔和国务卿杜勒斯否定了这种选择，因为根据美国的军事
部署，这样的援助预示着第三次世界大战的爆发。[3] 波匈事件期间，美国
国家安全委员会制定了NSC5616号文件，其中明确指出，要促使波兰向
美国所期望的方向转变。[4] 文件规定了对波兰的具体政策：给予最惠国待
遇、提供经济援助、放宽出口限制、扩大政治经济文化交流，以期从各
方面加强波兰与西方世界的联系。

波兰与匈牙利的流血事件增强了东欧国家对苏联的离心倾向，美国
在用军事干预的方式使东欧摆脱苏联控制不可行的情况下，决定采取
"解放政策"，对东欧国家进行宣传鼓动和政治攻势。"在波兰还有一定的

---

[1] 刘祖熙：《波兰通史》，北京：商务印书馆2006年版，第492—493页。

[2] 刘祖熙、刘邦义：《波兰战后的三次危机》，北京：世界知识出版社1992年版，第86—91页。

[3] Aleksandra Zieleniec, *90 Years of Polish-U. S. Diplomatic Ties* (Krakow: Technet, 2009), p. 63.

[4] NSC5616，微缩胶卷，第1卷，Minutes of Meetings of the NSC，第五部分，美国大学出版公司1984年版。

言论自由，波兰同西方的联系已经扩大，害怕秘密警察的心情也大体上消除了。"① 美国与波兰的接触力度开始加大，期望通过加深交往影响波兰的发展方向。1956 年 10 月，美国政府向波兰表示愿意重新提供友好援助，希望通过增多接触和援助，提升波兰对苏联的独立性。②

1956 年 11 月 19 日，美国国家安全委员会出台 NSC5616/2 号文件，即"美国对波兰和匈牙利局势进展的临时政策"。文件中对如何提升美波经济交往与人员流动水平进行了详细规划和说明。这也标志着美国对东欧政策重大调整的开始，对包括波兰在内的东欧地区"和平演变"战略的主客观条件已逐步成熟。

1957 年年底，美国对东欧新政策的制定工作正式启动。经过两年多的酝酿和多次讨论修改，针对除南斯拉夫之外东欧七国的 NSC5811/1 号文件出台。文件确定美国在东欧国家追求的长期目标就是通过与这些国家政治、经济和文化交流来促使这些国家向资本主义演变，近期目标则是通过上述手段促使这些国家从苏联的控制下独立出来。1958 年 4 月，针对波兰的 NSC5808/1 号文件出台，文件否定了曾经遏制波兰的做法，明确提出对波采取"和平演变"战略（这是"和平演变"第一次出现在美国正式文件之中，即从"revolution"变为"evolution"）。NSC5808/1 号文件成为 NSC5811/1 号文件针对波兰政策的具体规定和补充。③ 自此，美国正式开始了以波兰为重点的对社会主义国家的"和平演变"政策。

---

① 刘建飞：《美国与反共主义》，北京：中国社会科学出版社 2001 年版，第 63 页。

② FRUS, 1955–1957, Vol. **XXV**, pp. 182–183.

③ 杨友孙：《波兰社会主义演变中的美国因素》，外交学院国际关系专业博士学位论文，2004 年，第 50—52 页。

四、美国"和平演变"政策在波兰的实施

冷战开始后，波兰与美国的传统经济关系基本中断。"和平演变"政策的实施让美国与波兰的贸易重新建立起来。据 NSC5808/1 号文件分析，波兰对苏贸易额占其总对外贸易额比重过大（超过60%），直接限制了波兰的独立自主。因此，倘若美国要强化波兰独立自主能力，摆脱苏联控制，就必须扩大西方国家对波贸易规模。美国随即通过经济援助和贷款等方式，稳定和改善了波兰国内经济情况，从而推动了波兰国内局势向有利于美国方向发展。从这个角度看，美国对波兰和平演变的基础就是顺应波兰国内形势，对波兰经济施加影响，让波兰在经济上对美国形成依赖。对波兰而言，加强与美国等西方国家的经济联系，不仅可以获得经济援助、技术支持和农产品贸易，也可以在一定程度上抵消对苏联的依赖，在对外政策方面获得更大的自由度以及讨价还价的能力。因此，哥穆尔卡政府开始接受美国援助。1957 年年初，美波双方正式恢复经济会谈，其中美国与波兰关于《480 号公共法案》（Public Law 480，PL480）①达成的协议成为此后波兰农产品进口的重要渠道，美国也将此协议看作在波兰"实现总目标的关键因素"。该协议签订的附加条件要求运输船只悬挂美国国旗，以使波兰农民知道这些货物来自美国。关于美国给予波兰最惠国待遇的谈判并不顺利，直到 1960 年 11 月才达成协议，但美国也一直将"最惠国待遇"作为其"惩治"波兰当局的手段，视形势的发展取消或恢复。

美国政府对波兰的贷款和经济援助，显然主要不是出于自身经济需

---

① PL480，即美国《480 号公共法案》，是关于美国农产品的出口政策的法案，又名"农业贸易发展与援助法"（Agricultural Trade Development and Assistance Act）。

要，而是出于政治上的考虑。正如波兰学者维托尔德·苏利米尔斯基所说，"出于政治上的考虑——通过提供条件适宜的贷款的途径，鼓励波兰同西方贸易，削弱波兰同苏联的联系"。① 在此期间，波兰致力于加入国际货币基金组织和国际复兴开发银行，并努力寻求美国的支持。这样波兰不仅能获得这两个组织的大量优惠贷款，还能促进波兰的经济改革，提高经济效益和在国际金融市场的地位。② 然而美国却始终阻挠波兰加入这两个组织，因为这样才能防止波兰获得其他贷款渠道，只能依赖于美国的贷款，以此助力美国"和平演变"政策在波兰的实施。

美国对波兰的公众外交力度很大。以自由欧洲电台、美国之音等作为宣传媒介，采用心理战的方式对波兰民众发动宣传攻势，主要播报对波兰统一工人党政府不利的反面事件，并大肆宣传美国的自由民主，以至于自由欧洲电台的宣传在 20 世纪 50 年代后期开始成为美波关系中的负面事件。被美国策反的波兰公共安全部政党安全局负责人约瑟夫·希维亚特沃上校于 1954 年 9 月至 12 月在自由欧洲电台的节目中揭露了有关波兰政府领导人的腐败问题，并以其管理党员档案的特殊身份描述了领导人之间的倾轧与对抗情况，内容相对真实可信，在波兰社会引起了很大反响，自由欧洲电台在波兰的影响力也由此展现。③ 自由欧洲电台的主要任务和目的就是从美国的利益出发，向苏联东欧国家人民传播国际国内重大事件信息，介绍西方社会的成就、生活和价值观来促进各国人民

---

① ［波］维托尔德·苏利米尔斯基：《波兰人民共和国在国际金融市场的处境》，载［波］斯太凡·英德里霍夫斯基：《波兰的债务》（于欣、周晴译），北京：世界知识出版社 1984 年版，第 53 页。

② M. Dobroezynski, "Relaxation, the Crisis, and the Monetary Fund," Zycie Warszawy, November 13, 1981, See Paul Marer and Wlodzimierz Siwinski, *Creditworthiness and Reform in Poland, Western and Polish Perspectives* (Bloomington: Indiana University Press, 1988), p. 256.

③ Michael Nelson, *War of the Black Heavens: The Battles of Western Broadcasting in the Cold War* (Syracuse, NY: Syracuse University Press, 1997), p. 168.

的相互了解，促进苏联东欧地区的言论自由和人权原则的进展，促进思想自由交流。[①] 另外，在影响波兰人民、消解波兰社会主义意识形态等方面，美国新闻署、中央情报局等相关机构通过扩大交流活动等方式对波兰进行文化渗透，起到了很好的效果。[②]

波兰是信奉天主教人口比例最高的国家，波兰统一工人党允许党员信教。哥穆尔卡曾经坦言："我们统治着国家，而教会掌握着人们的灵魂"。由此可见天主教会在波兰的重要地位。美国充分利用波兰作为传统天主教国家的特点，积极与教会联系。在 1978 年的梵蒂冈教皇选举中，当波兰红衣主教沃伊蒂瓦（Karol Józef Wojtyła）获得教皇候选人提名后，美国大主教奥迪就开始积极奔走为其拉选票。同时，美国红衣主教对拥有投票权的美国主教们提出要求，让他们将选票全部投给沃伊蒂瓦。[③] 这样，在美国的积极支持下，沃伊蒂瓦在 1978 年当选为梵蒂冈第 264 任教皇，即约翰·保罗二世。他是天主教历史上第一个成为教皇的斯拉夫人和东欧人，也是自 1522 年哈德良六世之后的第一个非意大利籍教皇。另外，从美国的角度讲，选举出来自共产主义国家的教皇本身就是对共产主义制度的重大打击。美国前总统尼克松在《真正的战争》一书讲道："教皇没有装甲师，但他拥有的力量不是苏联的坦克所能粉碎得了的。"[④] 约翰·保罗二世曾是克拉科夫红衣大主教，是具有极端反共情绪的宗教激进派。在当选教皇之前，他就主张天主教会要"严厉反对共产主义非

① 刘洪潮：《西方和平演变社会主义国家的战略策略手法》，武汉：湖北人民出版社 1989 年版，第 81 页。

② 韩召颖：《输出美国：美国新闻署与美国公众外交》，天津：天津人民出版社 2000 年版，第 76—77 页；另见 Walter L. Hixson, *Parting the Curtain: Propaganda, Culture, and the Cold War, 1945-1961* (New York: Palgrave Macmillan, 1997), p. 25。

③ Jonathan Kwitny, *Man of the Century* (New York: Henry Holt and Company, 1997), pp. 293-317.

④ ［美］理查德·尼克松：《真正的战争》（常铮译），北京：新华出版社 1980 年版，第 383 页。

人道的社会制度"，并主张教会要积极参与国际事务，成为保护人权的堡垒。① 他的思想与美国政府的政策不谋而合。美国宗教界和政界曾两度邀请其以红衣大主教的身份访美，与美国波兰裔人士、宗教界和政界人士作了深入交流和沟通。② 在其当选教皇之后，美国加强了与梵蒂冈的外交往来。梵蒂冈出于对共同目标的追求，也积极推动美国"和平演变"政策在波兰的实施。1979 年 6 月，教皇访问祖国波兰，要求波兰天主教徒热爱祖国，拥护政府，也希望政府尊重波兰公民的信仰和其他权利。教皇的访问使天主教会的威信空前提高，而波兰统一工人党和政府的威信却大大降低了。③ 正如波兰一位主教所言，教皇的访问改变了人们的恐惧心理，人们不再恐惧警察和坦克，不再恐惧失去工作或被赶出学校，不再恐惧得不到提拔，人们发现一旦他们不再恐惧体制，体制就要走向灭亡。④ 历史学家评称，教皇的那次访问"导致 1980 年代兴起独立工会运动和波兰盖莱克政权的垮台"。⑤

第三节　美国对"团结工会"的支持与波兰剧变

20 世纪 80 年代是美苏对抗的最后十年，也是波兰"团结工会"兴起

---

① Jonathan Kwitny, *Man of the Century: The Life and Times of Pope John Paul Ⅱ* (Stuttgart: Macmillan, Henry Holt, 2010), pp. 193–197.

② 杨友孙:《波兰社会主义演变中的美国因素》，外交学院国际关系专业博士学位论文，2004年，第 116—118 页。

③ 刘祖熙:《波兰通史》，北京:商务印书馆 2006 年版，第 529 页。

④ ［美］塞缪尔·亨廷顿:《第三波:20 世纪后期的民主化浪潮》(欧阳景根译)，北京:中国人民大学出版社 2013 年版，第 75 页。

⑤ 刘洪潮:《西方和平演变社会主义国家的战略策略手法》，武汉:湖北人民出版社 1989 年版，第 110 页。

的十年。波兰作为华约集团的重要成员国，是冷战期间苏联对抗美国的前沿阵地。波兰历来具有亲西方传统，且有强烈反苏情绪，是东欧社会主义链条上极不稳定的一环。20世纪80年代末，波兰"团结工会"上台执政，东欧剧变最先在波兰出现并非偶然。

一、经济危机的爆发与"团结工会"的兴起

波兰统一工人党执政以来，罢工风潮在各地此起彼伏。到20世纪60年代，波兰与西欧国家的生活水平出现更大鸿沟。波兰政府每次都在发生社会和政治冲突的情况下提出改革方案，政局稍一企稳，改革动力的持续性就显得不足，几次尝试经济体制改革均告失败。

1970年，盖莱克接替哥穆尔卡成为波兰统一工人党第一书记，波兰的经济状况曾一度出现好转。盖莱克政府摒弃了哥穆尔卡时期自给自足的经济政策，接受了由美国主导的240亿美元贷款，引进了对国家发展有利的先进技术，拓展了与西方的贸易往来。政府试图通过升级波兰工业的科技化水平，而非改变国家经济体系的方式来让经济实现跳跃式振兴。这种做法的主要思想是通过进口现代科技来积累出口产值，同时完全保持社会主义经济架构。这种"波兰不需要改变其经济体制，而仅需要优化机器设备"的想法是简单而又错误的。[①]波兰民众享受到了经济增长带来的福利和进出口贸易带来的便利。然而由于体制问题，盖莱克时期的"经济奇迹"根基不稳。

这一时期，波兰的高投资和高消费并非以本国生产力发展为基础，过分依赖国际市场行情和西方优惠贷款；特权阶层的贪腐问题不可避免

---

① Jeffrey Sachs, *Poland's Jump to the Market Economy* (Massachusetts: The MIT Press, 1999), pp. 26-27.

地带来生产效率低下的问题，国家产业结构仍然以重工业为主，没有根本的结构性转型；波兰国内投资利用率低下，很多出口商品质量低劣，无法赢得国外市场；国际形势的动荡导致的油价上调和利率变动也对波兰经济产生负面影响。

"与同一时期的阿根廷一样，波兰巨额的外债几乎没有带来向西方国家市场出口收益的增加。盖莱克政府一系列举措的结果就是借款无法清偿。波兰成为 20 世纪 70 年代世界上第一批因大量从外国借债而陷入债务危机的国家。到 70 年代后期，波兰已经无法再得到新的借款，国家几乎无法偿还借款。这种从资本内流到资本外流的转变造成了经济的巨大紧缩。因为无法得到新的国际贷款，波兰的进口急剧下降。波兰企业发现他们失去了原材料和中间产品的进口，从而导致工厂无法维持运行。同时，因为部分 70 年代的借款被用来购买消费产品，借款的失去直接导致消费产品进口减少和日益严重的零售商品短缺。"[1] 通货膨胀的加剧和外债的增加使政府不得不宣布上调物价，直接引发了波兰很多地区的示威和罢工。

1976 年 9 月，罢工浪潮刚过，波兰保卫工人委员会（KOR）即宣布成立，雅采克·库龙（Jacek Kulon）和亚当·米赫尼克（Adam Michnik）都是其中的活跃分子。这一组织旨在援助受到政府迫害的反对派，并在 1977 年发展成永久性机构，还于 1978 年在格但斯克成功建立"独立工会运动"组织。[2]

1979 年，教皇约翰·保罗二世到访祖国波兰，受到 600 多万波兰人的自发迎接。天主教在波兰的地位由此得到空前提升，"一个古老的基督

---

① Jeffrey Sachs, *Poland's Jump to the Market Economy* (Massachusetts: The MIT Press, 1999) , p. 27.

② ［波］耶日·卢克瓦斯基、赫伯特·扎瓦德斯基：《波兰史》（常程译），上海：上海东方出版中心 2014 年版，第 288—292 页。

教民族因而被唤醒"。① 教皇没有公开要求波兰人民反抗波兰统一工人党政府，却让民众心中重新燃起了对曾经的波兰式自由生活的渴望，也再度降低了波兰统一工人党在人民心中的地位。

由于国内经济发展的矛盾和全球性危机，波兰的经济已经几近崩溃，到 1978 年年底，外债已高达 150 亿美元。② 在进口减少的压力下，1979 年后波兰经济暴跌，人民生活水平也急剧下降。然而，尽管国内消费和生活水平都有所下降，波兰向西欧国家出口的能力并没有上升。大部分国债都因为没有得到清偿而到期，而同时逾期的利息也使波兰的欠债越来越高。这样，在几乎没有任何新借款的情况下，波兰的债务从 1978 年的 250 亿美元增长到 1991 年的 450 亿美元③。这种债务的增加几乎全部是因为十多年来积累的逾期利息。

到 1980 年，波兰接近 80% 的出口收入都不得不用于偿还贷款。1980 年 7 月，经济危机困扰下的波兰政府决定撤销对肉类和其他食品的补贴，宣布提高特种商店肉类食品的价格，还强行出口一些波兰商店里本已短缺的食品，增加了人民生活负担，也由此再次引发了多地罢工。在政府宣布提价的次日，保卫工人委员会宣布自己为"罢工信息机构"。罢工随后在卢布林、华沙、波兹南等主要工业城市蔓延，工人们因为"主宰自己生活和劳力的那份与政府心照不宣的契约没有得到履行而感到愤慨"。④8 月 14 日，罢工浪潮波及波兰最大的格但斯克国有列宁造船厂，一万多

---

① ［英］罗伯特·拜德勒克斯、伊恩·杰弗里斯：《东欧史》（韩炯等译），上海：上海东方出版中心 2013 年版，第 830 页。

② 杨友孙：《波兰演变的美国因素探析》，北京：中国文史出版社 2005 年版，第 73 页。

③ Jeffrey Sachs and David Lipton, "Poland's Economic Reform," *Foreign Affairs*, June 1, 1990, https://www.foreignaffairs.com/articles/poland/1990-06-01/polands-economic-reform.

④ ［英］杰弗里·霍斯金：《俄罗斯史》（李国庆等译），广州：南方日报出版社 2013 年版，第 544 页。

工人成立罢工委员会，准备与政府谈判。莱赫·瓦文萨当选为主席，他是一位持不同政见者，曾是在 70 年代的罢工运动中被解雇的电工，也是地下"自由工会"的组织者。罢工在波罗的海沿岸城市蔓延，8 月 16 日，格但斯克—格丁尼亚—索波特"三联城厂际罢工委员会"在格但斯克成立，由瓦文萨担任主席。罢工委员会组织严密，要求工人保护公共财产，维持社会秩序，不要上街游行，派出代表与政府谈判。① 瓦文萨听从了库龙和米赫尼克等人的建议，在代表厂际罢工委员会与政府谈判时提出了二十一条要求，首条便是建立"独立的自由工会"。经过多次谈判，8 月 31 日，由政府副总理雅尔盖斯基（Mieczysław Jagielski）为首的代表团与以瓦文萨为首的三联城厂际罢工委员会达成《格但斯克协议》，波兰政府和波兰工会全面让步，同意三联城厂际罢工委员会关于成立"独立自由工会"等要求。为了充分巩固胜利果实，工会领导人于 9 月 17 日投票决定建立全国性的独立工会，命名为"团结工会"，确定"团结工会"的宗旨是维护工人阶级利益，监督政府工作，消除社会弊端，实行工人自治和地方自治等。11 月 10 日，波兰最高法院准予"团结工会"正式登记，东欧社会主义国家的第一个独立工会组织诞生。此时"团结工会"的会员数量已达到 800 万，几乎占波兰成年人口的三分之一。②

　　虽然波兰是美国在东欧地区的重点关注对象，但"团结工会"的出现却在美国的预料之外。即便美国通过自由欧洲电台、美国之音等广播的方式对波兰展开宣传攻势，弱化波兰统一工人党的形象，又通过经济手段拉拢波兰人民，制约波兰政府，但追根溯源，波兰国内民生凋敝才是波兰民众自发反对政府的基本动因。苏联主导的"经济互助委员会"

---

① 叶书宗：《勃列日涅夫的十八年》，北京：人民出版社 2013 年版，第 308 页。

② ［波］耶日·卢克瓦斯基、赫伯特·扎瓦德斯基：《波兰史》（常程译），上海：上海东方出版中心 2014 年版，第 295 页。

无法对其卫星国的经济发展起到足够的推动作用，行政控制的弊端不可避免地导致生产率低下，几次改革都难以从根本上解决国家经济发展存在的问题，加之教皇对"团结工会"的公开支持，这些都难免令本身文化程度较高的波兰工人阶级对政府产生排斥心理，也增强了"团结工会"在波兰的声望。在1980年8月罢工浪潮兴起前，波兰统一工人党有300多万名党员，工潮过后，波党人数锐减至200多万（表2-1），有近100万党员加入"团结工会"中，其中甚至有三分之一的波兰统一工人党中央委员甚至还有政治局常委。[①] "团结工会"成为全国最大的群众团体，到1981年，"团结工会"会员人数多达1000万。对波兰人而言，此时的"团结工会"已经成为承载着波兰人回归自己传统生活方式的梦想的组织，正如西方观察家所说的，是"民族复兴的民间十字军"。[②]

表2-1　波兰20世纪80年代党员人数的变化情况[③]

年度	1980年	1981年	1984年	1987年
人数	3,092,000	2,691,000	2,117,000	2,149,000
占总人口百分比	8.7	7.5	5.7	5.7

资料来源：Grzegorz Ekiert, *The State against Society: Political Crisis and Their Aftermath in East Central Europe* (Princeton: Princeton University Press, 1996), p. 318。

二、美国通过多种手段支持"团结工会"

"团结工会"的兴起出乎美国决策者的意料，也引起了美国政府的极

---

① 刘祖熙：《波兰通史》，北京：商务印书馆2006年版，第534页。

② ［英］杰弗里·霍斯金：《俄罗斯史》（李国庆等译），广州：南方日报出版社2013年版，第544页。

③ Grzegorz Ekiert, *The State against Society: Political Crisis and Their Aftermath in East Central Europe* (Princeton: Princeton University Press, 1996), p. 318.

大重视。美国政府迅速调整策略，积极支持"团结工会"，使其成为美国促进波兰"和平演变"、加速波兰脱离苏联控制、瓦解东欧共产党政权的重要抓手。卡特政府根据最新形势，当即制定了"防止苏联出兵波兰"和"维持波兰经济，以确保《格但斯克协议》能够执行"两项政策目标。① 同时警告苏联，如果苏联出兵将遭到美国以及西方国家的严厉制裁。鉴于波兰国内外形势的综合影响和"团结工会"越来越多的政治诉求，出于稳定国内局势的需要，波兰政府实施了军管，并宣布"团结工会"为非法。"团结工会"被迫转入地下，美国通过多种手段和方式继续为"团结工会"撑腰打气，积极支持"团结工会"的地下活动，并取得了很大成效。

"团结工会"兴起后，苏联就以武力干涉相威胁要求波兰政府采取强硬手段进行压制，因为苏联认为，"团结工会"的发展壮大将直接威胁到苏联模式和官僚体制。苏联方面的压力让盖莱克被迫辞职，由卡尼亚接任，但不幸的是卡尼亚更不具备处理深层次危机的能力，波兰国内形势始终没能得到改善。苏联考虑到出兵波兰会导致激烈的反抗，甚至会引发巨大的国际危机，虽然已经陈兵波兰边境，却没敢贸然采取行动。波兰在《华沙条约》国家中分量很重，时任苏联国防部部长乌斯季诺夫就提出："必须确保波兰成为驻德苏军与苏联之间的重要纽带。失去波兰，华约也就毫无意义。"② 然而已近耄耋之年的苏共中央总书记勃列日涅夫却决心避免对波兰采取行动，此苏联入侵阿富汗已经破坏了欧洲形势的缓和，如果出兵波兰只会加剧紧张局势。单从经济方面讲，苏联的状况已经承受不住波兰的经济依赖。在"团结工会"兴起后的一年中，苏联

---

① Lincoln Gordon, *Eroding Empire, Western Relations with Eastern Europe* (Washington, D. C. : The Brookings Institution Press, 1987), p. 119.

② ［美］弗拉季斯拉夫·祖博克：《失败的帝国——从斯大林到戈尔巴乔夫》（李晓江译），北京：社会科学文献出版社 2014 年版，第 365 页。

向波兰注入了40亿美元，波兰的经济状况没有任何改善，波兰人的反苏情绪却日益高涨。苏联自身面临食品供不应求的困境，不得不同意波兰接受西方提供的大规模援助，以避免波兰陷入饥荒。① 美国和其他西方国家认为，波兰政府对"团结工会"的让步和苏联的克制表现是重要的政治成果，希望可以借助波兰时局不稳的时机，进一步力促东欧民主化进程。

1980年9月，美国政府宣布，提供给波兰的贷款由1979—1980财政年度的5.5亿美元提升到1980—1981财政年度的6.7亿美元，主要从四方面对波兰展开援助：增加用于粮食购买的信用贷款，紧急食品援助计划，重新安排波兰对外债务，将波兰在阿拉斯加附近水域的捕鱼限额增加一倍。同时，美国还授意西方银行向波兰提供3.25亿美元贷款，以期在"团结工会"的冲击和影响下，波兰能就此减少对苏联的经济依赖。②

美国劳联—产联（AFL-CIO）是美国最大的工会组织，在支持"团结工会"方面非常积极。该组织设立了"辅助波兰基金会"，从经济上支持新兴的"团结工会"。③ 截至1980年年底，该组织共向"团结工会"捐款15万美元，并提供了大量宣传器材，包括通信设备和印刷设施等。④ 波兰政府认为，这一行为属于"干涉波兰内政，是利用波兰危机动摇社会主义秩序的反社会主义力量"。⑤ 与此同时，波兰政府却因经济问题自

---

① ［美］弗拉季斯拉夫·祖博克：《失败的帝国——从斯大林到戈尔巴乔夫》（李晓江译），北京：社会科学文献出版社2014年版，第364—371页。

② Arthur Rachwald, *In Search of Poland: The Superpowers' Response to Solidarity, 1980-1989* (Stanford, California: Hoover Institution Press, 1990), p. 48.

③ 李振城：《无硝烟的战争——"和平演变"与对策》，天津：天津社会科学院出版社1991年版，第142页。

④ Gregory F. Domber, *Empowering Revolution, America, Poland, and the End of Cold War* (Chapel Hill: The University of North Carolina Press, 2014), p. 191.

⑤ Arthur Rachwald, *In Search of Poland: The Superpowers' Response to Solidarity, 1980-1989* (Stanford, California: Hoover Institution Press, 1990), p. 51.

顾不暇。到 1981 年，90% 的西方借款都到了归还本金的最后期限，内外交困的波兰政府根本无力偿还，不得不请求西方国家延期。

在此期间，美国国内有很高的呼声要求波兰政府破产，但是美国政府决定利用债务问题作为讨价还价的砝码，以经济手段对波兰施加政治影响，干涉波兰的内外事务。波兰副总理雅盖尔斯基在 1981 年 4 月访问美国期间，与里根政府达成关于援助波兰的协议：美国同意波兰推迟偿还 8000 万美元贷款（1981 年 6 月 30 日到期）；在此基础上，再给波兰提供价值 7000 万美元的食品；随后又在该年提供了价值 8000 万美元的谷物。[①] 但援助的附加条件中明确指出，无论是波兰还是苏联，镇压"团结工会"将使西方对波兰经济援助自动中止。这无疑有利于"团结工会"的发展。

"团结工会"合法化之后，在向政府提出经济要求的基础上，还提出了实质性的政治诉求。双方期望能够达成协议，既承认共产党领导地位，也赋予波兰人建立自己的工会并可以公开表达意见的权利。但波兰统一工人党领导的政府与"团结工会"相互质疑彼此的动机，谈判最终陷入僵局，既无法解决经济改革的当务之急，又不能有效地进行真诚、开放的合作。1981 年 3 月，"团结工会"成员与非武装警察和便衣在比得哥什省人民代表大会期间发生冲突，"团结工会"决定取消同波兰政府的一切谈判，并于 3 月 27 日举行全国范围的警告性罢工。瓦文萨在罢工当天发表讲话，称罢工迫不得已，"团结工会"绝不是反社会主义，也不想夺取政权。[②] 当时波兰经济形势日趋恶化，食品货品短缺现象愈发严重，民众不满情绪持续升高，罢工和示威不断，而波兰统一工人党则只能以空洞的宣言应对"团结工会"的谈判要求。1981 年 9 月，"团结工会"在格

---

① 张文红：《团结工会的兴与衰》，北京：中国社会出版社 2008 年版，第 202—203 页。

② 万昌华：《波兰政治体制转轨研究》，济南：齐鲁出版社 2013 年版，第 192 页。

但斯克奥列维亚体育馆举行第一次全国代表大会，瓦文萨当选为"团结工会"主席。大会通过的纲领中刻意回避"社会主义"一词，提出建立"自治的波兰"的主张。大会还提出了经济改革方案，主张建立高于一切的"国民经济社会委员会"。至此，"团结工会"有了明确反对波兰统一工人党领导和反对社会主义的纲领。

1981年10月，雅鲁泽尔斯基将军在卡尼亚手中接过了统一工人党的领导权，波兰政府对"团结工会"的态度出现大转折。雅鲁泽尔斯基曾在二战中被苏联内务部流放西伯利亚，能讲流利的俄语，但并非西方以为的"苏联驯服的工具"。雅鲁泽尔斯基上任一个月，就面临了更大的压力。波兰的经济摇摇欲坠，寒冬将至，人民没有足够的燃料和食物来度过即将到来的冬天。[①]雅鲁泽尔斯基向全国发出号召，要求保持三个月的和平工作日，以便让政府有时间调整食品、药品、投资、支援农村等相关工作。但是号召没有得到"团结工会"的响应。雅鲁泽尔斯基与红衣主教格莱姆普在10月与11月两次会晤，就摆脱国内危机和建立民族协商阵线达成共识，双方认为应由统一工人党、统一农民党、民主党、"团结工会"、行业工会、教会和学术界各推选一名代表组成统一阵线，但这一建议由于未能满足"'团结工会'拥有三分之一表决权"而遭到"团结工会"主席瓦文萨的反对。"团结工会"愈发激进，在纲领中指出："历史告诫我们，没有自由就没有面包。""我们所思量的不仅有面包、黄油和香肠，而且有正义、民主、真理、合法性、人的尊严、信仰自由和对共和国的修正。"[②]由此，"团结工会"逐渐发展成为波兰国内最大的政治反对派组织。

---

① ［美］弗拉季斯拉夫·祖博克：《失败的帝国——从斯大林到戈尔巴乔夫》（李晓江译），北京：社会科学文献出版社2014年版，第369—370页。

② 孔田平：《通过谈判的革命——波兰的转型之路》，《南风窗》2009年第15期，第53页。

　　1981 年 12 月 3 日，"团结工会"主席团在拉多姆召开秘密会议，决定组建工人卫队，通过总罢工来夺取全国政权，同时决定在 12 月 17 日"十二月事件"11 周年纪念日上发动全国性游行示威。会议的录音被波兰政府获取。波兰政府认为，"'团结工会'已沦为美国外交政策的工具"。① 12 月 8 日，雅鲁泽尔斯基会见了到访波兰的苏共中央委员巴伊巴科夫和库利科夫，商谈苏联向波兰提供铁矿石、肥料、有色金属、谷物等紧急援助问题。库利科夫在会谈中提到："我们不会眼看着波兰受难而不管。"② 这番话被雅鲁泽尔斯基解读为苏联要像当年应对匈牙利危机、"布拉格之春"时那样直接武装干预。1981 年 12 月 13 日，雅鲁泽尔斯基宣布成立"救国军事委员会"，全国进入战时状态。全国通信联络被切断，各大城市实行宵禁，边界、领海、领空和机场实行封锁，收缴百姓手中的武器弹药，部队进驻到工厂、矿山和企业当中，对多家关乎国计民生的重要单位和企业实行军管，对瓦文萨等 5000 余人实行隔离，破坏了"团结工会"的通信设备，终止了"团结工会"的活动，并宣布"团结工会""不复存在"。③ 雅鲁泽尔斯基认为，实行军事管制是避免波兰内战、防止外国武装介入、预防国家在危机中崩溃的唯一方式。波兰统一工人党最后一任总书记拉科夫斯基曾公开讲道，军管虽然具有悲剧性的重大后果，但它是必要的，否则，"一旦苏军进入波兰，必将遭到波兰人民的抵抗，波兰的冲突很快将国际化，包括向波兰偷运武器，东西方关系将发生根本变化，冷战将会加剧，欧洲人民将要为'波兰问题'付

---

　　① Arthur Rachwald, *In Search of Poland: The Superpowers' Response to Solidarity, 1980–1989* (Stanford, California: Hoover Institution Press, 1990), p. 59.

　　② 《苏共中央政治局关于波兰局势的会议记录（1981 年 12 月 10 日）》，载沈志华主编：《苏联历史档案选编》第 31 卷，北京：社会科学文献出版社 2002 年版，第 380 页。

　　③ 万昌华：《波兰政治体制转轨研究》，济南：齐鲁出版社 2013 年版，第 210—212 页。

出很大代价"。[①] 1982 年，由于政府的严密管控，"团结工会"曾两次试图组织罢工均遭到失败。1982 年 10 月 8 日，波兰政府颁布《工会法》，正式宣布取缔"团结工会"，"团结工会"被迫转入地下进行斗争。

根据苏联 1984 年出版的《"钋行动"的破产》一书记载，早在 1977 年，美国中央情报局就选定波兰为东欧"最容易突破的薄弱环节"，在此展开颠覆波兰共产主义政权的"钋行动"计划。该计划的命名颇有深意。钋（Po）元素是波兰籍科学家居里夫人在 1898 年发现的新元素，能够在黑暗中发光，"Po"也正是以居里夫人的祖国波兰（拉丁文 Polonia）来命名的。该计划建议：一是要迫使波兰政府在"人权"问题上让步，以确保波兰反对派具有最大行动自由，二是要充分利用并扩大天主教会在波兰的影响和作用，三是要更加充分合理利用波兰侨民的影响。[②] 在波兰实行军管镇压"团结工会"后，美国对波兰的政策与此前中央情报局的方案一脉相承。美国政府中的保守分子强烈要求要超越波兰来看待波兰问题，也就是将波兰作为美国对抗苏联的突破口，[③] 让苏联阵营刚刚燃起的"自由之火"不被轻易扑灭。这也是美国对苏东卫星国的反政府组织实施帮扶政策的主要目的。

第一，美国对"团结工会"和波兰统一工人党政府采取"双轨政策"，即对"团结工会"反对派进行援助的同时，对波兰政府进行制裁，全力扶植波兰国内反对派。波兰宣布实行军管的当天，美国政府就与一些西方国家一道，宣布对波兰实施经济制裁，暂停正在进行的援助协议

---

① 波兰《论坛报》1990 年 12 月 13 日，转引自郭增麟：《波兰：从军管到交权——政治转轨中的雅鲁泽尔斯基》，《当代世界社会主义问题》2001 年第 2 期，第 51 页。

② 刘洪潮：《西方和平演变社会主义国家的战略策略手法》，武汉：湖北人民出版社 1989 年版，第 122—123 页。

③ Alexander M. Haig, *Caveat: Realism, Reagan and Foreign Policy* (New York: Scribner, 1984), p. 248.

谈判，并暂停执行已经达成共识的协议。就在波兰宣布实行军管三天前的 12 月 10 日，里根政府刚同意通过一项向波兰提供 1 亿美元食品援助协议，希望能换取波兰政府在行动上的克制，但波兰政府却没有将实施军管的消息提前告知美国。美国总统里根在多个场合强烈谴责了波兰政府实施军管的行为，并向波兰提出了取消经济制裁的条件。在波兰军管实施第五天，里根就在总统新闻发布会上强调："我们显然不可能继续帮助向人民施加军管的波兰处理经济问题。一直以来美国都在准备尽力帮助波兰克服经济困难，但是只有当波兰人民被允许在没有国内的胁迫和外部干涉的前提下解决他们自己的问题时，美国才能向波兰提供这种援助。"① 里根谈到重回援助轨道的三个条件：波兰政府取消军管、释放在押人员、恢复自由工会的权力。这也成为之后美波谈判中不可更改的重要条件。雅鲁泽尔斯基政府拒绝取消军管，美国对波兰政府的各种言辞压力均无效，最终决定实施严厉的对波经济制裁。西方的经济制裁导致波兰无法得到来自西方的原材料和零配件，一些采用西方设备进行生产活动的企业蒙受经济损失达 150 亿美元，这给雅鲁泽尔斯基政府造成很大经济压力。1982 年之后，雅鲁泽尔斯基政府曾试图全面推进国内政治体制改革，企图扩大党的执政基础，缩小政治反对派的力量和影响，但由于内外交困，改革成效不大。美国的经济制裁限制了波兰对西方出口，而苏联囿于自身经济困境无法对波兰实施贷款援助，波兰经济发展的速度逐年下降，通货膨胀率居高不下，国家债务达到近 400 亿美元。波兰政府对价格的改革尝试以失败告终，全国市场陷入混乱局面，国内民众不满与抗议的声音此起彼伏。1982 年 1 月，北约召开了关于波兰问题的外长特别会议，决定对波兰采取制裁手段，迫使波兰当局取消军事管制

---

① The President's News Conference, *Public Papers of the Presidents of the United States（PPPUS）*, December 17, 1981, https://reaganlibrary. archives. gov/archives/speeches/1981/121781c. htm.

并恢复与"团结工会"的对话，释放被拘留的政治犯。[①]

第二，美国高举"人权"大旗，以此为"团结工会"争取到更多活动空间和行动自由。在1981年12月17日的总统新闻发布会上，里根公开谴责波兰政府，称波兰实施军管和逮捕"团结工会"人员是对《赫尔辛基协议》和对人权的践踏，是公开违背对"团结工会"的承诺。[②] 在12月23日发表的关于圣诞和波兰局势的讲话中，里根强调，波兰政府与人民之间需要合作，而非军事镇压。如果波兰政府遵守一年前的《格但斯克协议》，尊重人权，"那么美国将很乐意为帮助恢复波兰崩溃的经济而尽一份力，就像在两次世界大战之后帮助欧洲其他国家一样"，否则美国将实施各种严厉的制裁措施。[③] 由此，美国公开表态支持"团结工会"，并以捍卫"人权"为理由，迫使波兰政府妥协。

第三，美国利用天主教会在波兰的影响力，协同梵蒂冈教廷，给予"团结工会"大量援助和支持。1982年，美国国务卿乔治·舒尔茨（George Shultz）在一次讲话中提到，宗教信仰与政治活动比肩而立，要联合、利用共产主义国家幸存的教会组织，共同投入反共活动之中。[④] 波兰实施军管当天，美国总统里根就与教皇通电话商量对策，并派总统私人代表前往罗马面见教皇。1982年6月，美国与梵蒂冈结成"神圣同盟"，双方决定从"经济"和"道义"两方面对波兰政府施压，同时支持"团结工会"。[⑤] 1983年，美国国务院拨专款45万美元，用于美国和

---

① 孔寒冰：《东欧史》，上海：上海人民出版社2010年版，第441页。

② The President's News Conference, *PPPUS*, December 17, 1981, https://reaganlibrary. archives. gov/archives/speeches/1981/121781c. htm.

③ *PPPUS*, Address to the Nation About Christmas and the Situation in Poland, December 23, 1981, https://reaganlibrary. archives. gov/archives/speeches/1981/122381e. htm.

④ 刘洪潮：《西方和平演变社会主义国家的战略策略手法》，武汉：湖北人民出版社1989年版，第106页。

⑤ 段德智：《境外宗教渗透与苏东剧变研究》，北京：人民出版社2015年版，第172页。

宗教领袖的合作交流。1984年，美国与梵蒂冈正式建立外交关系。① 由于波兰军事管制切断了反对派领导人和活跃分子的社会基础，对被取缔的"团结工会"而言，来自天主教会的支持力量就显得尤为关键。② 正如塞缪尔·亨廷顿所言："在某种意义上，教会是一台潜在的全国性政治机器，它拥有成千上万的牧师、修女和教会外的积极分子可以为反抗示威活动提供巨大的力量支持。"③ "团结工会"成为包括天主教徒和反共人士的一股强大的反对派势力。"团结工会"的领袖同罗马天主教会红衣大主教关系密切。这一时期，教堂成了"团结工会"成员庇护藏身之地。在政府与"团结工会"的矛盾之间，教会经常以调解者的身份出现，但实际上偏袒"团结工会"。一些神甫在教堂内布道时，公开表达对"团结工会"的支持。1983年6月，教皇约翰·保罗二世第二次访问祖国时，会见了"团结工会"的领导人瓦文萨，并在弥撒时侧面批评波兰政府，强调"组织工会的权利是人们固有的，是上帝给的，不是国家给的"。"教皇甚至把军管中的波兰想象成为一个巨大的集中营。"④ 教皇的访问对波兰政府和"团结工会"都产生了很大影响，被取缔的"团结工会"又重新活跃起来，教皇刚刚离开波兰，华沙、波兹南和弗罗茨瓦夫等城市就出现打着"团结工会"的旗帜发放反对政府的传单和标语的示威游行人群。⑤ 波兰当局则于1983年7月22日取消了军管。

---

① 在此之前，美国与梵蒂冈仅有领事、公使关系，甚至一度在19世纪60年代关闭了美国驻梵蒂冈使馆。

② ［美］普杰莫斯拉夫·维耶高什：《"团结工会"25周年——从工人革命到资本主义》（张效民译），《国外理论动态》2009年第12期。

③ ［美］塞缪尔·亨廷顿：《第三波：20世纪后期的民主化浪潮》（欧阳景根译），北京：中国人民大学出版社2012年版，第74页。

④ 万昌华：《波兰政治体制转轨研究》，济南：齐鲁出版社2013年版，第231页。

⑤ 刘洪潮：《西方和平演变社会主义国家的战略策略手法》，武汉：湖北人民出版社1989年版，第111页。

　　在此期间，美国高层始终与梵蒂冈教廷保持着密切往来。1987 年 6 月，在威尼斯西方七国首脑会议召开前夕，美国总统里根利用休假时间，到罗马与教皇就东欧改革与美苏关系问题进行了会谈。① 同月，教皇约翰·保罗二世第三次访问波兰。教皇此行在 9 个城市做了 36 次布道，发表了政治色彩更为鲜明的言论。他指出波兰教会"必须把争取人权和政治多元化的斗争放在首位"，认为"团结工会"运动"是当今世界反抗压迫和进行解放人类斗争的典范"，强调教会"应该把'团结工会'的目标和策略接受为自己的目标和策略"。② 可以说，教皇的几次访问都令波兰的政治天平更倾向于"团结工会"一边，极大冲击了波兰政府在人民心中的威信，同时对反对派的活动起到了积极的鼓励与支持的作用。美国也正是利用了梵蒂冈教廷与美国对东欧政策的契合点，通过教皇作为天主教徒精神领袖的影响力，在以天主教为主要宗教的波兰展开同苏联阵营的"人心之争"，并最终成为胜出者。

　　第四，波兰裔美国人为被迫转入地下的反政府力量提供了有力支持。波兰裔美国人属于美国人数众多的少数族裔，在美国针对东欧问题的相关政策上拥有一定的发言权。例如，美国 1975 年提出的"索南菲尔特主义"③ 在事实上肯定了东欧地区属于苏联势力范围，引起了波兰裔美国人等东欧裔民众的强烈反对，该提法也逐渐销声匿迹。在大多数波兰裔美国人心中，始终向往着拥有真正独立自主的波兰。波兰统一工人党政府的存在意味着苏联对波兰的控制，也是波兰无法获得自由与独立的极大

---

　　① 董耀鹏、胡克、白广元：《两种制度的生死较量——和平演变与反和平演变》，北京：书目文献出版社 1991 年版，第 228 页。

　　② 刘洪潮：《西方和平演变社会主义国家的战略策略手法》，武汉：湖北人民出版社 1989 年版，第 112 页。

　　③ 1975 年 12 月 13 日，在伦敦召开的美国驻欧洲国家大使秘密会议上，美国国务院顾问索南菲尔特阐述了美国对苏联和东欧政策，承认苏联的超级大国地位和苏联在东欧的势力范围，希冀借此稳住苏联，不再向西欧扩张，以保住美国在欧势力范围，稳定欧洲局势。

阻碍，这令波兰裔美国人对波兰统一工人党政府心怀不满。波兰裔美国人对母国的期待与美国意图"减弱甚至消除苏联对东欧地区的控制"的政策不谋而合。美国中央情报局对波兰展开颠覆活动之初，就有12万波兰裔美国人突然返回波兰。到1981年11月，即"团结工会"兴起一年后，回波兰定居的波兰裔美国公民达到一万人。[①] 他们中有很多对波兰统一工人党政府怀有敌意的人，还有一些是受雇于美国中央情报局的间谍。[②] 他们与波兰反对派一起，走街串巷，成立地下组织，参与各种活动，奔走于各种非政府组织与西方使领馆之间，出版地下书刊和报纸。仅1985年一年，波兰即出现400余种地下期刊，除此之外还有数以万册的反政府资料书籍。[③] 波兰裔美国人布热津斯基曾写道，"据秘密来源提供的目录表明，1981年到1987年年底这段时间，波兰出版发行了约1500种地下报纸杂志，2400种书籍和册子"。[④] 这些由波兰裔美国人参与制作的数量庞大的宣传出版物对"团结工会"在地下开展工作有所助益。波兰裔美国人在波兰开展帮扶"团结工会"的行动具有天然优势，他们之所以甘愿积极协助美国对波兰实行和平演变，支持"团结工会"运动，就是希望帮助波兰尽早脱离苏联控制，真正实现独立。

此外，美国还协同西方国家，大力资助帮扶"团结工会"领导人，并帮助他们赢得国际社会的关注与支持。虽然波兰国内经济萧条，人民生活水平普遍不高，但依靠美国的资金支持，"团结工会"领导人瓦文萨一家却始终富足，还买了车和别墅，过着远高于其应有的收入水平的生

---

① 李振城：《无硝烟的战争——"和平演变"与对策》，天津：天津社会科学院出版社1991年版，第96—97页。

② 梁云彤等：《美国和平演变战略》，长春：吉林人民出版社1991年版，第97页。

③ 郑怀义：《和平演变与反和平演变》，北京：中国人民公安大学出版社1990年版，第92页。

④ ［美］兹比格纽·布热津斯基：《大失败——20世纪共产主义的灭亡》（军事科学院外国军事研究部译），北京：军事科学院出版社1989年版，第144页。

活。[①] 1981 年，美国《时代周刊》评选瓦文萨为年度风云人物，1983 年，瓦文萨获得了"诺贝尔和平奖"，1987 年 9 月，乔治·布什以美国副总统的身份访问波兰，其间，在他下榻的宾馆中公开会见了"团结工会"的领导人，并在瓦文萨的陪同下凭吊了曾经公开反对波兰政府的被害神甫波别乌什科之墓，还同瓦文萨并肩站在教堂阳台发表了讲话。[②] 英国首相撒切尔夫人访问波兰期间，也会见了"团结工会"的活动家，并听取了瓦文萨等人对波兰问题的看法，还为他们出谋划策。[③] 这些都令"团结工会"在美国国内和国际舆论上的影响力有所提升，为美国政府在制定和实施帮扶"团结工会"的政策时获得更多的舆论支持。亚当·米赫尼克曾回忆到："布什明确表示了对反对派的支持，他的访问具有鼓励性和象征性意义，对于其后发生的事情，是个非常重要的转折点。"[④] 除此之外，美国"和平演变"战略中占有重要地位的宣传攻势也更加迅猛地在波兰展开；美国"劳联—产联"等非政府组织在"团结工会"处于地下期间为其提供的物资支持对其顺利开展工作也起到了非常重要的作用。[⑤] 美国《华盛顿邮报》在 1989 年 8 月刊文指出，没有美国工会在物质上和道义上的支持，波兰共产党旨在摧毁"团结工会"的努力有可能并不会失败。[⑥]

---

① 郑怀义：《和平演变与反和平演变》，北京：中国人民公安大学出版社 1990 年版，第 93 页。

② Gregory F. Domber, *Empowering Revolution America, Poland, and the End of Cold War* (Chapel Hill: The University of North Carolina Press, 2014), pp. 201–204.

③ 刘彦顺：《波兰历史的弄潮儿：雅鲁泽尔斯基》，北京：世界知识出版社 2016 年版，第 250 页。

④ Gregory F. Domber, *Empowering Revolution America, Poland, and the End of Cold War* (Chapel Hill: The University of North Carolina Press, 2014), p. 203.

⑤ 刘洪潮：《西方和平演变社会主义国家的战略策略手法》，武汉：湖北人民出版社 1989 年版，第 94 页。

⑥ 董耀鹏、胡克、白广元：《两种制度的生死较量——和平演变与反和平演变》，北京：书目文献出版社 1991 年版，第 232 页。

三、圆桌会议的召开与波兰剧变

美国始终将"人权"问题作为对波兰政府实施经济制裁的理由。迫于内外交困的现实状况，波兰政府于1986年9月宣布赦免包括多名"团结工会"领导人在内的波兰政治犯。此后，在"团结工会"领导人和波兰裔美国人的共同呼吁下，美国于1987年2月19日宣布取消对波兰的经济制裁。美国利用经济手段，不仅帮扶了"团结工会"，还有效影响了波兰政府对"团结工会"的政策。1988年，波兰经济形势严重恶化，市场供应贫乏，抢购风潮再现。经济的混乱再次导致政局不稳，掀起又一轮大规模罢工。然而就在波兰国内因罢工陷入混乱时，"团结工会"得到了美国提供的500万美元活动经费。[①] 波兰政府停发了罢工者工资，但工人们能够在"团结工会"处领到工资。持续的罢工使企业无法正常运转，国家蒙受巨大损失，波兰政府不得不向罢工者妥协。

在1988年的罢工浪潮中，波兰统一工人党召开七中全会，雅鲁泽尔斯基在会上首次提出召开圆桌会议的主张。七中全会之后的新一轮罢工运动政治色彩更明显，罢工工人们一致要求恢复"团结工会"，更改宪法中波兰统一工人党的领导作用，修改议会选举法。[②] 雅鲁泽尔斯基为了阻止形势的进一步恶化，提前组织召开波兰统一工人党八中全会，商讨与"团结工会"展开合作的相关事宜，想要通过与"团结工会"合作来满足美国等西方国家的要求，换取美国等西方国家与波兰关系的完全正常化，以此获得更多的经济援助来克服眼前的困难。[③]

---

① 郑怀义：《和平演变与反和平演变》，北京：中国人民公安大学出版社1990年版，第93页。

② 刘彦顺：《波兰历史的弄潮儿：雅鲁泽尔斯基》，北京：世界知识出版社2016年版，第255页。

③ 郑怀义：《和平演变与反和平演变》，北京：中国人民公安大学出版社1990年版，第95页。

1989 年 2 月至 4 月，具有历史性意义的"圆桌会议"在华沙召开。"圆桌会议"传说起源于英格兰国王亚瑟与其手下 128 名骑士召开的会议，代表着平等交流、坦诚开放，被视为现代文明起源的标志。波兰圆桌会议共有 56 名代表参加，其中"团结工会"和反对派方面代表 20 人，波兰政府当局代表 20 人，无党派人士 14 人，名义上不参与政治的罗马天主教会也派出 2 人与会。[①] 各方经过谈判达成协议，宣布实行"经济市场化"，实现"自由形成的所有制结构"；实行政治多元化，允许在宪法范围内自由结社；一切代表机构通过民主选举方法产生，修改宪法，建立总统制，实行议会两院制，实行立法、行政、司法三权分立；修改工会法，使"团结工会"合法化。此外，圆桌会议还决定提前举行议会选举。

1989 年 4 月 17 日，华沙省法院宣布"团结工会"为波兰合法组织。"团结工会"申明将遵守宪法，不成为政党，不破坏社会安定，不非法接受西方援助。[②] 当天美国总统布什就宣布给予波兰 10 亿美元的一揽子援助，以示对波兰政府改革行动的赞扬和支持。布什在讲话中说："我们能够并且必须对这种要求自由的呼声作出响应。"但美国的援助是有条件的，"我们不会采取无条件的行动，不会不要求对方采取可靠的经济措施就提供援助"[③]。对美国而言，向波兰提供经济援助正是贯彻其对东欧国家的区别对待政策，也是促进波兰局势进一步向美国所期待的方向发展的重要举措。

"团结工会"重新恢复合法化后，其公民委员会立即以政党的姿态加

---

① 刘彦顺：《波兰历史的弄潮儿：雅鲁泽尔斯基》，北京：世界知识出版社 2016 年版，第 281 页。

② 刘祖熙：《波兰通史》，北京：商务印书馆 2006 年版，第 545 页。

③ 刘洪潮：《西方和平演变社会主义国家的战略策略手法》，武汉：湖北人民出版社 1989 年版，第 322 页。

入议会竞选活动中。公民委员会发布的竞选纲领中指出，要通过演变来改变国家管理体制，要求删除宪法中关于统一工人党领导地位的条款。[①] 1989年6月4日，波兰举行议会选举，"团结工会"胜出。此次选举中"团结工会"、农民党和民主党共获得议会57%的议席，取得议会主导权，而统一工人党的知名领导人全部落选。"团结工会"胜出后，以美国为首的七国首脑会议立即决定统一行动，对波兰实施经济支持与援助，为波兰商品进入七国集团市场提供方便，并促进在波兰的投资，进一步促使波兰演变到资本主义道路上。[②] 根据圆桌会议达成的协议，总统仍由雅鲁泽尔斯基担任，却受到"团结工会"等反对派的阻挠。1989年7月9日，美国总统布什再访波兰。其间，布什高度赞扬了雅鲁泽尔斯基，说他是"站在改革者前列的政治家，在东欧国家的改革中也占有重要地位"。同时，布什还授意瓦文萨支持雅鲁泽尔斯基当选总统。[③] 瓦文萨随后发表了一份声明，表达了对雅鲁泽尔斯基的支持，然而在国民大会选举中，雅鲁泽尔斯基仅以一票之多当选波兰人民共和国的总统。1989年8月19日，雅鲁泽尔斯基总统委托总理候选人马佐维耶茨基[④]组阁。8月24日，波兰议会通过了马佐维耶茨基任波兰新政府总理的任命，成立了自第二次世界大战后中东欧国家中第一个由非共产党人任首脑的政府。12月29日，议会通过宪法修正案，决定将国名更改为波兰共和国（也称波兰第三共和国），将国徽确定为红底戴王冠的白鹰。自此，波兰正式开始了政治信奉西方议会民主制，经济实行私有化市场经济的发展历程。

---

① 郑怀义：《和平演变与反和平演变》，北京：中国人民公安大学出版社1990年版，第98页。

② 丹枚：《论和平演变》，《国际政治研究》1991年第2期，第57页。

③ 郑怀义：《和平演变与反和平演变》，北京：中国人民公安大学出版社1990年版，第98页。

④ 马佐维耶茨基为"团结工会"活动家，是瓦文萨提名的总理候选人。

　　"团结工会"能够获胜，是多种因素合力作用的结果。第一，波兰统一工人党丧失民众选票的根本原因是多年来的执政不力。波兰经济发展水平不佳，人民生活水平较西方国家有很大差距，民生问题无法妥善解决，波兰统一工人党政府自然难以得民心。第二，作为一个在战争废墟中重建起来的国家，波兰的发展难免要一定程度上依靠外援。但美苏冷战的格局令波兰无法自由往来于西方市场，苏联阵营内偏颇的发展模式又无法促使波兰取得可观的经济发展成果，美国等西方国家伺机对波兰实施经济制裁，西方国家提供给波兰的贷款通过"利滚利"形成了高额外债，这些因素使波兰的经济状况进入了恶性循环。与此同时，自顾不暇的苏联又无法提供给波兰足够的资金解决国际债务和国内经济问题，波兰不得不向美国妥协以获取援助，这让美国有了切入点，可以通过经济手段制约波兰统一工人党政府的政策走向。第三，美国等西方国家的宣传渗透和"团结工会"多年来的抗争在波兰产生了一定效果，"团结工会"参加竞选为波兰民众提供了除现有政权之外的另一种选择，出于对现任政府不满的逆反心理，多数民众将选票投向"团结工会"一方。第四，波兰天主教会一如既往地支持"团结工会"，神甫们利用天主教会的威望，在布道期间鼓动教徒反对执政联盟，降低波兰统一工人党政府的威信和影响力，同时为"团结工会"拉选票，给选民的心理造成影响。第五，美国等西方国家对"团结工会"参选的全力支持促成了"团结工会"的胜出。"团结工会"接受了美国等西方国家的选举指导，在提名议席候选人时参照一个席位只提名一名候选人的方法，使选票集中；而执政联盟却因为发扬民主，一个议席有3—4名候选人，结果导致选票分散而落败；[①]"团结工会"接受了美国等西方国家为其提供的可观的选举经

---

　　① 郑怀义：《和平演变与反和平演变》，北京：中国人民公安大学出版社1990年版，第98页。

费和大量器材，用于竞选活动，而执政联盟的候选人则由于资金不足，在制造舆论方面无法与"团结工会"的宣传攻势相较量。此外，波兰裔美国人希望祖国能够脱离苏联的束缚取得独立，波兰裔群体在美国院外活动中具有一定的影响力，他们的思想和主张能够影响并推动美国对波兰的政策。另外还有一些波兰裔美国人回到祖国，参与到"团结工会"的运动中，推动了"团结工会"的胜利。可以说，波兰"团结工会"的胜出是"内因"和"外因"共同作用的结果，"内因"为"外因"的施加创造了条件，"外因"影响并促进对剧变有利的波兰国内形势的发展，最终导致了剧变的发生。

第四节　本章小结

美国与波兰颇有历史渊源。几个世纪以来，大量的波兰移民成为美国的重要组成部分，对美国社会的发展发挥了不可忽视的作用。波兰籍军人在美国独立战争中功勋卓著，至今仍被美国政府和民众以纪念日的方式缅怀。近代以来，美国在波兰争取独立的道路上发挥了重要影响。第一次世界大战结束后，美国总统威尔逊提出的"十四点原则"对波兰在被瓜分一个多世纪后重新建国影响重大。二战爆发后波兰再次被苏联与纳粹德国瓜分，虽然美英等西方国家在二战结束前的雅尔塔会议上积极为波兰争取独立和自由，却未能避免波兰成为苏联"卫星国"并被苏联禁止参与"马歇尔计划"的命运。

冷战期间，波兰与美国分属两个阵营。出于历史上的友好往来以及对波兰国内形势的密切观察和判断，美国选定波兰为苏联阵营内实施"和平演变"政策的突破口，通过经济影响、宣传渗透和人员往来等多种手段向波兰施加影响。由于波兰经济形势不佳，罢工运动时有发生，1980 年的罢工运动中兴起的 "团结工会" 成为美国对波兰施加政策的重要依托。波兰是虔诚的天主教国家，美国联合于 1978 年当选为梵蒂冈教皇的波兰人约翰·保罗二世，利用教皇和教会对波兰社会和民众的巨大影响力，结合美国对波兰的宣传攻势和非政府组织的行动，赢得波兰社会对西方意识形态下的 "自由民主" 的支持。这其中也有波兰自身历史的影响，波兰的共产主义意识形态是苏联强加其上的，并非确立波兰国家身份认同的基础。① 同时，由于苏联自身经济形势不佳，没有足够的力量援助波兰，波兰不得不依靠美国等西方国家的经济援助，这就为美国通过经济手段影响波兰的政策留下了缺口。美国对波兰统一工人党政府和 "团结工会" 采取 "双轨政策"，通过经济制裁等方式制约政府实施对 "团结工会" 的不利政策，并以资金支持和技术援助等方式支持 "团结工会"，从 "内" 与 "外" 共同对波兰施加影响，迫使政府妥协，促成了 "圆桌会议" 的召开，致使波兰举行了与苏联模式相异的西方式 "自由选举"，波兰统一工人党政府在选举中失利，"团结工会" 政府上台，波兰开始向 "西方模式" 转轨。

---

① ［美］塞缪尔·亨廷顿：《第三波：20 世纪后期的民主化浪潮》（欧阳景根译），北京：中国人民大学出版社 2012 年版，第 114 页。

第三章

美国对波兰政治经济转轨的影响

波兰剧变后，国家进入了新的发展阶段。波兰需要完成从苏联式社会主义模式向西方模式的转变，作为剧变中的急先锋，波兰在转轨过程中也自然走在其他国家的前面。冷战结束后，美国迅速调整外交战略，将巩固冷战成果、在全球建立西方式民主制社会作为对外战略的基本目标。[①] 美国在波兰政治与经济的转轨的过程中给予了重要的帮助与支持，使波兰在东欧起了示范作用，以服务于美国的地区利益和全球利益。

第一节　冷战后美国中东欧政策中的波兰

冷战结束后，美国迅速调整外交战略，要在全球特别是刚刚经历过剧变的东欧地区巩固冷战成果，积极推广西方式民主市场经济体制。早在 1989 年 11 月 28 日，波兰剧变刚刚结束，布什政府就推出了《支持东

[①] Thomas Carothers, *Aiding Democracy Abroad: The Learning Curve* (Washington, D. C.: Carnegie Endowment for International Peace, 1999) , p. 3.

欧民主法案》（Support for East European Democracy，SEED），用以帮助波兰的政治经济体制向西方模式的转型，促进波兰民主机构的发展和政治多元化，促进自由市场经济体制的发展，从国家经济结构调整、私人企业的发展、贸易与投资、教育与科技文化交流等多方面给予波兰援助支持，全面帮助并促进波兰的转轨。

一、中东欧地区在美国战略中的重要地位

中东欧地区在冷战时就是美苏交锋的前沿阵地。冷战的结束带来了地缘政治格局的巨大变动，中东欧地区出现了权力真空。向世界推广民主的理念深植于美国的对外政策之中，中东欧地区的民主转型自然成为美国的重点关注对象。中东欧国家发生剧变，其实质是抛弃苏联模式，建立西方模式的社会制度，接受美国等西方国家的指导与帮助，也是很自然的。

第一，从地缘政治学的角度，中东欧地区具有非常重要的战略地位。如英国历史学家艾伦·帕尔默所说："由于缺少天然疆界，中东欧国家好像是一些只有脊椎和动脉而没有外壳的生物体，不多的几条山脉都被河流切断，既不能阻绝游牧部落，也抵挡不了一支所向披靡、攻无不克的军队；唯有那一望无垠的灰绿色波涛起伏似的草原构成的海洋，延绵不断地伸入欧亚大平原。这一辽阔的地区，既对东方游牧民族敞开门户，又吸引着西方人前来殖民。"[1] 这种特殊的地理特征使中东欧国家始终是各方势力争夺的对象。近一百多年以来，中东欧地区的安全对世界政治有着敏感又关键的影响，曾屡次成为大国争霸的抵押物和大国博弈的角

---

① ［英］艾伦·帕尔默：《夹缝中的六国——维也纳会议以来的中东欧历史》（于亚伦等译），北京：商务印书馆1997年版，第3页。

力场。冷战后两德合并，苏联解体，国家间关系不再是以意识形态和社会制度异同为标志的两大集团对立，二战后形成的雅尔塔体系就此瓦解。受第一次世界大战之后签订的《凡尔赛和约》的影响，民族国家纷纷复辟或诞生。① 苏联的解体让东欧地区多出了爱沙尼亚、拉脱维亚、立陶宛、白俄罗斯、乌克兰、摩尔多瓦以及俄罗斯（欧洲部分）七个国家。民族主义的卷土重来导致了捷克斯洛伐克和南斯拉夫等联邦国家的解体，甚至在南斯拉夫地区引发了大规模内战。另外，中东欧国家之间有着复杂深刻的领土纠纷和民族矛盾，影响地区的安全与稳定。美国虽然与欧洲大陆远隔重洋，但其作为冷战后"一极独大"的全球霸主，中东欧地区在地缘战略上的重要性自然受到美国的重视，美国积极寻求在该地区的战略存在，不仅能填补真空地带，也符合美国的全球战略布局。

第二，冷战结束后，"民主和平论"被美国决策者广泛接受，即在全球推行民主化可以让世界和平更有保障。美国决策者相信，民主国家之间不容易发生冲突和战争，也不易发生要求改变现状的政变，为保证自身的全球利益，美国应该支持并领导世界民主化运动。② 克林顿的助理国务卿莫顿·霍尔珀林（Morton Halperin）就曾提到："美国应该在世界迈向民主的进程中担当起领导角色，民主政府更爱好和平，很少发动战争或者引发暴力。那些实行宪政民主的国家不可能与美国或其他民主国家进行战争，也更愿意支持对武器贸易的限制，鼓励和平解决纠纷，促进自由贸易。这样，当一个民族试图举行自由选举和建立宪政民主体制时，美国和国际社会不仅应该帮助，而且应该保证这一结果。"③ 1989 年，弗

---

① ［美］托尼·朱特：《战后欧洲史：旧欧洲新欧洲：1989—2005》第 4 卷（林骧华等译），北京：中信出版社 2014 年版，第 3 页。

② Ted Galen Carpenter, "Democracy and War," *The Independent Review*, Vol. 2, No. 3, Spring 1998; Rudolph J. Rummel, "Democracies Don't Fight Democracies," *Peace*, May/June 1999.

③ Morton Halperin, "Guaranteeing Democracy," *Foreign Policy*, No. 91, Summer 1993, p. 105.

朗西斯·福山（Francis Fukuyama）在《历史的终结》一文中毫不隐讳地讲道："经历了差不多整整一个世纪之后，人们现在似乎又找回了自信，未来并不会像早些时候所预测的那样，是'意识形态的终结'或是资本主义和社会主义的趋同，而是经济自由主义和政治自由主义的辉煌胜利。"[①] 这番话道出了美国决策者的心声，资本主义在意识形态的较量中胜出，令美国更加有信心向世界推广美国式价值观和社会制度。由于中东欧地区曾经从属于苏联阵营，是美国推广民主的重点目标区域，促进该地区的民主巩固对于美国价值观的全球推广具有重要的象征意义。布什政府在1989年颁布的《支持东欧民主法案》，克林顿政府时期的"参与和扩展"政策都是美国巩固冷战成果、在全球推行自由民主的价值观的具体实践。

第三，美国要确保在欧洲仍能处于主导地位，遏制俄罗斯重新崛起。苏联虽然已经解体，但它的继承国俄罗斯仍然是幅员辽阔的大国，拥有数量庞大的核武器库，在军事上和资源上仍然可以与美国抗衡。随着冷战的结束，美国的传统盟友西欧国家出现了对"大西洋主义"的离心倾向，试图通过"欧洲共同体"自成一极，这对美国的全球霸权形成了挑战。美国地缘战略学家尼古拉斯·斯皮克曼（Nicholas Spykman）指出，在国际体系中存在着三种形式的活动：合作、和解和对抗。为了确保自身生存，国家"必须把维护和加强自己的权力地位作为对外政策的首要目标"。[②] 由此，美国加强在中东欧地区的存在就显得更加必要。

中东欧国家在历史、文化和宗教上都与西方世界更加亲近。大部分中东欧国家都曾从属于哈布斯堡王朝，"把罗马看作精神指导并因此而更

[①]　Francis Fukuyama，"The End of History?" *The National Interest*，Summer 1989，p. 3.

[②]　Nicholas J. Spykman and Abbie A. Rollins，"Geography and Foreign Policy,"*American Political Science Review*，Vol. 32, No. 1, January, 1939.

多地表现出西方的景色"。[①] 波兰虽然在三次瓜分中受到东西方不同文化的影响，处于罗马天主教、路德教派和东正教的交界处，但却是世界上最虔诚的天主教国家，甚至在剧变之前，波兰也是苏联阵营中唯一允许党员信仰宗教的国家。这些历史文化传统和对基督教世界的归属感也是冷战后中东欧国家纷纷寻求西化的根源所在。此外，美国的中东欧国家移民数量庞大，一些移民及其后裔在美国的政治文化生活中发挥着重要影响，是美国与中东欧之间的天然情感纽带。这种血脉相连的认同感也使美国在中东欧地区的政策能够更有效实施。另外，中东欧国家存在向美国等西方国家看齐靠拢的愿望。中东欧国家几十年来都在苏联模式的"计划经济"体制下运行，"如果说斯大林模式在其'原生地'苏联因其产生的特定环境、条件曾发挥过一定的积极作用，还有过一定的历史合理性的话，那么，东欧国家由于各国国情的特殊性，从一开始就对强加给自己的斯大林模式表现出极大的不适应。正因为如此，体制问题成为战后东欧各国发展道路上的最大问题"[②]。苏联及其卫星国统一在"大家长"的指挥下进行定量式生产，产业结构相对单一，经济发展严重失衡。很多国家都存在日常消费品不足的情况，需要依靠国外进口或者援助补贴才能满足本国人民需求。与西方国家的交流让中东欧国家在对比中看到了自身与西方国家的经济差距。于是，彻底告别苏联模式，国家政治经济改革"向西看"成为多数中东欧国家的选择。这也符合美国对中东欧地区的战略期待。

---

① Michael G. Roskin, *The Rebirth of East Europe*(Upper Saddle River: Prentice Hall, Inc. , 1991), p. 11.

② 陆南泉等：《苏联兴亡史论》，北京：人民出版社 2002 年版，第 529—530 页。

二、美国中东欧政策中的波兰

波兰作为美国的传统友好国家，冷战时期就是美国实施"和平演变"战略的重点目标，也是中东欧地区告别社会主义体制、发生"滚雪球"式剧变的起点。冷战结束后，在美国对中东欧地区的政策中，波兰仍然具有难以替代的特殊作用。对美国而言，波兰不仅在地理位置上是西方与俄罗斯对抗的前沿阵地，还是民主转型的先锋。波兰转轨成功与否关系到美国价值观在后共产主义国家的推广，关系到冷战成果的巩固，对美国领导人而言，还关系到美国大选中几百万波兰裔民众的选票。

第一，波兰的转轨成功与否具有重要的象征意义。冷战时期美国对波兰的"和平演变"政策取得了成功，波兰成为中东欧地区第一个告别苏联体制，走上转轨之路的国家。由于向西方模式的转轨没有经验可供参考，更没有先例可循，因此波兰成为中东欧国家如何转轨的范本和模板。美国为了巩固民主成果，促进原苏联阵营内国家向西方民主市场经济的转轨，把波兰作为重点帮扶对象。波兰在转轨之后取得令人欣喜的成效，标志着民主市场经济模式适用于原苏联阵营国家，能够让美国更有理由向中东欧地区和世界其他国家推广转轨经验。

第二，美国要继续防范俄罗斯，波兰有特殊的地缘政治意义。波兰处于俄罗斯的势力范围与西方的交界处，是欧洲大陆上基督文明和民主世界的桥头堡，波兰北部更是与俄罗斯"飞地"和军事重镇加里宁格勒毗邻，波兰的外交政策取向对西方和俄罗斯都很重要。美国支持波兰回归西方阵营，特别是加入北约，这样北约的东部前沿会进一步向俄罗斯西部边界推进，从军事上加大对俄罗斯的制约，挤压俄罗斯的战略空间。

第三，在历史文化上，波兰自古以来就参与西方文明进程，在文化上可谓与美国同根同源。美国政治学者亨廷顿认为，冷战后的世界将以文明的冲突为主要特点，"文化认同的答案确定了该国在世界政治中的位置、它的朋友和它的敌人"，"人们与那些拥有相似的祖先、宗教、语言、价值观、体制的人聚在一起，而疏远在这些方面的不同者"。① 波兰是中东欧地区对待宗教最为虔诚的国家，加之美国与波兰几百年来的友好渊源，令两国人民之间心理上的认同感更强。另外，美国本土的几百万波兰裔公民也是两国在亲缘上无法割舍的天然纽带。波兰裔美国人是美国中东欧裔移民中数量最庞大的，在院外活动中的影响力较其他中东欧国家也更大。最关键的是，波兰裔美国人在与母国相关的问题上十分团结，能够通过手中的选票影响到美国政策制定者的决策。

第四，波兰是中东欧国家中的大国，波兰经济的发展和投资机会的增多，能够让美国企业进一步获利。由于波兰地处中东欧枢纽位置，在波兰投资也更容易辐射到具有一定市场规模的中东欧其他国家和地区。美国对波兰的支持与帮扶也因此受到美国国内资本家和跨国投资者的欢迎。

鉴于以上原因，波兰剧变伊始，美国就着力从经济上援助波兰，避免因经济问题和债务问题而影响波兰向民主市场经济模式的转轨。美国在政治和经济上鼓励波兰加快"回归欧洲"的步伐，对波兰的投入也得到了回报。转轨之后的波兰不仅成为美国"单边主义"行动中最坚定的支持者，还在西方盟国产生分歧时成为美国对以法德为核心的"老欧洲"施加影响的重要砝码。

---

① ［美］塞缪尔·亨廷顿：《文明的冲突与世界秩序的重建》（周琪等译），北京：新华出版社2013年版，第105—106页。

三、波兰重视发展与美国关系的原因

作为中东欧地区的大国，波兰被历史学家比喻为"欧洲的心脏"。[①] 特殊的地理位置造就了波兰国家命运的多舛。冷战结束后，波兰的邻国数量骤增，包括统一的德国，捷克斯洛伐克，曾经属于苏联的一部分的乌克兰、白俄罗斯以及波罗的海沿岸的立陶宛，还包括俄罗斯的飞地加里宁格勒。1989 年的剧变终于让波兰实现了《雅尔塔协定》中所承诺的自由选举，波兰异常珍视来之不易的国家独立和主权，也对外部环境的威胁极度敏感。虽然与俄罗斯本土没有直接接壤，但恐俄防俄的心理始终是波兰民族无法磨灭的烙印。这也成为波兰发展与美国密切关系的根本原因。

相较西欧国家，波兰的经济发展大为滞后。同其他后发展中国家一样，波兰也面临着与早期现代化国家不同的复杂情境：除了要面对成熟的、饱和的、被分割完毕的国际市场外，波兰还面临着资本缺乏的问题。早期现代化国家通过海外殖民掠夺实现了原始资本的积累，但波兰缺乏帮助其实现国家经济腾飞的启动资金。另外，早期现代化国家经济制度的示范性作用，也令波兰等后发展中国家在"示范性压力"下追随早期现代化国家的经济政策。[②]

"休克疗法"的创始人杰弗里·萨克斯描述波兰发展状况时曾指出，"波兰和其他东欧国家已经落后于西欧几个世纪，这一点我们最好铭记在

<hr/>

① Norman Davies, *Heart of Europe: A Short History of Poland* (New York: Oxford University Press, 1984) , p. 463.

② 卢春龙：《新兴中产阶层对民主价值的理解：立足中国国情的民主价值观》，《政治学研究》2014 年第 1 期，第 68 页。

心……"① 史学界一直对东欧落后的根源争执不断。历史学家认为，现如今东欧的落后，其主要原因包括以下几个方面：15—19 世纪东欧城市政治和经济的薄弱，封建主义（包括农奴制）的长期影响以及落后独裁的贵族统治阻碍了政治自由化、教育平民化、资本主义所有权关系的发展。

特别是在波兰，波兰王国在 17、18 世纪进行了不够彻底的变革，它的软弱无能和对贵族的屈服，最终令波兰在 18 世纪末期被普鲁士、俄国和奥地利等邻国入侵并瓜分至亡国。波兰区域内最早的工业化始于 19 世纪，主要是普鲁士铁矿石储存和俄国的纺织工业。三个帝国统治下的地区各自独立发展。1918 年，波兰重新获得独立。建国的最初几年，在国家灭亡长达 123 年的基础上，波兰全面致力于建立国家机器、统一的货币、财政和法律体系。即使是在两次世界大战期间，波兰也有很好的活力和能力去克服问题。但是，与魏玛德国的疲弱贸易战，紧随其后的经济大萧条，之后又是灾难性的纳粹侵略，意味着这个新生的国度从来没有机会在经济上走出低谷。经历了第二次世界大战的破坏后（整个欧洲最糟糕的时期），是苏联的统治和波兰统一工人党执政时期。波兰再次错过了成为欧洲正常的一部分的机会，也错过了开始赶上其他生活水平远超波兰的西方国家的机会。②

基于历史和现实原因的综合影响，波兰更加重视发展与美国的关系。

第一，波兰认为美国能为波兰提供安全保障。转轨初期，波兰外交的首要任务便是彻底重获主权，重新确认国家的边界，解除华沙条约，重塑与苏联的关系，特别是让苏联撤出波兰境内的驻军。③ 作为曾经的卫

---

① Jeffrey Sachs, *Poland's Jump to the Market Economy* (Massachusetts: The MIT Press, 1999), p. 11.

② Jeffrey Sachs, *Poland's Jump to the Market Economy* (Massachusetts: The MIT Press, 1999), p. 11.

③ Roman Kuzniar, *Poland's Foreign Policy After 1989* (Warsaw: Wydawnictwo Naukowe Scholar, 2009), p. 9.

星国，摆脱"有限主权论"的约束和对苏联的经济依赖也是波兰的当务之急。由于欧洲大国无法在国家安全上给予波兰充分保障，波兰更加青睐于倚靠美国，并成为申请加入北约的最早和最积极的候选者。

第二，波兰在转轨过程中亟须外部援助，美国自身的实力和在国际金融组织中的影响力能够帮助波兰取得更多援助。在经济方面，波兰虽然有令人瞩目的煤炭和钢铁产量，却面临着基本生活资料匮乏的困扰。[①]波兰整体经济状况落后于西欧诸国，通货膨胀率居高不下，国民生产总值呈负增长。由计划经济向市场经济的转轨在全世界都没有先例和可供参考的经验。在政治体制上，波兰有着悠久的民主传统，恩格斯曾赞誉波兰是"东欧民主的策源地"。[②]波兰于1791年颁布的"五三宪法"是欧洲大陆的第一部成文宪法，也代表着波兰人对建立独立公正社会的向往。然而西方议会民主制有着复杂又具体的运行机制，需要法律的支撑和广泛的公民参与，由原来的体制向民主制转型需要一个过程。所以波兰不仅需要资金援助，也需要政治援助，而美国在这些方面都能给波兰提供帮助。

第三，波兰新政权的领导者有意愿接受美国的建议。由于多年来接受美国的资助，波兰"团结工会"的领导人对美国充满好感。"团结工会"当政者缺乏治国理政经验，也没有转轨先例可供参考，"回归西方"意味着与前任政府所实行的苏联模式的发展方式"一刀两断"，这也成为"团结工会"政府的政策目标。

同时，波兰民众对美式生活充满向往。美国等西方国家在冷战期间将波兰作为重点目标，孜孜不倦地向波兰人民灌输关于西方国家的物质

①　［波］耶日·卢克瓦斯基，赫伯特·扎瓦德斯基：《波兰史》（常程译），上海：上海东方出版中心2014年版，第302页。

②　中共中央马克思恩格斯列宁斯大林著作编译局：《马克思恩格斯全集》第5卷，北京：人民出版社2006年版，第422页。

丰裕、思想自由、科技发达、基础设施水平较高的美好生活，又有数量可观的波兰裔美国人不时地为生活在祖国的亲人提供物质帮助，这些都使得美式生活成为波兰人民所期望达到的范本。在脱离苏联束缚后，波兰民众也支持政策制定者选择将美国的模式作为转轨的参照。

第二节　美国在波兰政治转轨过程中的作用

需要强调的是，改革的问题主要是政治问题，而不是社会问题，甚至不是经济问题。社会拥有对变革的需求，并准备脱离现行制度。当政府开始关注为社会中最弱势群体提供有针对性的救济时尤其如此。很多经济问题也自然迎刃而解：一旦中央计划的官僚离开这个领域，市场经济就会兴起。

改革者必须能够坚守改革的方向，要抵御旧势力的有组织反对、抵御那些希冀利用公众的恐惧寻求权力的新兴政治势力的无组织反对，以及可以理解的公众焦虑。最后，在新兴民主环境中，经济改革成为与领导力相关的深刻问题，罗斯福的抚慰词对此描述得十分精准："我坚信我们唯一要恐惧的是恐惧本身。"

—— ［美］杰弗里·萨克斯①

1989 年波兰圆桌会议的召开标志着国家政治转轨进程正式开启，波兰从苏联模式的一党制向西方式多党议会民主制转轨。1989 年 7 月 10

① Jeffrey Sachs, *Poland's Jump to the Market Economy* (Massachusetts: The MIT Press, 1999) , p. 3.

日，美国总统布什到访波兰，雅鲁泽尔斯基在欢迎宴会上说："圆桌会议开始了确立波兰议会民主模式的进程，波兰人坚定地走上了这一道路。不久前的选举创造了国家运行体制中各主要政治力量广泛参加的机会。这是一个巨大的历史性试验。"[①] 对美国而言，这是在苏联阵营内推广并巩固民主的绝佳时机。对于曾在一党体制下的波兰，在向西方议会民主制的转轨过程中，一方面，需要在国家层面上建立与民主政治相关的体系机构，修订法规和宪法构架，确保在法律和制度上适应多党议会民主体制的要求；另一方面，由于缺乏西方式民主选举的经验，需要美国等西方国家提供自由选举的指导。此外，还需要与统一工人党政府时期"树大根深"的政治权利相斡旋，需要在意识形态领域培育民众支持民主体制的价值观，促进社会团体的多元化，提升独立媒体、工会和非政府组织的地位和影响力。

美国则通过官方或半官方的机构对波兰民主转型提供援助和指导。在美国国际开发署（U. S. Agency for International Development，USAID）和全国民主基金会（National Endowment for Democracy，NED）的资助下，通过美国国际开发署下属的国际选举制度基金会（International Foundation for Electrol Systems，IFES）、全国民主基金会下属的美国国家民主研究所（National Democratic Institute，NDI）、美国国际共和学会（International Republican Institute，IRI）以及卡特研究中心（The Carter's Center）等机构，与美国驻华沙大使馆合作，在自由选举制度的培训、民主化国家机构的设置和宪法及法规制定、公民社会建设等方面给予波兰指导和帮助，竭力巩固波兰民主成果，为其他民主转型国家树立转轨典范。

[①]　万昌华：《波兰政治体制转轨研究》，济南：齐鲁出版社 2013 年版，第 294 页。

一、转轨初期波兰政治情况

1989 年之前，除了波兰统一工人党，波兰也有统一农民党和民主党，名义上是统一工人党领导下的三党联合执政，但并非真正意义上的多党制。按照学界公认的定义，多党制应该是"多党并立、互相争夺政权的一种政党制度"。[①] 1989 年 1 月，波兰统一工人党第十届十中全会正式讨论了工会多元化问题，会议通过的两项重要决议[②]表明波兰统一工人党在政治变革上取得了重大突破。

1989 年 2 月，波兰召开圆桌会议，与会各方包括波兰统一工人党、"团结工会"、全波兰工会协议会、各民主党派、教会以及其他群众组织的代表。各方代表通过为时近两个月的反复磋商与沟通协调，最终在 4 月达成《有关工会多元化问题的立场》《有关政治改革问题的立场》和《有关社会和经济政策及体制改革问题的立场》等三份协议。协议确立了"团结工会"的合法性，决定建立总统制并增设参议院，并明确将于 6 月提前举行议会选举等。

1989 年 6 月的"半自由化"议会选举中，"团结工会"获得了压倒性胜利，取得了自由选举的 100 个参议院席位中的 99 个议席，又获得按比例分配的众议院 460 个议席中的 161 席[③]（表 3-1）。对此，雅鲁泽尔斯基表示，统一工人党在波兰的领导作用已经成为历史，永远不会再恢复到以前那种垄断状态。党的影响绝不能再建立在垄断的基础上，与其

---

① 黄宗良、林勋建：《政治学原理》，北京：中共中央党校出版社 1996 年版，第 155 页。

② 即《党内改革是革新和改革战略取得成功的条件》和《波兰统一工人党中央委员会关于政治多元化问题的立场》这两项决议。

③ 刘祖熙：《波兰通史》，北京：商务印书馆 2006 年版，第 546—547 页。

他政治力量一样，波兰统一工人党也要努力谋求社会的信任和支持。① 在随后的总统选举中，经过美国总统布什的调和，"团结工会"最终同意雅鲁泽尔斯基作为唯一的候选人参选，并最终当选总统，但选票仅比半数多出一票。1989 年 8 月 24 日，"团结工会"顾问、《团结周刊》主编马佐维耶茨基被自由选举出的议会任命为波兰政府总理，成为 1947 年以来首位非共产党人总理，波兰就此开启了政治转轨的历程。

表 3-1 1989 年波兰众议院选举席位分布

统一工人党	173
"团结工会"	161
统一农民党	76
民主党	27
宗教和世俗团体	23
总计议席	460

资料来源：刘祖熙：《波兰通史》，北京：商务印书馆 2006 年版，第 546—547 页。

马佐维耶茨基上台之后，开始着手改变国家的宪法、政治制度和法律体系。1989 年 12 月 29 日，波兰议会通过宪法修正案，宣布去除宪法中关于波兰统一工人党是"政治领导力量"以及波兰实行社会主义制度等表述，波兰同苏联特殊关系的有关条文也被删除，将波兰人民共和国改名为"波兰共和国"，恢复国徽上白鹰的王冠②，国庆日由 1944 年波兰民族解放委员会发表宣言的 7 月 22 日改为波兰首次颁布宪法的 5 月 3 日。1990 年 5 月，波兰议会正式通过《政党法》，其中明确规定各政党不得在国家机关、工厂企业、警察机构和军队中从事组织活动，并取消了军队

---

① 中共中央党校国际共运研究所本书编写组：《苏联东欧风云录》，北京：中共中央党校出版社，第 191 页。

② 二战结束后，苏联势力范围内的波兰被强行取消了国徽上白鹰的王冠，因为王冠被认为代表封建主义或资产阶级，与波兰国家无产阶级的国情不符。——作者注

和内务部的政治工作部门，为波兰实行多党制扫清了法律障碍。1992 年 8 月 1 日，波兰议会通过《关于波兰共和国立法当局与执行当局之间相互关系以及地方自治问题的宪法法令》（"小宪法"，不同于 1947 年 2 月 19 日波兰议会通过的"小宪法"《关于波兰共和国最高机构的体制和活动范围的基本法规》），明确了众议院和参议院的议员名额，确定了总统的职务和权限，进一步确立了波兰多党议会民主制的政治模式。

在波兰政治转轨初期，最重要的事件就是"团结工会"的内部分裂。在"团结工会"实现了掌握政权的目标后，曾经为了反对波兰统一工人党和社会主义制度而结成的松散的政治联盟开始崩裂。最初的诱因是马佐维耶茨基和瓦文萨的意见相左，以及瓦文萨要竞选总统。1990 年 7 月，瓦文萨向雅鲁泽尔斯基提出提前进行总统大选。在 11 月举行的新一轮总统大选中，从"团结工会"阵营分裂出来的马佐维耶茨基、"团结工会"的瓦文萨从 6 个候选人中胜出，进入第二轮，最终瓦文萨以 74.25% 的得票率当选新一任总统。[①] 瓦文萨选择直接从波兰流亡政府总理雷·卡乔罗夫斯基（Ryszard Kaczorowski）处接过波兰共和国印章，从形式上表示与 1945 年建立的波兰流亡政府取得宪法上的联系，波兰第三共和国宣告成立。[②] 随后，竞选总统失败的马佐维耶茨基辞去总理职务，转而组建了很有影响力的民主联盟（UD）。瓦文萨则提名对自己极为忠顺的别莱茨基（Jan Krzysztof Bielecki）组织政府。在 1991 年的第二次议会选举（也是波兰第三共和国的第一届议会选举）中，有 80 多个政党和社会团体参与竞选，其中 29 个进入了议会。但是，党派林立的状况导致了选票的分散，

---

① 刘敏茹：《转型国家的政党制度变迁——俄罗斯与波兰的比较分析》，北京：中央编译出版社 2013 年版，第 110 页。

② Jerzy Lukowski and Hubert Zawadzki, *A Concise History of Poland* (Cambridge: Cambridge University Press, 2006), p. 321.

没有一个政党或政党联盟能够独立组织政府。[1] 由于总统瓦文萨对异己近乎独裁式的倾轧,由其提名的总理扬·奥尔谢夫斯基(Jan Olszewski)在组阁时刻意排除了民主联盟(UD)以及民主左翼联盟(SLD),最终该届政府由于结构松散只存活了六个月。瓦文萨随后又提名过帕夫拉克(Waldemar Pawlak)、苏霍茨卡(Hanna Suchocka)为政府总理,前者组阁失败,后者在组织政府半年后引发了政府信任危机,议会通过了对政府的不信任投票,瓦文萨不得不根据"小宪法"的规定,解散了议会和参议院。1993 年 5 月波兰修订了选举法,规定只有得票 5%以上的政党和8%以上的政党联盟才能进入议会,获得议席。在 1993 年 9 月的第二届议会选举中,民主左翼联盟和波兰农民党(PSL)得到了绝对多数席位(表 3-2),随后两党联合组阁。"团结工会"的政治影响大为削弱,失去了从 1989 年起开始的执政地位。

表 3-2 1993 年波兰众议院选举结果[2]

政党名称	议席数量	得票比例
民主左翼联盟(SLD)	171	20.41%
波兰农民党(PSL)	132	15.40%
民主联盟(UD)	74	10.59%
劳动联盟(UP)	41	7.28%
独立波兰联盟(KPN)	22	5.77%
支持改革无党派联盟(BBWR)	16	5.41%
德意志少数民族党	4	0.70%
未达到门槛标准的政党和联盟	0	34.44%

资料来源:波兰国家选举委员会,www.pkw.gov.pl。

---

[1] 刘祖熙:《波兰通史》,北京:商务印书馆 2006 年版,第 567 页。

[2] 转引自刘敏茹:《转型国家的政党制度变迁——俄罗斯与波兰的比较分析》,北京:中央编译出版社 2013 年版,第 114 页。

二、美国在波兰等转轨国家推广民主的步骤和方式

从波兰剧变的过程可以看出，美国推广民主主要分为四个步骤。第一，要在美国所定义的"非民主政权"的国家中宣扬民主的理念，同时伺机培植反对派作为美国政策的"代理人"。正如冷战时期美国对波兰所实行的政策，通过展开宣传攻势，打着"人权"的旗号，联合宗教的力量，资助"团结工会"，让波兰国家内部产生对"自由民主"的需求；同时又以国际经济援助和经济制裁为手段制约波兰政府，内外合力，迫使波兰统一工人党政府开放政治。第二，在政治开放实现后，继续鼓动该国反对派和独立活动家向政府施压，要求组织由多党参与的选举。波兰"团结工会"等反对派正是在美国的资金援助和西方社会的大力声援下，通过罢工等方式，影响各大企业、工厂的正常运转。罢工不仅干扰国民日常生产生活，还给国家带来经济损失。最后迫使波兰统一工人党政府不得不与反对者协商，满足"团结工会"的需求。第三，在转轨国家进行多党选举的过程中，美国要支持反对派组织，给予竞选援助，帮助反对派组织在多党选举中胜出。波兰"团结工会"正是在美国的资金援助和技术支持下，在首次多党选举中击败了原执政党波兰统一工人党。第四，在多党选举之后，该国就完成了美国所期待的最初的民主化转轨。其后便是巩固这一民主。这也是美国在波兰剧变之后需要实施的政策。向西方多党议会民主制转轨是一个庞大的工程，涉及社会的各个方面。对美国等提供民主援助的国家和组织而言，需要从民主的"供"与"求"两方面促进波兰的民主化进程。[①] 一方面，要促进自上而下的变化，

---

① Thomas Carothers, *Aiding Democracy Abroad: The Learning Curve* (Washington, D. C.: Carnegie Endowment for International Peace, 1999), p. 97.

要使国家机构及法制法规（民主的供给侧）更加适应民主体制；另一方面，需要形成从底层向上层的根本性转变，增加公民社会（民主的需求侧）的多样性，培育适合西方议会民主制的价值观和社会结构。

美国在帮助转轨国家巩固民主制度的过程中，主要以其自身的体制运行模式为样板，从选举、国家构建和公民社会建设等三方面对受援国提供帮助。首先，在美国看来，自由公正的选举对民主转型国家至关重要。选举中除了要保证公开公正的过程和结果外，还要确保参选的政党遵循民主、中立的原则。这要求美国对受援国提供选举管理的相关培训、投票者的教育培训，以及对政党组建者提供培训和咨询服务。其次，在国家构建上，美国通常认为首先需要一部与民主国家体制运行紧密相关的成文宪法。宪法不仅要能够确定民主国家政府的性质，还要对国家机构的权力分工、法治原则和公民权利等与民主体制紧密相关的要素做出明确界定，美国则对受援国派出专家进行制定宪法的咨询与指导。此外，美国还要为受援国建立立法、行政、司法三权分立的体制提供指导，并对相关机构的工作人员进行培训。最后，在美国的理念中，一个能够为民众的利益发声、能够约束政府对民众负责的公民社会是民主社会的重要体现。美国希望在受援国建立起多元化的、活跃的、独立的公民社会，让非政府组织、独立媒体和工会组织都能够在其中发挥作用。

下面这段国家处在政治转型时期的群众与民主援助工作者的对话能够很好地展现出美国对转型国家进行民主巩固的方向和目标：

问：如何才能（帮助我国）实现民主化（转型）？

答：让你们国家的立法机关以符合民主运行的方式工作，修正你们的司法体系，增加独立媒体、工会和倡议型非政府组织的力度和影响，发展更强大的政党，组织常规的自由和公正的选举。①

美国从 1989 年开始实施的《支持东欧民主法案》，正是通过以上这些民主推广与巩固的方式和手段对波兰等中东欧地区国家的政治转轨提供了大量的指导和帮助。

三、美国与波兰民主政体的巩固

"团结工会"顾问马佐维耶茨基当选波兰总理标志着波兰原有体制的结束。建立议会民主制还有许多工作要做。这是波兰的新领导人面临的新问题。"团结工会"在波兰的发展壮大和其在波兰首次选举的胜出都与美国的援助息息相关。为了帮助波兰巩固民主成果，美国从规范波兰选举制度、协助政党建设、加强立法指导和培训、培育波兰的公民社会等方面对波兰展开援助。美国全国民主基金会下属的国家民主研究所对波兰的民主巩固发挥了重要作用。从 1989 年 9 月起，在美国国际开发署和全国民主基金会的资助下，美国国家民主研究所等机构开始参与波兰民主转型的进程。

在选举层面上，美国除了为波兰等转轨国家规范选举制度提供建议外，还在一些选举管理的技术问题上提供指导（比如选举站的数量、向选举站收发选票的方法、选举日的计票程序，以及候选人运用媒体的规范和竞选支出的管理等）。同时，美国对波兰选举的援助还涉及对选民的培训。在原来的体制下，波兰民众也参与选举，但选举程序与规则与美国不同。这意味着在向波兰民众推广普及西方式选举方式和规则的过程

---

① Thomas Carothers, *Aiding Democracy Abroad: The Learning Curve* (Washington, D. C.: Carnegie Endowment for International Peace, 1999), p. 90.

中，还需要帮助民众摒弃他们已经熟悉的选举方式，这就要求对选民进行培训，美国则向培训选民的组织提供资金援助和技术指导。此外，美国还通过国家民主研究所等非政府组织向大选时的波兰派出选举观察员，这些人在选举过程中收集记录信息，并负责在选举结束后撰写精准的观察报告。[1]

对于波兰民主转型中的政党建设，美国国家民主研究所发挥了重要作用。美国向转轨国家提供政党援助时，更加倾向于支持那些认可西方式民主制度的政党和转轨之前原政权的反对派。[2] 根据国家民主研究所在波兰分支机构提供的数据，该组织曾与超过2500名波兰政党领导人共同工作，并且覆盖范围很广，包含了波兰25座城市中8个政党的领导人及"团结工会"活动家。最为显著的成果是国家民主研究所在波兰进行的多党派合作训练，不仅有效培养了波兰的党际合作，还成功预防了阻碍政治转轨的党派间政治仇恨的产生。[3] 事实上，美国对波兰提供的政党援助与西欧国家提供的援助相比只是一小部分。[4] 但国家民主研究所对波兰政党的援助为波兰顺利完成政治转轨也起到了推动和促进作用。

波兰政治体制转轨初期，美国专门派出专家到波兰，为缺乏经验的波兰领导者提供民主化的国家机构的运行方式的指导。组织专题政治研讨会是美国民主援助的常见方式，通过邀请民主国家的政策制定者或相关领域的专家学者共同研究讨论某一领域的问题，帮助该国执政者寻找

---

① Thomas Carothers, *Aiding Democracy Abroad: The Learning Curve* (Washington, D. C.: Carnegie Endowment for International Peace, 1999), pp. 125–127.

② Thomas Carothers, *Aiding Democracy Abroad: The Learning Curve* (Washington, D. C.: Carnegie Endowment for International Peace, 1999), pp. 142–143.

③ 参见美国国家民主研究所网站，https://www.ndi.org/poland。

④ Thomas Carothers, *Aiding Democracy Abroad: The Learning Curve* (Washington, D. C.: Carnegie Endowment for International Peace, 1999), p. 141.

最佳解决途径。[①] 1989 年 9 月 15 日，国家民主研究所在华沙资助召开了一次会议，主题为讨论"在规划国民经济政策时议会的作用"。美国派出了国内深谙体制运作方式且经验丰富的领导者带领代表团前往华沙，为新生的波兰议会提供民主体制运行的方法和经验。美国代表团由时任美国国家民主研究所主席、美国前副总统沃尔特·蒙代尔（Walter Mondale）和参议院前多数党领袖霍华德·贝克（Howard Baker）带领，成员包括美国参议院前预算委员会主席、参议员皮特·多米尼奇（Pete Domenici），第 38 任密苏里州副州长、前参议员托马斯·伊格尔顿（Thomas Eagleton）以及众议院前预算委员会主席吉姆·琼斯（Jim Jones）。一同参与讨论会的还有 8 个欧洲民主国家的 11 名现任和前任立法委员[②]，以及波兰新选出的 17 名"团结工会"参议员和超过 50 名众议院议员。会议期间，来自民主国家的专家们对波兰的委员会制度、信息公开情况、会场辩论制度以及选举表决程序等进行了考察。波兰的参会者则有机会深入探讨并了解其他国家的模式及运作方法，并在实践中将其所学应用于自己国家的相应机构之中。正如美国代表团负责人沃尔特·蒙代尔所说："本次会议的召开正值波兰民主转型的关键时刻，美国这个由重量级人物组成的代表团将为华沙带去大量的经验和相关的知识。"与此同时，波兰议会的领导者们正在考虑要采取怎样的形式运行他们的新体制，此次会议正是一个难得的机会，让民主国家执政经验丰富的与会者去影响波兰立法机关领导人的思想，加快波兰建立有效的民主政治体制的进程。对此，霍华德·贝克指出："波兰政策制定者们必须毫

---

① Krishna Kumar, "Reflections on International Political Party Assistance," *Democratization*, Vol. 12, No. 4, 2005, p. 512.

② 8 个欧洲民主国家的参会成员分别来自：意大利、芬兰、瑞典、英国、荷兰、西德、法国、爱尔兰。

不迟疑地建立他们的新生民主体系，以解决严重的经济危机。"①

　　本次会议还促成了美国国会一项专门针对波兰民主转型的决议。由赴华沙参加了讨论会的美国参议员皮特·多米尼奇发起提议，1989 年 10 月 26 日，美国国会通过了"美国国会给波兰的民主的礼物决议"（United States Congressional Gift of Democracy to Poland Resolution）。考虑到新当选的波兰立法人员缺乏在民主制度下的立法经验，决议要求美国参众两院的领导人联合组织一个临时代表团访问波兰。代表团由立法管理系统、立法研究、议会程序以及其他相关的法律事务的专家组成。为了帮助波兰人民建立一个更有效的议会，这个代表团对波兰色姆（国会下议院）和参议院在立法相关领域的培训需求及设备需求进行评估，并向美国国会提交相关报告，以给波兰提供更有效的针对性援助。

　　美国有协助民主转型国家培训政党精英和领导人的传统。由美国国家民主研究所资助，波兰议会派出一批工作人员到美国访问。波兰访问团不仅实地学习了议会运转的技术系统，还观摩考察了美国国会以及弗吉尼亚地方政府的正式立法过程。此外，访问期间，波兰议会的职员还得到了全方位的技术培训，其中包括计算机应用、立法投票程序、立法表决制度、相关研究服务以及国会会议录的产生等。② 这些直接或间接的援助及培训有效地帮助缺乏经验的波兰领导者们完善并巩固了新生的议会制度。在民主选举制度和选举程序上，波兰也得到了相应的支持和指导。1991 年 10 月，波兰进行了首次多党议会选举，国家民主研究所提前半年组织来自美国及欧洲的政治专家，指导波兰各政党的代表怎样有效

---

① 　National Democratic Institute, Prominent Delegation to Support Poland's New Parliament in Warsaw, September 15, 1989.

② 　National Democratic Institute, Eastern & Central Europe: NDI Program Summary, 1993, December 12, 1993.

组织选举。还根据各政党的需求，针对政党组建及党际交流等问题，在选举前举行了对多个党派领导人和组织者的讨论咨询会。

美国还向波兰提供宪法指导。从20世纪80年代起，美国通过派遣宪法专家、为受援国的宪法起草者讲解美国宪法，或向受援国提供关于美国宪法的著作和其他相关资料等方式影响民主转型国家宪法的起草。① 在1993年9月19日的波兰全民选举结束后，由56名成员组成的宪法委员会被要求在1994年5月前向议会递交宪法草案。美国国家民主研究所不仅参与了宪法委员会的工作，还于1994年3月在华沙组织召开了一场关于宪法比较的会议，并与波兰议会开展了关于行政立法关系的讨论。在波兰1997年颁布的宪法中，美国宪法的基本制度和原则被广泛借鉴，宪法审查、总统制、三权分立、权利法案等内容都受到了美国宪法的影响。②

1990年至1996年，美国国会向波兰等中东欧和原苏联国家派遣了弗罗斯特—所罗门特遣队（the Frost-Solomon Task Force）帮助这些新兴民主国家的议会。该计划由美国国会研究服务局（Congressional Research Service）执行，记录显示，美国向这些国家提供了超过1200台电脑、打印机、传真机等办公设施，并向议会图书馆提供了9300多本书和其他资料，还为2200多名工作人员提供了专门的培训。③

---

① 刘国柱：《当代美国"民主援助"解析》，《美国研究》2010年第3期。

② George Athan Billias, ed., *American Constitutional Abroad: Selected Essays in Comparative Constitutional History* (New York: Greenwood Press, 1990)；[美]路易斯·亨金、阿尔伯特·J. 罗森塔尔编：《宪政与权利》（郑戈等译），北京：生活·读书·新知三联书店1996年版；《世界各国宪法》编辑委员会：《世界各国宪法（欧洲卷、亚洲卷、非洲卷、美洲大洋洲卷）》，北京：中国检察出版社2012年版。转引自周婧：《美国宪法的全球传播》，《世界经济与政治》2016年第7期。

③ National Democratic Institute, 20th Anniversary of Frost-Solomon Task Force to Be Commemorated in Poland, June 6, 2010, https://www.ndi.org/files/Frost-Solomon_Task_Force_Commemoration_0.pdf.

四、美国文化外交对波兰民众政治生活的影响

在波兰民众对西方民主价值观认可的培养上，美国的文化外交发挥了重要作用。美国文化外交历史悠久，1948 年《史密斯—蒙特法案》的通过奠定了文化外交在美国对外政策中的地位。1987 年，由美国国务院组织编写的《国际关系词典》中，将美国文化外交定义为："由政府发起交流项目，通过电台等一系列信息传播媒介，获悉、了解并影响其他国家的舆论，减少其他国家政府和民众对美国产生错误观念，避免引起关系复杂化，提高美国在国外公众中的形象和影响力，进而增加美国国家利益的活动。"[①] 1997 年 7 月，美国将新闻署并入国务院计划委员会，该委员会定义文化外交为"通过理解、告知和影响外国观众，寻求对美国国家利益的促进"[②]。换言之，美国文化外交的手段和方式多样，但总体上服务于美国国家战略布局。冷战期间，美国就通过自由欧洲电台全天候广播、资助地下出版物、发展学术交流、电影电视节目、书信、电话等方式和途径，对波兰人施加影响。正是由于长期不间断的文化宣传，让波兰人不知不觉地受到美国文化的浸染，增强了波兰人对美国式西方生活的渴望，转而在心底对无法改善国内经济和人民生活水平的执政党不满。波兰前副总理科勒德克曾指出："民主就应该是渐进的、由下而上的过程。政治民主化和经济自由化的过程的兼容要通过实践而不是教条的方式来实现。"[③] 美国的文化外交通过向波兰民众日常生活的渗透和影

---

① 唐小松、王义桅：《美国公共外交外交研究的兴起及其对美国对外政策的反思》，《国际政治与国际关系》2003 年第 4 期，第 23 页。

② PDAA, http://pdaa.publicdiplomacy.org/?page_id=6.

③ ［波］格泽高滋·W. 科勒德克：《真相、谬误与谎言：多变世界中的政治与经济》（张淑芳译），北京：外文出版社 2012 年版，第 167 页。

响，让民众自发向往并支持美国式的民主体制，进而形成对民主转型的"自下而上"的支撑。可以说，美国的文化外交一定程度上为波兰向西方议会民主体制的转型提供了底层民众基础。

布什政府于 1989 年颁布的《支持东欧民主法案》中也提到要在波兰设立美国文化中心，与波兰的各类机构结成姊妹机构，扩大波美双方人员交流，通过富布莱特项目、国际访问学者项目及美国新闻署组织的其他项目为波兰专家学者提供更多的机会来访美国。[①] 1993 年，美国驻波兰大使馆在华沙古城附近开设了美国文化中心，向波兰民众展示美国的文化艺术成就。美国还着意增加了企业资助的比重以保障在波兰开展文化活动。另外，英语在冷战后取代了俄语成为波兰人最主要的外语，美国在波兰建立了学制三年的"教师培训学院"，培训高中毕业生成为英语教师。好莱坞的影片也如冷战时期一样，在波兰受到民众的广泛追捧。[②]这些文化传输方式和文化交流活动，让波兰精英、民众及知识分子在交流学习中增进对美国社会和西方式民主制度的充分了解，以此对波兰民主政治转型发挥了正面引导和推动作用。

第三节　美国对波兰经济转轨的影响

西方国家可以在波兰艰难的过渡中发挥关键作用，帮助减轻恐惧，从而使改革有时间进行调整并自我维持。在波兰，西方早期提供的波兰货币（兹罗提）稳定基金援助以及波兰部分

---

① Public Law 101-179, "Support for East European Democracy(SEED) Act of 1989," November 28, 1989.

② 毕岚、张锋、董秀丽：《世界大国（地区）文化外交·美国卷》，北京：世界知识出版社2013年版，第 209 页。

外债的两阶段减免，对帮助波兰维持改革进程、给予波兰全新的机会重新开始极为重要。然而，最重要的一步仍然处于待定状态。波兰"重返欧洲"只有在波兰加入欧洲共同体的时间表上得到确凿承诺后才算保险。

—— ［美］杰弗里·萨克斯①

1989 年波兰剧变后，波兰在经济上开始向私有制为主的市场经济模式转轨。由于世界上没有类似的先例可供参考，这是一个实践上的新课题，需要严密的经济理论做支撑。在经济转轨道路的选择上，波兰接受"华盛顿共识"，成为中东欧地区第一个采取美国经济学家杰弗里·萨克斯主张的"休克疗法"的国家。波兰经济转轨最终取得了成功，被称为中东欧转轨国家中的"优等生"。在 2009 年欧债危机期间，波兰成为欧盟范围内唯一一个经济正增长的国家。

一、转轨初期波兰经济情况

波兰剧变后建立的马佐维耶茨基政府面临严重的经济危机。商店货架上很多生活必需品缺货，黑市买卖猖獗，通货膨胀率极高，GDP 增长为负数（表 3-3）。波兰官方数据显示的失业率很低，主要是因为很多劳动力受雇于国家无力负担的连年亏损的企业。② 与此同时，国家外债高达490 亿美元，政府几乎无力负担如此大额的国际债务。③

---

① Jeffrey Sachs, *Poland's Jump to the Market Economy* (Massachusetts: The MIT Press, 1999), p. 3.

② EBSCO Publishing (Firm), *Background Notes on Countries of the World: Republic of Poland* (Washington: Superintendent of Documents, March 22, 2012), p. 6.

③ ［波］科勒德克：《从休克到治疗：后社会主义转轨的政治经济》（刘小勇等译），上海：上海远东出版社 2000 年版，第 494 页。

表3-3　波兰转轨初期国内经济状况一览①

年份	1990	1991
GDP 增长率	−11.6	−7.0
通货膨胀率	586.0	70.0
失业率	6.1	11.8

"团结工会"的上台并没有立即带来繁荣的经济景象。加拿大记者娜奥米·克莱恩（Naomi Klein）对"团结工会"上台初期的波兰社会状况做出了形象的描述："当'团结工会'上任时，债务高达400多亿美元，通货膨胀率600%，粮食严重短缺，黑市则欣欣向荣。许多工厂生产的没有人购买的产品，任由它们在仓库腐坏……自由终于来临，但很少人有时间或心情庆祝，因为他们领到的工资一文不值，他们把时间花在排队买面粉和奶油，而且还得是商店刚好有货物的日子。"②

波兰产业结构处于比较落后的状态。波兰是传统农业大国，到20世纪80年代，仍有近30%的劳动力从事农业生产。作为世界第四大产煤国，波兰的传统优势产业采矿——冶金业也在后工业化新技术革命时代成为市场有限、污染严重、科技含量低的夕阳产业。③ 作为从中央计划经济向自由市场经济转轨的先行者，波兰的产业结构升级重组也在转轨过程中面临重大挑战。

波兰的巨型企业正是中央计划经济的遗产。萨克斯分析指出："如果一个大型企业能够完成同样的工作，中央计划的制定者没有动力去协调

---

① ［英］罗伯特·拜德勒克斯、伊恩·杰弗里斯：《东欧史》（韩炯等译），北京：东方出版中心2013年版，第902—903页。

② ［加拿大］娜奥米·克莱恩：《休克主义：灾难资本主义的兴起》（吴国卿、王柏鸿译），桂林：广西师范大学出版社2010年版，第159页。

③ 金雁、秦晖：《十年沧桑——东欧诸国的经济社会转轨与思想变迁》，北京：东方出版社2011年版，第44—46页。

一个行业中成百上千个小公司的经营活动。因此，一个标准的策略就是在任何可能的时候建立起一个巨型公司。显然，没有足够多的公司被允许进入市场竞争。在波兰，改革初期每家工业企业的工人平均数量相当高，远超出西方国家平均值。1986年，波兰国有企业的工人中，有58%的人在员工超过1000人的企业中工作。然而，在西方同等规模的企业里，雇佣员工数仅为波兰的19%。在激进式经济改革前夕，波兰几乎没有小型国企。1988年，只有982家国企员工人数在100人以下。还有其他因素促进了巨型企业的形成。企业巨型化趋势背后是意识形态的影响。斯大林主义的经济学家始终坚信大规模经济的好处。另一个因素则是在短缺经济中，没有一家企业能够依靠其他企业来进行稳定供给。因此，企业尽可能地结为一体，避免劳动力的分散。"[1]

"1989年经济结构上的很多特点也是长期在苏联规则指导下的结果。其中有六个结构性特点。第一，波兰（与其他东欧国家一样）高度工业化，因为工业化是苏联模式的目标。尤其是在与其他经济发展水平类似的国家比较时，波兰是超工业化的，那些非工业化的部门，尤其是服务业，在工业化目标的指导下，是缺少相应资源的。第二，波兰仍旧有很多小农分子，这在欧洲几乎绝无仅有。这部分生产力低下却政治需求又较高的农民阶级，造成了经济调整中很严重的问题。第三，波兰的经济有着社会主义的关键特征：压倒性的国家公有制经济。第四，在改革前夕，波兰缺少规模较小的、中间阶级的工业企业，无论是公有的还是私有的。第五，因为第二次世界大战后苏联对波兰的控制，波兰的国际贸易倾向过于偏向东方阵营。第六，波兰在收入和财富分配方面是典型的平均主义，这也算是一个有益的遗产。概言之，几乎每个人都开始在新

---

[1]　Jeffrey Sachs, *Poland's Jump to the Market Economy* (Massachusetts: The MIT Press, 1999) , p. 18.

的历史时期经历着贫穷和不富足的生活。"①

剧变发生后，美国等西方国家支持波兰经济稳定和多元化转型的方案相继出台。波兰的外国直接投资（FDI）企业和投资金额出现飞速增长。1988年，波兰外国直接投资总额仅为760万美元，到1989年就达到1亿多美元，几乎达到前一年的14倍（表3-4）。另外，国际货币基金组织等国际金融机构也纷纷致力于稳定波兰经济状况。1989年12月，波兰政府从国际货币基金组织和世界银行获得了10亿美元的贷款，具备了实施反通货膨胀纲领的基础。②

表3-4　波兰转轨前后外国直接投资企业数量及投资金额③

年份	1988	1989	1990	1991	1992	1993
外国直接投资企业数量（个）	33	551	2044	5583	5740	6800
外国直接投资金额（百万美元）	7.6	104	308	479	1545	2100

为了改善国内经济状况，马佐维耶茨基总理聘请华沙规划与统计大学④的经济学者巴尔采罗维奇担任波兰副总理兼财政部长，负责制订和实施经济转型计划。巴尔采罗维奇邀请了35岁的美国经济学家、刚刚在玻利维亚的经济改革中名声大噪的杰弗里·萨克斯为波兰经济顾问。根据

---

① Jeffrey Sachs, *Poland's Jump to the Market Economy* (Massachusetts: The MIT Press, 1999), pp. 12-13.

② 刘祖熙：《波兰通史》，北京：商务印书馆2006年版，第555页。

③ Władysław W. Jermakowicz, *Foreign Privatization in Poland* (Center for Social & Economic Research, October 1994), pp. 7-8.

④ 即华沙中央商学院（SGH Warsaw School of Economics，波兰语名为 Szkoła Główna Handlowa w Warszawie，SGH），始建于1906年，为波兰最古老的的商学院。第二次世界大战后更名为"华沙规划与统计大学"（Main School of Planning and Statistics，波兰语为 Szkoła Główna Planowania i Statystyki），1991年恢复二战前的校名。

国际货币基金专家及萨克斯的建议，巴尔采罗维奇制定了波兰经济转型的《稳定经济纲领》，萨克斯所主张的"休克疗法"开始在波兰全面实施。[1] 虽然"休克疗法"广受质疑和批判，但在波兰却取得了一定成效：经过 1990—1991 年的连续急剧下滑后，经济开始出现回升，增长势头良好（表3-5）。

表3-5 实施"休克疗法"之后波兰经济状况一览[2]

年份	1992 年	1993 年
GDP 增长率	2.6	3.8
通货膨胀率	43.0	35.0
失业率	13.6	16.4

二、美国人的"休克疗法"在波兰成效良好

转轨初期的波兰面临很多经济转轨操作层面的问题，例如价格是否可以迅速放开，通货膨胀应该被控制在什么程度，何时可以实现货币自由兑换，如何进行国有资产私有化，以及外国资本如何参与协助等。美国经济学家萨克斯多年以来致力于这方面的研究。"团结工会"在首次大选中胜出后，萨克斯就开始与"团结工会"密切合作。[3] 在金融大鳄索罗斯（George Soros）的资助下，萨克斯与国际货币基金组织的职员（现任国际货币基金组织总裁）大卫·利普顿（David Lipton）在波兰设立了常

---

① 孔寒冰：《东欧史》，上海：上海人民出版社 2010 年版，第 498 页。

② ［英］罗伯特·拜德勒克斯、伊恩·杰弗里斯：《东欧史》（韩炯等译），北京：东方出版中心 2013 年版，第 902—903 页。

③ Jeffrey Sachs, *Poland's Jump to the Market Economy*（Massachusetts: The MIT Press, 1999），p. 23.

驻办事处。虽然萨克斯不在国际货币基金组织或美国政府中任职,① 但他与美国高级官员的密切关系和曾经在南美的经济改革中得到的盛名让"团结工会"的领导人极度重视他的建议,也希望他能帮助波兰获得国际金融机构和美国的援助及债务减免。针对波兰严重的经济问题,萨克斯提出了"休克疗法"。

"休克疗法"原本是医学用语,意指用电流电击病人头部产生全身抽搐,达到治疗疾病的目的。萨克斯借用了这个医学上的定义,主张对转轨经济体实行紧缩的货币政策和财政政策,以实现经济稳定化、自由化、私有化。然而这套经济纲领具有较强的冲击力,在短期内可能会导致国家经济生活的巨大震荡,甚至会出现经济"休克"状态,由此被称为经济上的"休克疗法"。该理论成型于20世纪80年代中期,在南美国家玻利维亚的经济转型中取得了很好的实践效果。东欧剧变之后,其被应用于波兰、俄罗斯等国的经济转轨过程中,但在波俄两国取得的成效却有天壤之别:波兰在忍受了休克疗法的"阵痛"之后,经济开始稳步回升,逐渐走出了80年代以来经济危机的泥淖,国民经济重新焕发生机;而在俄罗斯则产生了截然相反的效果,放开物价导致了通货膨胀率奇高,继而实施财政货币双紧缩政策又导致了企业生产萎缩和失业人数骤增,紧缩的信贷政策阻碍了企业资金流动,最终政府被迫放松银根,放弃紧缩政策。

"休克疗法"成为"团结工会"领导者进行国内经济变革的选择,不仅由于波兰的恶性通货膨胀令国家经济形势岌岌可危,还因为转轨后的波兰需要与过去做一个明确的了断。"团结工会"领导者从统一工人党

---

① 笔者曾就萨克斯对波兰的帮助是否有美国政府或国际组织的背景询问过萨克斯本人(电子邮件2018年5月18日),得知波兰对其委任直接来自波兰政府。原文为:The appointment was directly from the Polish Government, without any role of the United States or International Organizations。

执政时期得到的教训是，对旧体制的修修补补于事无补，要想根本解决问题，必须进行彻底的激进式改革。① 转轨初期，马佐维耶茨基政府中的几个要害部门仍掌握在统一工人党手中，波兰统一工人党占据了国防部、内务部、运输部及外贸部等要害部门的部长职位，另外还有 7 人是来自波兰统一工人党的盟党（波兰统一农民党和民主党）的成员。"团结工会"在对外经济合作部等关键部门的缺位也令新政府愈发需要依靠市场的力量。"休克疗法"正是新政府同时实现经济上转向市场经济和政治上转向西方民主制的重要选择。

马佐维耶茨基上任之初，就立志要找到波兰的"路德维希·艾哈德（Ludwig Erhard）"②，以推进波兰的经济改革，最后他找到了经济学家巴尔采罗维奇，任命其为副总理。巴尔采罗维奇曾在 20 世纪 70 年代就向当时的统一工人党政府提出过经济改革建议，但被认为过于激进而没有被采纳。他对如何推进转轨后的波兰改革的观点与萨克斯颇为相似，上任后即邀请萨克斯和利普顿作为经济顾问与其团队一起工作。对于波兰经济改革方案，巴尔采罗维奇毫不避讳地说："我们没有足够的财力去尝试。如果富有的国家愿意去尝试，随他们去吧。对我们来说，采取已被验证过的模式才是更好的选择。"③ 面对恶性通货膨胀，波兰首先需要实现宏观经济稳定，这就要实施苛刻的紧缩政策；同时还要迅速实现经济体制的重构，实现微观经济的自由化；此外各类企业要进行大刀阔斧的私有化；失业补偿要及时建立，还要设法取得国际经济援助。根据波兰

---

① Jeffrey Sachs, *Poland's Jump to the Market Economy* (Massachusetts: The MIT Press, 1999), pp. 36–42.

② 路德维希·威廉·艾哈德（Ludwig Wilhelm Erhard, 1897–1977）被誉为"德国经济奇迹之父""社会市场经济之父"。

③ Jeffrey Sachs, *Shock Therapy in Poland: Perspectives of Five Years*, The Tanner Lectures on Human Values, delivered at University of Utah, April 6 and 7, 1994, p. 270.

的现实情况，结合萨克斯等顾问的建议，"巴尔采罗维奇计划"出台。纲领以私有制、自由市场和融入国际市场等为改革目标。提出要与过去的体制彻底决裂，结束半途而废的改革，跃入市场经济体制。该纲领的主要实施方案包括：价格全面开放；实行紧缩型货币政策和财政政策；规范国家预算管理制度，削减政府部门的费用及各种财政补贴；对波兰货币兹罗提实行浮动汇率及利率管理，实行外币自由兑换；国家中央银行仅对议会负责，不再负担财政上的赤字；国有企业私有化全面推进，支持私营经济的发展；转变投资政策，提供优惠政策以加大吸引外资力度。

经过一个季度的准备，国际货币基金组织的贷款和稳定基金基本就位，1990年1月波兰正式开始实施"巴尔采罗维奇计划"。计划一实施，波兰的通货膨胀率明显下降，自由市场蓬勃发展，企业效益转好，国家财政收入由1989年的巨额赤字转为1990年中期的高额盈余。贸易出口量大增，甚至出现了40亿美元贸易顺差的纪录。波兰货币兹罗提又重新变得抢手，甚至黑市都自动消失不见。[①] "休克"似乎迅速见到了成效。然而繁荣景象只持续了半年多的时间，随后宏观经济状况再度走低，通货膨胀率上升，到1991年再度出现财政赤字，对外贸易再次出现逆差，失业率上升，兹罗提再度贬值。劳动者的实际工资水平下降，个人消费也在下降。总体来说，改革带来了人民生活水平的降低，也引发了一系列罢工运动。[②] 直到1992年，波兰经济状况才重新好转。"休克疗法"的阵痛还体现在企业兼并重组过程中，波兰的重工业，尤其是采矿业的重组更是困难重重。曾作为"团结工会"基地的格但斯克造船厂破产，被格

---

① 金雁、秦晖：《十年沧桑——东欧诸国的经济社会转轨与思想变迁》，北京：东方出版社2011年版，第47页。

② 刘祖熙：《波兰通史》，北京：商务印书馆2006年版，第556页。

丁尼亚船厂兼并，就体现了改革进程的艰难。① "休克疗法" 最初的效果立竿见影，是因为它可以一次性迅速纠正经济失衡，但如果要维持重新创造的平衡，就需要市场机制或者政府部门的参与和调控。另外，波兰1991 年经济下滑与 "经济互助委员会" 的解散和苏联的解体不无关系。

　　萨克斯本人在 1993 年总结道："尽管波兰的经济转型还远未结束，其年轻的民主政体还很脆弱，但几乎所有的观察者——特别是波兰人民，都一致认为国家正走在正确的轨道上，通往民主和市场经济，与欧洲其他国家深度融合……一些经济成就非常可观。波兰私有经济蓬勃发展，从激进式改革开始以来，在两年半的时间里，有 70 万个新企业注册。据估算，波兰现在超过半数的就业和 GDP 要依靠私营经济。波兰的工业企业在继续开拓西方新的出口市场时取得进展，波兰的硬通货地区出口额从 1989 年的 80 亿美元增长到 1992 年的大约 140 亿美元。西方债权人明智地同意分两步减去波兰一半的债务，从而消除了波兰经济上的重大负担之一，也给了波兰一个真正全新的开始。也许最重要的是，在改革初期曾困扰国家的恐慌情绪已经消散、信心正在恢复。很多波兰人表示他们的生活水平比波兰统一工人党执政时期是有所提高的。"②

　　总体来讲，"巴尔采罗维奇计划" 还是为波兰经济带来了转机：成功创造了占 GDP 一半以上的私有制经济，建立了市场制度和繁荣的出口贸易，结束了生活必需品的短缺和排队现象，实现了由重工业向消费品和服务业的转型，逐步告别了转轨初期经济连年下滑状态，进入了经济稳定增长时期（表 3-6）。

---

　　① ［波］耶日·卢克瓦斯基、赫伯特·扎瓦德斯基：《波兰史》（常程译），北京：东方出版中心 2014 年版，第 310 页。

　　② Jeffrey Sachs, *Poland's Jump to the Market Economy* (Massachusetts: The MIT Press, 1999), p. 2.

表 3-6　1990—1998 年转轨国家国内生产总值的增长①

年份 国家	1990	1991	1992	1993	1994	1995	1996	1997
波兰	-11.6	-7.0	2.6	3.8	5.2	7.0	6.1	6.9
俄罗斯	-4.0	-13.0	-14.5	-8.7	-12.6	-4.0	-4.9	0.4
罗马尼亚	-5.6	-12.9	-8.7	1.5	3.9	7.1	4.1	-6.6
保加利亚	-9.1	-9.1	-7.3	-1.5	1.8	2.1	-10.9	-7.4
阿尔巴尼亚	-10.0	-27.7	-7.2	9.6	9.4	8.9	9.1	-8.0

"休克疗法"在波兰实施后，成为在东欧地区和原苏联地区经济改革的模板。俄罗斯、保加利亚、罗马尼亚、阿尔巴尼亚等国都先后采取了波兰式"休克疗法"，但取得的效果却不及波兰（表 3-6）。一国经济转轨的成效取决于多方面因素，与其他几个转轨国家相比，波兰成为"休克疗法"的成功范例。

第一，"休克疗法"的成功实施需要一国拥有相对稳定的政局和民众基础。波兰实施"休克疗法"时，国内已经具备了基本的政治条件和民意基础。此时，波兰"团结工会"政府已经上台，西方式民主政治制度正在逐步建立完善。虽然前任政府中的统一工人党官员仍然具有一定的威望和影响力，但波兰民众对西方模式充满期待，这为波兰经济转轨的顺畅进行提供了重要支撑。

第二，"休克疗法"在波兰的成功实施还得益于波兰在地缘上的优越性。波兰地处东西欧之间，相较其他中东欧国家，与西欧国家的距离更近，而且地势较为平坦，交通运输方便，加之波兰对外资的优惠政策和美国等西方国家的大力扶植，以及受教育水平相对较高的劳动力，这些

---

① ［波］科勒德克：《从休克到治疗：后社会主义转轨的政治经济》（刘小勇等译），上海：上海远东出版社 2000 年版，第 86—87 页。

都帮助波兰吸引到更多的外商投资，为其经济转轨提供了有利条件。

第三，在波兰实施"休克疗法"促进经济体制转轨期间，美国等西方国家和国际金融组织为波兰提供了大量的援助和技术支持。美国在1989年出台的《支持东欧民主法案》，最初的援助对象就是波兰与匈牙利，波兰也是在该计划中得到援助最多的国家。在波兰转轨前夕，美国和国际货币基金组织为波兰提供了可观的贷款援助，"巴黎俱乐部"成员国对波兰实施了债务减免。萨克斯在BBC对他的采访中回忆道，在1989年9月的一个早上，萨克斯向美国政府申请10亿美元针对波兰的货币稳定援助，白宫在当晚就批准了这笔钱。从提出申请到批准款项一共只用了8个小时。虽然说服白宫对波兰大幅度债务减免花费时间稍多，但在高层谈判一年左右之后也取得预计成效。[①] 国际援助不仅帮助波兰避免了转轨初期国内经济可能出现的崩溃，还为波兰的后续发展提供了资金和动力。此外，大量的国际援助也令中小投资者对波兰的市场更有信心，带动了外国资本进入波兰，也为波兰向市场经济转轨增添了动力。

值得注意的是，与波兰一样，俄罗斯也邀请萨克斯作为实行"休克疗法"的顾问，但转轨成果不及波兰。1992年1月1日，叶利钦开始在俄罗斯进行激进式政治经济转轨。叶利钦任命年轻的经济学家盖达尔为副总理，负责推进俄罗斯的休克式经济改革，并邀请波兰经济转轨的参与者萨克斯担任顾问，期待萨克斯能为俄罗斯募得转轨期急需的财政援助。美国政府在技术上和意识形态上支持俄罗斯的经济转轨，向俄罗斯派遣了经济转轨专家，负责协助撰写法令、设立证券交易所等工作。1992年，美国国际开发署拨给哈佛国际发展研究所2100万美元的资金，派遣律师和经济学家到俄罗斯助力盖达尔的经济转轨方案。1995年，萨

[①] Jeffrey Sachs, "Viewpoint: Why the Shadow of WWI and 1989 Hangs Over World Events," BBC, December 16, 2014, http://www.bbc.com/news/magazine-30483873.

克斯被聘为哈佛国际发展研究所所长，就此同时兼任叶利钦政府的经济顾问和美国政府资助的研究所在俄罗斯的代表。① 然而，相较对波兰援助的积极和迅速，西方国家非但没有履行对俄援助的承诺，还向俄罗斯全额催债。俄罗斯仅迎来几批转轨专家团，没有得到急需的经济援助。虽然萨克斯向叶利钦许诺要为俄罗斯申请到美国财政部和国际货币基金组织的援助，也始终与美国政府积极斡旋，但却铩羽而归。可以说，美国对波兰和俄罗斯提供援助的力度上有很大不同，两国经济转轨进程和效果上的差异也与此相关。

从俄罗斯内部来讲，中央集权的计划经济模式已经实施了 70 余年，向西方式政治体制的转轨难免更加费时费力。相比波兰，俄罗斯更难以消除前任政权的影响。历史上的俄罗斯可谓是欧洲和亚洲的混合体，维持了几个世纪的专制统治，出现初期的民主政治仅一年多的时间，这些基础条件使改革迅速全面展开的难度大增。另外，来自旧体制下的苏共政权核心群体的力量仍然可以阻碍改革的顺利推进。盖达尔团队想要将经济改革作为政治武器来一举粉碎旧的制度。然而，许多苏共老干部们拒绝让出位子，要拖延改革以保住自己的饭碗。② 盖达尔实施改革的初期，就遭受了猛烈的政治攻击。改革实施的第七天，议会首脑就要求政府辞职。俄罗斯开放物价之后，一些部门仍然通过行政命令控制商品产量，农产品仍有一部分要交售给国家。此外，议会与政府意见相左，物价飞涨后议会阻止政府加印大额钞票。还有国有企业对市场反应迟缓，产品堆积滞销，三角债问题严重。国营部门不仅给政府施压放开信贷，还通过手中的权力，增加产品价格的同时提升工人工资，导致物价和工

---

① ［加拿大］娜奥米·克莱恩：《休克主义：灾难资本主义的兴起》（吴国卿、王柏鸿译），桂林：广西师范大学出版社 2010 年版，第 193—194 页。

② ［美］沃尔特·拉费伯尔：《美国、俄国和冷战，1945—2006 年》（牛可、翟韬、张静译），北京：世界图书出版公司北京公司 2012 年版，第 286 页。

资恶性攀升，"休克疗法"也被迫失效。

从地理位置上看，俄罗斯虽然地大物博，资源丰富，但在转轨政策推进的过程中，其广袤的土地反而增大了政策推进和实施的难度。俄罗斯联邦的面积有1700万平方公里，几乎是地球陆地总面积的六分之一，横跨11个时区，有100个不同的民族构成的1.5亿人口，复杂的国家组成和辽阔的土地在失去了中央集权时期的命令式政策推进措施后，想要迅速全面地展开改革的难度大增。此外，在外商对俄罗斯展开投资时，由于其在地缘及政体和法律上难以忽视的缺陷，俄罗斯大量的资源优势并未发挥出其在吸引外资和促进经济转轨中应有的作用。一方面，由于"休克疗法"在俄罗斯展开时正逢俄罗斯政局不稳，虽然其资源储备对外资有着巨大的吸引力，但外商还是会有碍于对国家政策稳定性的考虑而不敢大力在俄展开投资。另一方面，由于俄罗斯地大物博，无法完全通过开放进口和引进外资来弥补外汇短缺并实现供需平衡，贸易自由化相对受限，外资流入也受到限制。但是，一些企业却借政府扩大自主出口权之际，将原材料高价卖给中间人或非法出口到国外，非但没有为国家赢得利润，还造成了大量的资产流失。[①] 这主要是由于政策法规的不完善，在一定程度上也是因为俄罗斯地缘广袤，人员繁杂，政府无法全时有效监管导致的。俄罗斯申请国际援助的困境来自多方面因素。一方面，由于当年（1992年）正是美国大选之年，克林顿对布什政府执政时期的主要诟病就在于其忽视国内的经济不振，却在海外积极投放援助。另一方面，冷战的结束标志着美国地缘政治和意识形态领域的胜利，波兰回归西方阵营，成为民主世界的桥头堡，在地缘战略上对美国有利，因此是值得帮助和提携的；而庞大的俄罗斯则不然。美国仍然把俄罗斯看作

①　王义祥：《中东欧经济转轨》，上海：华东师范大学出版社2003年版，第309页。

地缘政治敌手，不会像帮助波兰一样对俄罗斯伸出援手。另外，波兰作为原苏联阵营内首个向民主市场经济转轨的国家，它的转轨具有开创性的意义，对整个地区都具有示范效应和带动作用，因此能够获得美国等西方国家的大力援助与支持；随着冷战的结束和意识形态对抗的消解，"历史终结论"正在被美国决策层的很多精英们认可，认为美国不再需要继续投入大量的财力物力去"争取人心"，更何况一个强大的俄罗斯会挑战美国的全球霸权地位，并非美国所愿。

国际资金援助固然对转轨国家的经济转轨情况有着重要影响，但其内政的稳定和市场经济体制的真正建立才是保障经济转轨成果的关键。波兰在经济转轨之初，就在国家内部建立了支撑经济改革良性运转的法律法规，以及相应的国家机构。1990年4月，波兰设立了"私有化委员会"，同年7月13日通过了两部与私有化改革密切相关的法令，即《国有企业私有化法令》和《设置所有制改造部长职位的法令》，把企业私有化的步骤、实施方式和领导层面的责任全部用法令的形式做了明确规定。另外，为了鼓励外商投资，1991年7月，波兰修改了《波兰合资企业经济活动法》，制定了《外商投资法》，为外商投资提供了很多便利和优惠政策。除此之外，波兰对《劳动法》《外汇法》《银行法》等都做了相应的调整和修改，以适应国内经济转轨的需要。① 正是有了这些法律规范作基础，波兰最终走上了良性发展的轨道。

相比之下，阿尔巴尼亚是东欧地区得到外部援助人均数额最高的国家。但是，其经济转轨过程中缺乏与市场经济相适应的结构改革，仅依靠外援和大量的侨汇做支撑。虽然经历了表面上快速增长时期，但因国内法制法规不健全、贪腐问题严重、贫富差距大、失业率高、百姓幻想

---

① 陆南泉、阎以普:《俄罗斯、东欧、中亚经济转轨的抉择》，北京:中国社会出版社1994年版，第195页。

暴富等问题，加上政府没能很好处理国内的稳定问题，与反对党矛盾激化，最终导致了动乱，致使国家经济发展大倒退。[1] 与阿尔巴尼亚类似，罗马尼亚和保加利亚也存在市场经济体制没能很好建立的问题。在罗马尼亚，由于齐奥塞斯库的强权统治，中央集权式的计划经济模式对该国的影响很深。相对于西方接触较多的波兰，罗马尼亚的社会更加封闭，由旧体制下承继的顽疾也成为阻碍转型的因素，罗马尼亚不仅腐败现象严重，还缺少了解市场经济的人力资源，而且民众对经济改革鲜有热情。[2] 这令罗马尼亚在实施"休克疗法"的过程中缺少像波兰一样的政治和民意基础，致使罗马尼亚经济改革进程相对迟缓，成效寥寥。另外，相比波兰地处中东欧"黄金交通枢纽"的地理位置，保加利亚、罗马尼亚和阿尔巴尼亚等国则远离西欧，地理位置偏远闭塞。地缘上的劣势也令这些国家在地缘战略上不具备与波兰等同的重要性。这些国家地理位置和经济发展水平的制约直接导致了人员流动性的欠缺。国门开放后，大量劳动力流向更发达的国家，造成国内劳动力短缺。特别是阿尔巴尼亚，作为欧洲经济最落后的国家，几十万阿尔巴尼亚侨民在外务工，回寄给本国大量外汇，但却对本国的市场经济体制建设贡献甚微。罗马尼亚在转轨初期的十年间，吸引到的外国直接投资只有波兰的十分之一。地缘因素也成为这几个采取"休克疗法"的转型国家吸引外资的重要阻碍。在经济转轨过程中，罗马尼亚由于接受了西方国家的多方指导，出现了有着"美式股市""德式企业法""法式私有化方案"的状况[3]，这种法律法规不成体系的混乱状态也影响了"休克疗法"的实施和向市场经济转轨。虽然在转轨过程中，由于外部资金的流入和外援，这些国家

---

① 王义祥：《中东欧经济转轨》，上海：华东师范大学出版社 2003 年版，第 298 页。

② 王义祥：《中东欧经济转轨》，上海：华东师范大学出版社 2003 年版，第 286 页。

③ 王义祥：《中东欧经济转轨》，上海：华东师范大学出版社 2003 年版，第 286 页。

都有过一定程度的经济增长，但都未能像波兰一样经受住金融危机的考验，这些与国家未能建立起完善的市场经济体制密切相关。

三、美国以多种方式支持波兰经济转轨

剧变之初，波兰货币兹罗提急速贬值，1989年年初，1美元可以兑换1600兹罗提，到当年12月，6500兹罗提才能兑换1美元，到1990年1美元甚至需要9500兹罗提来兑换。[①] 保证货币稳定才能阻止波兰经济全面崩溃，对此，正如前文提到的，1989年9月，美国政府在一天之内就迅速批准了援助波兰货币稳定的10亿美元款项，可见美国政府对支持波兰经济的重视。1989年11月28日，《支持东欧民主法案》正式批准生效。该法案最初只针对波兰和匈牙利两国，目的就是支持中东欧地区前共产主义国家向民主和自由市场经济转轨，帮助这些国家告别自己的过去，"成为可靠的、富有成效的欧洲—大西洋共同体内的西方民主国家"[②]。法案中明确了美国对波兰经济帮扶方案和具体措施：

第一，美国致力于波兰的结构调整。美国政府带领国际金融机构，特别是国际货币基金组织和世界银行集团中的国际复兴开发银行及其附属机构，对波兰提供及时有效的援助。为了给波兰1990年初期的经济改革做准备，美国财政部长向美国在国际复兴开发银行的执行主席施压，督促世界银行快速审批并支付提供给波兰的结构调整贷款。美国政府还与经济合作与发展组织（OECD）国家政府和国际金融机构一道，共同帮助波兰政府制订对抗恶性通货膨胀和其他经济结构性问题的方案。

---

① The World Bank, *Structural Adjustment Loan for Poland*, July 10, 1990.

② U. S. Department of State, *U. S. Government Assistance to Eastern Europe under the Support for East European Democracy Act*, January 2003, http://www.state.gov/p/eur/rls/rpt/23582. htm.

第二，美国政府与欧洲共同体成员一起，给波兰提供应急援助。共同确保工业化民主国家多方联合，共同努力，满足波兰提出的出资 10 亿美元支持其经济稳定项目的要求。

第三，美国为波兰提供食品援助，特别是保障老人和孩子不受饥饿的困扰。在 1990 财政年度，美国通过非政府组织向波兰农业提供不少于 1.25 亿美元的援助。

第四，美国支持波兰小企业、农业企业和与美国合资的企业等私营企业的发展。布什总统在 1989 年 7 月面向波兰国会的讲话中提到，要通过建立波兰—美国企业基金来支持波兰的市场经济建设。该基金自 1990 年 5 月工作以来，培育了一大批在之后的波兰经济生活中发挥重要作用的企业和机构。近十万名中小企业的创业者在该基金的贷款方案中获得帮助。此外，该基金还协助建立了五家银行，包括波兰首家提供抵押贷款的金融机构。[1] 美国国会通过《支持东欧民主法案》给波兰—美国企业基金拨款 2.4 亿美元，这个拨款额是提供给美国—匈牙利企业基金的 4 倍；美国额外提供 400 万美元，用于技术援助波兰劳动力市场的转型；同时，美国还为波兰私人企业发展提供技术援助，派遣和平部队（Peace Corps）[2] 到波兰提供英语语言培训和技术援助培训；除此之外，美国还通过支持本国公民在波兰的投资与各种形式的金融和技术投入助力波兰私营经济展。

第五，在贸易和投资领域，美国认可波兰符合普惠制国家的要求，支持跨大西洋私人投资合作项目，以此来帮助波兰减少政府对经济的干预；通过进出口银行和波兰金融领域的中间人促进对波兰的贸易和服务

---

[1]　Polish-American Enterprise Fund, http://www. en. pafw. pl/the_founder/.

[2]　Peace Corps 美国"和平部队"，1961 年 3 月由肯尼迪下令成立，是一个由美国联邦政府管理的美国志愿者组织。任务是前往发展中国家执行美国"援助计划"。组织使命包括三个目标：提供技术支持，帮助美国境外的人了解美国文化，帮助美国人了解其他国家的文化。

出口；针对波兰的贷款不需要受到美国关于"低于市场价格贷款"的税收法典的约束。

在美国等西方国家和国际金融机构的共同支援与帮助下，波兰的经济结构转型成效显著。由美国主导的多边协定，提供用以稳定货币的政府间贷款，帮助波兰控制了通货膨胀，培育出促进经济改革的必要条件。美国协同巴黎俱乐部及伦敦俱乐部的成员国，对波兰70%的债务进行了减免或重置，以帮助推进波兰的政治和经济转型。1990年2月，波兰获得了国际货币基金组织5.45亿美元（总数为7.2亿美元，80%可用）特别提款权的备用信贷安排。[1] 1990年7月，世界银行确定要向波兰政府分17年支付等值的2.5亿美元用于能源资源发展项目，30亿美元用于经济结构调整。[2] 波兰转轨取得了明显的效果，到1992年，波兰私营企业数量大幅增多，中央计划经济体制下的国有部门数量急剧减少（表3-7）。1989年波兰私营企业产值仅占GDP的28%，到1995年已经占到国家GDP的59%，私营企业所占的劳动力比例从1989年的47%提升到1995年的66%。[3] 私有经济的发展一方面得益于国有企业私有化，另一方面是由于新生私有企业的崛起。在其后的发展过程中，中小企业逐渐成为促进波兰经济增长的重要因素。对美国的体制模式而言，私有经济的发展可以提升企业家在国家经济活动中的话语权，进而推动国家民主进程。[4]

---

① Minutes of EBM/90/15, February 5, 1990, p. 13, 转引自 IMF, *Toward Universal Membership* (Chapter 19), p. 992。

② The World Bank, *Structural Adjustment Loan for Poland*, July 10, 1990.

③ Michael S. Borish and Michel Noël, "Private Sector Development in the Visegrad Countries," Finance & Development, December 1996.

④ Andrzej Arendarski, "Economic and Democratic Reforms: The Polish Example," Center for International Private Enterprise, March 15, 2014.

表 3-7　1989—1992 年波兰私营企业的增长　　　（单位：千个）

行业种类	零售大卖场		零售商店		餐饮网点		服务网点	
	国有	私营	国有	私营	国有	私营	国有	私营
1989 年	178	72	124	27	16	1	42	213
1992 年	33	717	9	344	15	52	8	201

资料来源：The World Bank, *Eastern European Experience with Small-Scale Privatization*, Discussion Paper Series No. 104, April 1994。

转轨初期，在波兰的外国直接投资中，美国公司和它们在欧洲的分支机构是主要推动者和先驱力量。由于地理位置相近，在波兰投资的公司以欧洲地区为主，但不乏美国企业设在西欧地区的子公司或分支机构负责操作实施投资计划。[①] 美国私人投资者也纷纷在转轨期间进入波兰市场。比如在 1994 年收购了波兰一家大型食品公司的美国金融大鳄索罗斯，作为萨克斯和利普顿在东欧地区周游走访的最初资助人，索罗斯被认为扮演了萨克斯在波兰实施"休克疗法"幕后指导者的角色。[②] 对波兰而言，外国资本的投入不仅会产生经济影响，更会产生传输西方企业管理经验、技术和人才培养等方面的"溢出效应"。私人资本的投入则能够相应减少政府参与，助推波兰企业私有化步伐，有助于波兰向以私营经济为主的民主市场经济转轨。

在转轨时期的波兰，经济改革与政治改革几乎同时进行，相互影响，相互促进，相辅相成。在美国帮助波兰向市场经济体制转轨的过程中，第一，注重在波兰国家内部建立起适合市场经济的体制机制。美国在帮助波兰构建了民主化政治体制雏形的基础上，推进经济领域的结构性改

---

①　Aleksandra Zieleniec, *90 Years of Polish-U. S. Diplomatic Ties* (Krakow: Technet, 2009), p. 81.

②　［加拿大］娜奥米·克莱恩：《休克主义：灾难资本主义的兴起》（吴国卿、王柏鸿译），桂林：广西师范大学出版社 2010 年版，第 205 页。

革和调整。通过建立促进改革的责任部门，健全相应的法制法规，避免了转轨时期的混乱无序状况，令经济改革的实施有章可循。第二，稳定是发展的前提，美国为了稳定波兰在转轨初期的政治经济形势，协同西方国家和国际金融组织，为波兰提供了"稳定基金"和一系列贷款，并促进了债权国对波兰的债务减免，让转轨之前政府的债务负担不再成为波兰经济转轨的阻力。第三，在美国和波兰"团结工会"领导者看来，发达的私营经济是资本主义制度的重要特点，鉴于此，美国积极支持并促进波兰私营经济发展，再加上波兰国内针对国有企业私有化的改革和对私营经济领域的支持政策，波兰私营经济在短时间内迅速发展，有效促进了波兰向自由市场经济转轨。第四，美国积极促进对波兰投资，帮助波兰吸引更多外商投资以促进经济多样化和私营经济发展。对比其他同样采取了"休克疗法"的转轨国家的经济发展状况，不能不承认美国对波兰的援助对于波兰取得良好经济转轨成效发挥了重要作用。虽然在转轨国家中存在着对美国等西方国家政策建议者的诟病，认为很多人为谋利而来（例如，与转轨国家企业及政府领导人私下勾结，在评估资产时刻意低估，通过低价收购国有资产谋利），但这只是监管体制不够完善导致的，并不能以此抵消美国等西方国家和国际组织的援助对波兰转轨的促进作用。

波兰经济转轨过程中，有一些问题是美国的经济援助和指导无法解决的。波兰统一工人党政府曾把个人的房屋和财产收归国有，在向市场经济转轨后，波兰政府决定把财产返还给原所有者或者其继承人。但是由于年代久远，很多财产无法证实归属。在华沙城区内，至今仍有大片因无法确定所有者而闲置的房屋，造成了资源浪费。另外，由于经济改革带来社会结构的变化，社会分层和不平等现象加剧，偏远地区民众、女性群体和年长的劳动力成为受转轨冲击较大的群体。在向市场经济转轨后，不同职业间的收入差距开始加大，贫困率和失业率也大量增加。这些都是经济转轨国家难以避免的问题，无法依靠外部援助有效解决，只能通过国内政策调节来预防社会矛盾尖锐化。

第四节　加入欧盟，标志波兰转轨成功

如果东欧确实尝试重返西欧的状态，那么经济变革的成功不仅取决于东欧，更根本地取决于西欧。在东欧"重返欧洲"过程中，西欧和东欧都会采取相应的行动。这中间存在着一系列的关于西欧意愿的问题，来应对和打开东欧壁垒有关的必要设想。不仅是工业和农业，还有货物贸易和人力资源的壁垒。这样一来，欧洲就成为一个统一的、相互融合的区域。因此，西欧不可能不对上述变化负责。在西欧没有提出一个前瞻性的方法之前，改革是无论如何也不可能成功的，就算东欧再怎么坚决地实施自己的方案也没用。

在我们更多地谈论关于改革成功与否的可能性之前，有必要先弄清楚成功意味着什么。许多人说，东欧怎么可能成功？工业如此落后，工人也没有正确的技术，公司都那么破烂，环境也都被破坏了。如果成功被定义为解决这些问题并在十年内让东欧生活水平与西欧持平，那么，东欧绝不可能成功。以西欧的标准来看，这些东欧国家将在一代甚至更久的时间里保持贫穷。

"成功"这个词的表意应该更为温和，但也一定具有足够的挑战性。成功至少应该意味着民主制度的巩固和市场经济的良

好运转。至于这些国家未来的经济表现，我认为如果在未来十到二十年内，可以接近西欧的生活标准，并能够很好地融入欧洲共同体，就意味着经济转轨的成功。

—— ［美］ 杰弗里·萨克斯①

2004 年，波兰成为"欧盟东扩"政策实施后首批加入欧盟的国家之一。虽然波兰在最初的转轨过程中得到了西方国家及国际货币基金组织等国际金融机构的支持，但争取加入欧盟才是转轨后期的强劲催化剂。直至近些年，争取与欧盟实现一体化仍是转轨国家的最强劲的动力之源。②

早在 1992 年 6 月，欧盟首脑会议就明确提到了"欧盟东扩"问题。考虑到各国的发展差距，1993 年 6 月，欧盟哥本哈根首脑会议正式提出了"哥本哈根标准"，明确规定了入盟候选国必备的四项条件：第一，申请国须为以民主及法治为保证的制度稳定国家，具有独立的政党，定期举行选举，保护人权，尊重和保护少数民族；第二，具有有效运行的市场经济；第三，必须能够承受欧盟内部的竞争压力和劳动力市场压力；第四，必须在入盟前接受欧盟的法律成果，包括《欧洲联盟条约》关于政治联盟和经济货币联盟的规定。③ 该标准从政治、经济和法制保障等方面对加入欧盟做出了严格的限制和约束，成功加入欧盟标志着波兰的政治经济等指标达到了欧盟标准，也就是西方国家普遍认可的民主市场经济体制下的法治国家，在经济上达到了欧盟成员国的指标要求，政治上回归到了象征着民主和自由的"西方文明社会"。此外，波兰的生活满意

---

① Jeffrey Sachs, *Poland's Jump to the Market Economy* (Massachusetts: The MIT Press, 1999) , pp. 6-7.

② James Roaf, Ruben Atoyan, Bikas Joshi, Krzysztof Krogulski and an IMF Staff Team, "Regional Economic Issues Special Report, " Washington, D. C. , International Monetary Fund, 2014.

③ 葛勇平：《论欧盟成员国资格的取得标准与丧失》，《法学评论》2009 年第 5 期。

度和幸福感指数都高居中东欧转轨国家榜首，无愧于转轨"优等生"的赞誉。"欧盟东扩"与美国克林顿政府时期倡导的"参与和扩展战略"殊途同归，也是美国与欧盟合作战略中的重要组成部分。①在美国《支持东欧民主法案》实施二十周年时，美国国务院相关负责人指出："体现《支持东欧民主法案》效力的一个方面是，它确立了标志成功的明确目标——加入欧洲—大西洋共同体。"②波兰就是在美国的帮助下达到目标的典型代表。

一、美国支持"欧盟东扩"，旨在巩固西方冷战成果

中东欧各国在转轨之初就将"回归欧洲"作为目标。由于美国与欧洲国家在意识形态、宗教信仰、社会制度等方面同根同源，美国与欧盟国家具有相同的西方价值观。把中东欧地区纳入西方阵营，会进一步巩固冷战成果，这符合美国的利益诉求，正如布热津斯基所言："欧洲首先是美国在欧亚大陆必不可少的地缘政治桥头堡。美国在欧洲有着巨大的地缘战略利益……欧洲的任何扩大都将自然而然地成为美国直接影响范围的扩大。"③单就地缘政治层面而言，欧盟东扩不仅可以推动中东欧国家转轨的进程，还能够在地缘战略上制衡俄罗斯，符合美国的战略利益。所以美国对欧盟东扩总体持支持态度。

冷战以原苏联阵营各国转向西方模式而告终。1991年"经济互助委员会"解体，波兰、捷克斯洛伐克和匈牙利三国于1991年12月成立维

---

① 王缉思、徐辉、倪峰主编：《冷战后的美国外交（1989—2000）》，北京：时事出版社2008年版，第59页。

② 霍华德·钦科塔：《支持东欧民主计划迎来20周年》，《美国参考》2009年7月22日。

③ [美] 兹比格纽·布热津斯基：《大棋局：美国的首要利益及其地缘战略》（中国国际问题研究所译），上海：上海人民出版社2012年版，第47页。

谢格拉德集团，正式签署声明表示要回归欧洲。对于欧洲国家而言，中东欧国家加入由西欧国家主导的欧共体，不仅能够巩固冷战成果，还可以获得更广阔的投资空间及劳动力市场，又能够在安全上将俄罗斯与西欧国家缓冲地带纳入西方阵营，使欧洲地区整体安全系数得到提升。

此外，源于基督教的"大一统思想"让欧洲人有了"统一的欧洲"情结，这也促使欧共体对中东欧国家回归欧洲的诉求给予积极响应。"哥本哈根标准"对中东欧国家的转轨起了积极促进作用，成为中东欧国家在政治、经济和法律法规等方面转轨过程中的风向标。欧共体还启动了"法尔计划"（PHARE）① 援助中东欧国家，与美国《支持东欧民主法案》类似，波兰和匈牙利也是"法尔计划"的首批受援国。该计划每年拨款金额相当于33亿欧元，用以支持中东欧国家企业结构性调整，还以援助为手段，推动欧盟中小企业在受援国投资。② 到1997年，波兰等候选国在政治和经济标准等方面达到或接近欧盟规定的标准，在进行了详细评估后，欧盟公布了入盟谈判时间表。经过长期艰苦的谈判，波兰等国于2004年正式成为欧盟成员国，完成了政治经济转轨。

美国也担忧高度统一的欧洲成为能够与美国对抗的一极。冷战的结束让欧洲大陆不再像之前一样在安全上依赖美国，跨大西洋的紧密关系受到了新形势的挑战。包括欧盟负责对外政治事务的前委员汉斯·范登布鲁克（Hans Vandenbroucke）在内的一些学者认为，美国与欧洲存在一

---

① 法尔计划（PHARE），起源于1989年7月在巴黎召开的"七国集团"首脑会议，原意为"援助波兰、匈牙利经济重建计划"（PHARE—Poland and Hungary：Assistance for Restructuring their Economies）的英文缩写。在法语中PHARE意为"灯塔"，含有"为在转轨的汪洋中航行的国家大船指明方向"的积极内涵。

② 罗红波：《法尔计划——欧洲联盟向东欧国家渗透的工具》，《欧洲研究》1994年第6期，第68—71页。

种"竞争性合作关系"。① 约瑟夫·奈（Joseph S. Nye）也曾预言道："在不久的将来有能力对美国提出挑战的一个实体是欧洲联盟——如果欧盟成为一个紧密的联邦，拥有强大的军事能力，而且大西洋两岸的关系恶化。"② 美国官方关于欧洲政策要点中，除了要保持美国在欧洲的存在，还要推动欧洲在世界各地维护与美国的共同利益。这两个要点也决定了美国对欧盟东扩既支持鼓励又防范监控的双重性态度。欧洲国家区域认同感的增强让美国感受到潜在威胁，针对欧盟扩大的趋势，为维护美国的全球利益，美国制定了相应政策，积极推动北约东扩。中东欧国家几乎都是先入约后入盟，这不仅有助于美国在欧洲地区推行对自身有利的大西洋主义，还能笼络一批"新欧洲"国家为亲美的"仆从国"，既能在美国与法德等欧洲大国意见无法统一的关键时刻起到分化欧盟的作用，又能继续在欧洲大陆的纵深地带和俄罗斯的西部前沿保持影响力及军事存在。

二、入盟历程对波兰政治经济转轨的促进作用

波兰转轨初期即以"回归欧洲"为目标，欧盟的"规范性"对波兰转轨发挥了举足轻重的影响。③ 转轨初期，"24 国援助计划"和"法尔计划"相继出台，帮助波兰做好加入欧盟前的准备工作。上文提到的"哥

---

① K. Featheston and R. Ginsberg, *The United States and European Community in the* 1990*s: Partners in Transition* (London: Macmillan, 1993) ; J. Peterson, *Europe and American in the 1990s: Prospects for Partnership* (Aldershot: Edward Elgar, 1993)．转引自刘秀萍：《欧盟北约双东扩与欧美关系》，外交学院国际关系专业硕士学位论文，2004 年。

② ［美］约瑟夫·奈：《美国霸权的困惑：为什么美国不能独断专行》（郑志国等译），北京：世界知识出版社 2002 年版，第 37 页。

③ 陆南泉、朱晓中：《曲折的历程：中东欧卷》，北京：东方出版社 2015 年版，第 233 页。

本哈根标准"则为转轨提出了方向和目标，对转轨产生了巨大的规范和推动效应。

"24国援助计划"面向除独联体之外的原东欧社会主义国家，其成员除24国集团成员外，还包括欧洲复兴开发银行、欧洲投资银行（EIB）、欧洲自由贸易区及经济合作与发展组织（OECD）等机构。其中欧洲复兴开发银行成立于1991年，成立的目的就是帮助中东欧国家向西方市场经济转轨。虽然是多个国家和国际组织的共同援助，但欧共体对整个计划起主导作用。来自欧共体国家的援助金额占比达到53%。① 援助措施主要有：放宽对中东欧国家工业产品出口西欧的限制，为中东欧国家的经济转轨提供技术指导，以及为维持受援国宏观经济稳定提供财政援助等。波兰是该计划的最大受益国，得到了援助总额的35%。虽然援助方式主要为债务减免和重置，但在经济改革、农业、投资、医疗等多方面波兰也得到了相应援助，成效虽然有限，但对波兰转轨起到了一定的促进作用。

对波兰转轨初期的支持与协助中，"法尔计划"（PHARE）的影响最为广泛。"法尔计划"起源于1989年7月在巴黎召开的"七国集团"首脑会议，原意为"援助波兰、匈牙利经济重建计划"，这是一项欧盟为准备入盟的中东欧国家向市场经济过渡时期提供援助的特别计划。该计划并非为波兰等国提供贷款，而是提供无偿援助。1991年12月，作为与欧共体国家经贸往来频繁、文化传统相近的邻国，波兰率先与欧共体签订了联系国协议，即"欧洲协议"，开始为加入欧洲联盟做准备。"欧洲协议"签署后，波兰开始进入欧共体市场，欧共体对波兰的关税逐步降低，到1997年欧盟完全取消了进口数量限制，支持并促进了波兰对欧洲贸易

---

① 朱晓中：《中东欧与欧洲一体化》，北京：社会科学文献出版社2002年版，第105页。

的发展。在"法尔计划"前期的援助中，主要侧重于已经签订了"欧洲协议"的国家，1990 年至 1993 年，6 个签订"欧洲协议"的国家得到该计划预算三分之二以上的援助。转轨初期的波兰是该计划的最大受益国，得到 8.28 亿埃居的援助，占总预算的 24.4%。[①] 后续的发展中，波兰的受援金额始终处于领先地位，到 1998 年，"法尔计划"共为波兰提供了 17.32 亿欧元的援助，几乎是提供给罗马尼亚和匈牙利援助金额的二倍。[②]"法尔计划"初期主要侧重于推动私有部门发展，并分拨大量资金用于援助波兰国有企业调整改造，具有丰富相关经验的欧盟国家向受援国派出大批专家，对进行私有化的项目提供可行性研究及技术咨询。波兰私营经济发展迅速，到 1993 年，波兰 93% 的商业活动都由私营部门完成。[③] 另外，在欧洲委员会下设的"法尔计划"管理委员会中，风险投资计划组（JOPP）专为欧盟国家的中小企业到波兰等受援国投资提供支持。合资企业的创建能为受援国带来企业管理和技术层面的外溢效应，带动并规范受援国的企业结构转型。[④] 哥本哈根首脑会议之后，"法尔计划"增加了对基础设施建设的投入。随着波兰等国经济转轨进程的深化，该计划的援助方案也由受援国需求驱动转为以加入欧盟的要求为目标，帮助受援国达到入盟条件和标准。

　　"哥本哈根标准"为波兰等国提供了政治经济等领域的转轨方向和目标。1994 年 4 月，波兰正式申请加入欧盟。同年的欧盟埃森首脑会议上，"入盟前战略"（即"埃森战略"）公布，该战略着重于具体帮助波兰等

---

①《欧洲委员会公报》1994 年 3 月号，转引自罗红波：《法尔计划——欧洲联盟向东欧国家渗透的工具》，《欧洲研究》1994 年第 6 期，第 68—71 页。

② European Commission, *European Union Enlargement: A Historic Opportunity*, Brussels, 1999, pp. 44-45.

③ EBRD, *Transition Report 1994*.

④ 罗红波：《法尔计划——欧洲联盟向东欧国家渗透的工具》，《欧洲研究》1994 年第 6 期，第 68—71 页。

国政治经济体制、内政外交及司法领域的转轨，为转轨国家达到"哥本哈根标准"的要求提供援助。从申请入盟起，已经完成多党制和三权分立制度转轨的波兰开始深化政治转轨，接受欧盟的指导，重新界定政府的宪法地位、职能权限、组织原则和运行程序，充分保证国家法制化、政治多元化，努力弥合与欧盟国家的差距，效仿欧盟国家政府在政治体制中的合理化地位。

欧盟对波兰的入盟前援助还包括为农业转轨提供支持的农业和农村发展特别项目计划（SAPARD），以及为环境和交通基础设施建设提供支援的入盟前结构调整专项计划（ISPA）等。在十个中东欧候选国中，波兰作为农业大国，是农业和农村发展特别项目计划计划的最大受益国，年均得到1.75亿欧元的援助额。[①]

1997年欧盟委员会公布的《2000年议程》对转轨国家进行了评估，充分肯定了波兰的民主和市场经济转轨成果，并指出了波兰在政治、经济及工业和农业领域需要深化转轨的方向。1998年3月，波兰与欧盟签订《入盟伙伴协定》，正式成为欧盟候选国。入盟谈判的过程是按照欧盟的要求改造与完善波兰转轨进程的过程，也是将复杂的欧盟共同体法律（acquis communautaire）融合到波兰法律体系中的过程，其中涉及商品、人员、劳务和资本自由流动，共同农业政策以及竞争政策等多方面的体制转型和制度调整。旨在促进波兰等国发展出高效公共行政制度的"结对计划"（TWINNING计划），主要实施途径就是通过"配对"，让欧盟已有成员国与候选国共同完成具体项目，其中涉及欧共体法如何转换为国内制度等问题。[②] 经过四年多的艰苦谈判，波兰于2002年12月被确定

---

① 刘超：《欧盟东扩及其制度互动》，外交学院国际关系专业博士学位论文，2000年，第315页。

② 刘超：《欧盟东扩及其制度互动》，外交学院国际关系专业博士学位论文，2000年，第63—64页。

为欧盟成员国。2004 年 5 月，波兰正式加入欧盟，意味着西方国家对波兰政治经济体制的充分认可，也标志着波兰转轨的顺利完成。

三、美国与欧盟关系对波兰转轨的影响

波兰转轨期间，美国对波兰的支持与援助向美国的盟国传递了一个有力的信号——美国十分重视波兰问题。作为冷战后的世界上唯一的超级大国，美国以引领者的姿态同欧盟国家一道为波兰转轨做出了努力。20 世纪 90 年代初，欧共体地区是美国海外投资最集中的区域，占其海外总投资的 49%。以美国公司占股 50% 计算，美国在海外资产总值达到 13845 亿美元，其中欧洲占 58%。美国在欧洲的子公司销售额突破 25000 亿美元。[1] 转轨初期的波兰接受了大量来自欧洲的投资，其中有很大一部分都是由美国在欧洲的子公司操作的。在波兰与巴黎俱乐部（欧盟国家占大多数）和伦敦俱乐部（由私有债权人组成）进行艰难协商，以期减免外债的过程中，美国为波兰谈判的成功做了大量工作。[2] 最终于 1991 年同巴黎俱乐部达成减免一半债务的协议，并将减免后的 330 亿美元债务延期至 2014 年还清。1994 年 8 月，伦敦俱乐部同波兰签订债务减半协议，并将债务偿还期限延长至 2024 年全部还清。[3] 这一举措极大地缓解了波兰转轨初期的外债压力，对波兰经济的顺利转轨起到了重要作用。

美国的霸权主义和对欧盟的防范心态也在波兰加入欧盟的过程中起到了负面影响。北约东扩的进程先于欧盟东扩，进展迅速并在美国的牢牢掌控之下。自冷战时起，欧洲的安全一直倚靠大西洋共同体。北约先

---

① 李滨：《世界政治经济中的国际组织》，北京：国家行政学院出版社 2001 年版，第 310 页。

② Aleksandra Zieleniec, *90 Years of Polish-U. S. Diplomatic Ties* (Krakow: Technet, 2009), p. 81.

③ 王京臣：《巨额外债阻碍波兰经济发展》，人民网，2000 年 9 月 6 日，http://www.people.com.cn/GB/channel3/21/20000906/ 220223. html。

于欧盟扩大有助于加强欧洲安全思维中的大西洋主义，而不是欧洲倾向。① 加入欧盟虽是中东欧国家追求的目标，但加入欧盟会涉及一定程度的主权让渡，对特别在意国家主权的波兰而言，入盟既是其安全的来源，也是其不安全的来源。② 波兰前副总理科勒德克曾回忆道，加入欧盟的过程中，"我们需要适应欧盟规则的框架。我们得到了独立，又失去了独立，我们不再依赖于苏联，但又依赖欧盟的规则，所以这不是无代价的"③。先加入北约则让波兰有美国作为安全上的倚靠，有助于波兰实施经济上依靠欧盟、政治和安全上依靠美国和北约的外交战略。美国"9·11事件"发生后，波兰当即表示坚定支持美国反恐战争；2003年伊拉克战争中，波兰又不顾老欧洲国家的反对追随美国参战。在加入欧盟前做出如此选择绝非易事，不仅破坏了波兰此前同"法德轴心"建立的旨在推进欧洲发展的"魏玛三角"④，还被欧盟国家认定是美国送进欧盟的"特洛伊木马"，将影响欧盟内部的团结，起到分化欧盟的作用。⑤ 对波兰而言，历史记忆对国家战略选择影响深远。波兰前总统瓦文萨在2004年接受德国《明镜》周刊采访时所说："西欧人对新欧洲几乎没有做出任何贡献……我们这里始终存在严重不信任欧盟的思想。"⑥ 由此，波兰宁肯

---

① William Hapkinson, *Enlargement: A New NATO*, Chaillot Paper 49, WEU, Institute For Security Study, 2001, p. 60.

② ［英］巴里·布赞、［丹］奥利·维夫：《地区安全复合体与国际安全结构》（潘忠岐等译），上海：上海人民出版社2010年版，第351页。

③ ［波］格泽高滋·W. 勒德克：《我眼中的波兰转型与中国改革》，《南方都市报》2013年12月15日，第GB06版。

④ "魏玛三角"是德国、法国、波兰三国加强合作与协调的定期会晤机制，首次会晤由时任德国外长根舍倡议，于1991年8月在德国小城魏玛举行，由此得名。

⑤ 钟和：《波兰：欧盟的"特洛伊驴子"？》，新华网，2003年6月21日，http://news.xinhuanet.com/world/2003-06/21/content_930515.html/。

⑥ 商鼎（译）：《波兰"团结工会"前主席瓦文萨谈欧盟东扩》，《国外理论动态》2004年第9期，第25—26页。

冒着与近邻欧盟国家意见相左的风险，也要表示对美国军事战略的坚定支持，以此在政治上和安全上强化自身与美国的同盟关系，以满足本国的安全需求。

第五节　本章小结

剧变发生后，波兰成为苏联阵营内首个向西方体制转轨的国家，也是世界上首个由社会主义体制向资本主义体制转轨的国家。美国为了巩固民主转型成果，对波兰的政治与经济转轨给予了大量支持和帮助，期待波兰成为转轨模板和范例，为其他转轨国家起到引领和示范作用。政治上，美国对波兰的民主选举、西方体制下的制度建设、法律建设和公民社会建设提供了指导和援助。美国通过具有政府背景的美国国家民主研究所等非政府组织，针对波兰政党领导者、各相关部门的工作人员组织研讨会和培训，除了派美国及欧洲民主国家的专家和资深政治家到波兰进行指导，还邀请波兰人到美国观摩学习，并通过派遣专门领域的专家（如宪法专家）帮助波兰进行制度和法律建设，还通过冷战时期起就在波兰实施的"文化外交"手段增进了波兰民众对西方式民主体制的认可，促进并巩固了波兰民主体制建设。经济上，美国除了自身向波兰提供贷款外，还主导国际货币基金组织、世界银行等国际金融机构向波兰提供资金援助，同时联合西方国家对波兰实施债务减免。美国经济学家萨克斯关于经济转轨的"休克疗法"被波兰政府采纳，在萨克斯和国际货币基金组织的专家的共同指导下，波兰实施了"巴尔采罗维奇计划"。同时，美国《支持东欧民主法案》在结构调整、私营企业发展以及贸易和投资等领域对波兰经济转轨提供了大量支持。在"休克疗法"实施初期的短暂经济回落过后，波兰经济一直保持平稳增长态势。推进"欧盟东扩"也是美国冷战后巩固中东欧地区民主成果的重要举措。欧盟在波兰转轨过程中提供了大量的援助，同时，入盟标准的严苛促进了波兰等转轨国家加强自身建设。加入欧盟标志着波兰已经符合西方体制的标准，是波兰转轨完成的标志。

第四章

美国与欧盟成员国波兰关系的发展

对美国而言,波兰在地缘上的重要性不言而喻:向东可以作为制衡俄罗斯的前沿,向西可以起到分化欧盟、制约"老欧洲"国家的作用。可以说,波兰是美国在欧洲地区的重要战略支点。波兰对自身在欧洲区域内政治影响力的追求、对国家安全的谨慎和敏感是其紧随美国的原因。为保证美国在该地区的影响力,在中东欧国家加入欧盟后,美国仍积极发展与这些国家的关系,不仅在政治和安全领域继续深化双方的合作,也在经济和国家发展上继续给予帮助和指导。特别是帮助波兰摆脱长久以来对俄罗斯的能源依赖,以实现更加独立自主的发展。

第一节 美国对入盟后波兰政治经济的影响

加入欧盟是中东欧国家完成转轨的重要标志。波兰虽然完成了向西方式民主市场经济的转变,但是由于经济发展水平与西欧差距颇大,入盟之后边界开放,大量的波兰劳动力涌入工资水平更高的西欧国家。仅在英国伦敦，就有大量的波兰工人从事管道和电力维修、建筑等行业，其人数之多甚至使波兰语成为继英语之后的伦敦第二大语言。进入西欧的劳动力水平和受教育程度参差不齐，难免令西欧国家对波兰产生地区性偏见，再加上新入盟国家无法像欧盟老成员国那样拥有足够的地位和发言权，令波兰感觉回到其百年来心向往之的欧洲阵营内，却受到了"二等公民"的对待。

在中东欧转轨国家中，波兰是政治与经济转型成功的标杆和典型。特别是在 2009 年"欧债危机"期间，波兰成为欧盟地区唯一经济正增长的国家。这让波兰获得了中东欧地区"领头羊"的称号。波兰在中东欧地区的地位和在欧盟内的发言权也有所提升。2014 年 12 月，波兰前总理图斯克当选为欧盟理事会主席，成为欧盟理事会中第一位来自前社会主义国家的主席，这也是欧盟对波兰地位与重要性的认可。

波兰地区影响力的提升离不开美国的支持。对于政治及经济领域，波兰加入欧盟后，美国在经济领域对波兰的影响基本让位于欧盟，只是还在一定程度上维持对波兰的投资和贸易往来，但对波兰政治领域及波兰国家安全的影响相对较大，其中政治影响主要通过支持波兰领导人（特别是"亲美派"领导人）等方式，影响波兰的外交决策。此外，美国还通过非政府组织，对波兰民主政治巩固及经济发展提供持续性支持与影响。

一、美国对波兰领导人的支持

加入欧盟之后，波兰分别经历了民主左派联盟、法律与公正党和公民纲领党的执政时期。前两个政党虽分属左翼和右翼，但都属于"亲美派"政党，当政的总统也都是典型的"亲美派"人士，只有在 2010 年到

2015 年间科莫罗夫斯基执政时期，其所属的公民纲领党才属于"亲欧盟"中间派政党。出于现实政治的需要，公民纲领党也没有放弃同美国发展良好关系。换言之，波兰的不同总统对外政策虽有微调，但整体具有连贯性和一致性，都努力发展与美国的良好关系。波兰政治和经济实现平稳过渡后，美国虽不再像转轨时期那样，通过技术援助和专家支援等方式从内部帮助波兰，但也通过对波兰的政策，影响波兰外交政策和其国家安全，进而对波兰政治和经济发展产生作用。

波兰统一工人党前党员亚历山大·克瓦希涅夫斯基（Aleksander Kwasniewski）组建了民主左派联盟，在 1995 年的大选中，克瓦希涅夫斯基一举击败瓦文萨，成为波兰总统，并在 2000 年的大选中实现连任。克瓦希涅夫斯基在波兰统一工人党执政时期担任过体育部长，但他却是忠实的"亲美派"总统。在其任期内，波兰经济连年平稳增长，还加入了北约和欧盟。美国对波兰的外交关系定位也在这位总统任期内得到升华。2001 年 7 月 15 日，美国总统布什访问波兰期间，发布的波美联合公报中称，"美国和波兰之间存在着深厚的友谊"。[①]"9·11 事件"发生后，克瓦希涅夫斯基表示支持美国建立反恐联盟，并称可以作为北约成员国为美国的军事行动提供援助，之后还为美国开放波兰领空，充分表现了支持美国的立场。2002 年 7 月，克瓦希涅夫斯基访问美国，布什总统在欢迎致辞中表示："美国与波兰的友谊根植于我们共同的历史和共同的价值观之上，美国和波兰正在形成一种新的战略关系……我很骄傲地称波兰为朋友、同盟和伙伴。"[②] 2003 年伊拉克战争爆发后，波兰不顾"老欧洲"国家的立场，支持并跟随美国参战，由此进一步增进了波兰与美国

---

① The White House, *Joint Statement by President George W. Bush and President Aleksander Kwasniewski*, July 15, 2001, https://georgewbush-whitehouse.archives.gov/news/releases/2001/06/20010615-10.html.

② The White House, *President Bush Welcome President of Poland for State Visit*, July 17, 2002, https://georgewbush-white-house.archives.gov/news/releases/2002/07/20020717-1.html.

的关系。克瓦希涅夫斯基 2004 年 1 月再次访美时，双方签署了"面向 21 世纪的波美联盟"联合声明，表示，"美波将深化两国之间的战略联盟关系，该联盟是根植在共同的价值观和对自由的共同追求的基础之上的"。①就此，波兰在美国外交政策中的地位得到全面提升。

值得注意的是，克瓦希涅夫斯基的亲美行动并未因其卸任而终止。2005 年 10 月，克瓦希涅夫斯基总统任期届满之时，曾入围联合国秘书长候选人，虽然最终未能成功当选，但美国对其表现出了态度积极的支持。2006 年 3 月 7 日，卸任波兰总统仅半年的克瓦希涅夫斯基就以全球领导实践中的杰出学者身份，受聘于美国乔治城大学埃德蒙·沃尔什外交服务学院，讲授当代欧洲政治、跨大西洋关系和中东欧民主化等课程。2014 年，乌克兰最大的私营天然气公司布瑞斯玛（Burisma）的董事会"大换血"风波，除了备受关注的美国副总统拜登之子亨特·拜登（Hunter Biden）、国务卿克里竞选总统时的高级顾问戴文·阿契尔（Devon Archer），克瓦希涅夫斯基的名字也赫然列入董事会成员名单。②在乌克兰危机之后发生的能源公司的董事会调整，一方面是由于美国对全球能源的控制和争夺，另一方面也可以看出克瓦希涅夫斯基与美国精英阶层的深度交往，以及美国对波兰和克瓦希涅夫斯基的信任和倚重。2005 年，右翼民族主义政党法律与公正党和中间派公民纲领党在波兰议会选举中双双做大；在其后的总统大选中，法律与公正党的总统候选人莱赫·卡钦斯基（Lech Kaczynski）战胜公民纲领党主席唐纳德·图斯克（Donald Tusk），赢得波兰大选，成为新一任波兰总统。法律与公正党由卡钦斯基兄弟创立于 2001 年，外交上亲美、疑欧、防俄的特色鲜明。相

---

① The White House, *The Polish-American Alliance for the 21st Century*, January 27, 2004, https://georgewbush-white-house. archives. gov/news/releases/2004/01/20040127-4. html.

② Burisma, "Board of Directors," http://burisma. com/en/director/oleksandr-kvasnyevskij/.

比克瓦希涅夫斯基时期，卡钦斯基更加主动地追随美国，也因"疏离欧洲"导致了波兰与欧盟关系紧张。莱赫·卡钦斯基就任后，首次出访并未选择欧盟国家，而是选择了大西洋彼岸的美国，昭示了其执政理念中美国对波兰外交的首要地位。在其他国家相继撤出伊拉克战场后，波兰仍然坚定追随美国派军队驻守伊拉克，并在北约框架内增派兵力到阿富汗。美国对于波兰的支持也更多地体现在安全方面，美国通过在东欧部署反导防御系统、增派北约在波兰驻军等方式增强波兰国家安全感，具体将在下一章详细讨论。2006 年 11 月，俄罗斯《新闻时报》曝光一起外交"丑闻"，内容直指美国驻波兰大使馆二号人物——公使衔参赞希拉斯。由于波兰副总理兼教育部长盖尔蒂赫要求波兰议会讨论伊拉克战争给平民造成的后果，与美国的利益相悖，希拉斯暗示其最好辞职，此等言论在波兰国内引发了轩然大波，波兰外交部向美国大使馆提出严正交涉，要求对相关言论做出解释。①

卡钦斯基过分亲美的行为严重干扰了欧盟对美国政策的一致性和统一性，对于经济上主要倚靠欧盟的波兰来说并非明智之举。"斯摩棱斯克斯摩棱斯克坠机事件"后，美国与波兰关系进入了一段"冷却期"。科莫罗夫斯基作为亲欧盟中间派政党公民纲领党候选人在波兰大选中胜出，当选波兰总统。美国奥巴马政府继 2009 年重启美俄关系后，又提出调整"东欧导弹防御计划"，引起了波兰的强烈不满。从现实主义角度看，波兰认为美国已经不再如先前一样重视波兰。科莫罗夫斯基一改其前任对美国的热切追随，上任伊始就表示要从阿富汗撤军，并制定了从阿富汗撤军的时间表。波兰对美国的政策则转入更加务实的阶段。

---

① 2005 年 10 月 25 日，波兰大使馆高官希拉斯与波兰总理办公厅国务秘书会谈备忘录显示，希拉斯提到，波兰副总理盖尔蒂赫要求波兰众议院就伊拉克战争对平民影响展开讨论的言论引起了华盛顿的不安，还提到，如果德国、法国或丹麦的副总理发表类似言论，他们肯定会被解职。波兰总统和总理都表示，波兰政府不允许任何外部势力干涉其国家内部人员安排。

2015 年的波兰大选，法律与公正党候选人安杰伊·杜达（Andrzej Duda）当选波兰总统。在其后的议会选举中，法律与公正党以压倒性的胜利终结了公民纲领党八年的执政历程。自 1990 年以来，波兰第一次在大选中由一个政党获得绝对多数席位并单独组阁。作为年轻的"70 后"总统，杜达曾在 2005 年卡钦斯基任期内担任法律与公正党的法律顾问，并在 2008 年至 2010 年间担任总统办公室副国务秘书，2011 年加入法律与公正党并当选国会议员。他在执政理念上与卡钦斯基时期一脉相承，是具有较强民族主义倾向的疑欧派，支持美国和北约在波兰长期驻军，并要求美国向乌克兰政府提供军事援助以抗衡俄罗斯。2016 年 3 月底，杜达在访问美国期间发表演讲，表示希望北约保障其成员国的安全，批评了欧盟的难民政策，并呼吁西方国家就克里米亚问题加强对俄罗斯的制裁。① 杜达上任以来，美波军事合作愈发紧密。2016 年 5 月，美国在波兰北部城市伦济科沃（Redzikowo）开工建设反导基地。7 月，北约华沙峰会在波兰召开，作为"华沙条约"的签约地，在华沙召开"北约峰会"的象征意义不可小觑。11 月，北约在波兰什切青开展联合军事训练，意在提升北约部队的战斗力，加速部队反应速度，目标直指俄罗斯。② 由于历史记忆和现实地缘政治的需要，波兰对于国家安全有着异乎寻常的重视程度。相比科莫罗夫斯基时期，杜达上任之后对欧盟更加疏离，波兰在政治上和安全上愈发倒向美国。2017 年 7 月，美国总统特朗普赴欧洲参加 G20 峰会，首访国定在波兰，并发表了一番热情洋溢的讲话。演讲中不仅回顾了美波关系历史，还专门肯定了波兰在北约的重要地位：

① 《波兰总统在美发表演讲》，中华人民共和国驻波兰经商参赞处，2016 年 4 月 1 日，http://pl. mofcom. gov. cn/article/jmxw/201604/20160401290452. shtml。

② Emily Tamkin, "In Poland, NATO Starts Military Exercises But Not to Defend Liberalism," *Foreign Policy*, November 21, 2016, http://foreignpolicy. com/2016/11/21/in-poland-nato-starts-military-exercises-but-not-to-defend-liberalism/.

"在北约联盟最坚定的成员国中，波兰恢复了在欧洲的领导地位。"波兰则愈发认为美国总统的到访肯定了波兰在地区事务中的重要性，也是波兰与美国特殊关系的集中体现。为增强国家防务安全，波兰不惜花重金购买美国导弹防御系统，同时积极推动美国在波兰建立永久军事基地。波兰总统杜达在 2018 年 9 月访问美国白宫时，公开提出波兰愿意斥资 20 亿美元筹建美军事基地，并提议基地可以"特朗普堡"命名（Fort Trump）。①

然而，总统杜达被波兰国内反对党指责为法律与公正党主席雅罗斯瓦夫·卡钦斯基的"台前傀儡"，并警告说波兰政坛正在走向共产主义时期的"独裁"。从 2015 年年底的"宪法法院危机"② 到 2016 年由于出台新《媒体法》、限制媒体接触议员等规定导致的政治危机，再到 2018 年 7 月杜达签署的司法改革法案，波兰当局推动的司法改革正在一步步解构司法体系的独立性，被欧盟斥责存在"民主倒退"的隐患，甚至考虑对波兰实施制裁，也几度引发波兰国内民众的大规模示威游行。鉴于欧盟危机频发，英国退欧风波未平，难民问题还没有有效解决，法律与公正党的民族主义倾向让欧盟不安。

---

① The White House, *Remarks by President Trump and President Duda of the Republic of Poland in Joint Press Conference*, September 18, 2018, https://www.whitehouse.gov/briefings-statements/remarks-president-trump-president-duda-republic-poland-joint-press-conference/.

② 2015 年 10 月波兰议会选举，法律与公正党得到议会超过半数以上席位，实现单一政党独立组阁。2015 年 11 月 19 日，波兰新议会通过《宪法法院法》修正案，要求重新选举宪法法院五名新法官。此前宪法法院的决议只需要半数法官同意即可做出判决，但依据新的改革法案，决议必须获得三分之二多数同意才能生效。这意味着，若宪法法院发起对议会或者政府的违宪调查，需要更多法官的支持，调查获得通过将变得更加困难。12 月，新议会提名了五名宪法法院法官并举行了新任法官的宣誓仪式，其中三位还不受宪法法院管制。这些改革措施削弱了波兰宪法法院的权力，引发反对派示威游行，欧盟委员会也以阻止"民主倒退"为名，对此启动调查程序。

二、美国对"斯摩棱斯克事件"的关注

2010年4月10日上午，波兰总统莱赫·卡钦斯基及夫人和波兰多名军政要员前往俄罗斯参加"卡廷惨案"70周年纪念活动，飞机在斯摩棱斯克机场降落的过程中意外坠毁，机上96人全部遇难。除了总统及总统夫人外，波军总参谋长、波兰陆、海、空三军司令等波兰军方重要人物几乎全部在列，该事件令波兰军队一时间陷入"群龙无首"的状态。此外，波兰议会副议长、中央银行行长、国家安全局局长、外交部副部长、波兰流亡政府最后一任总统和波兰大主教等重要人物也在遇难名单中。波兰政界、军界、金融界和宗教界都蒙受了惨重损失。时任波兰总理唐纳德·图斯克称这场空难为"战后波兰最大的悲剧性事件"。[①]

卡钦斯基的专机坠毁之后，美国国务院发言人立即发表声明，称"这对于波兰来说是可怕的灾难，我们对波兰人民深表哀悼"。美国总统奥巴马致电波兰总理图斯克，表示"这起难以置信的灾难对波兰、对美国、对世界都是沉重的打击"。在随后发表的声明中，奥巴马称赞卡钦斯基是"团结工会"运动时期卓越的领导人，致力于自由和人权运动并在美国受到广泛的尊重，"他和与他同行的众多杰出的文武官员一起，为帮助波兰实现令人鼓舞的民主改革做出了贡献"。[②] 奥巴马宣布，他将前往波兰克拉科夫，参加卡钦斯基夫妇的葬礼，以表达美国对一位"重要、

---

① 赵远方：《2010年：悲情波兰走过伤痛》，央视网，2010年12月27日，http://news.cntv.cn/20101227/103496.shtml。

② The White House, *Statement by President Obama on the death of Polish President Lech Kaczynski and those traveling with him*, April 10, 2010, https://www.whitehouse.gov/the-press-office/statement-president-obama-death-polish-president-lech-kaczynski-and-those-traveling.

值得信任的盟友"的缅怀，以及对波兰人民的支持。① 由于 4 月 18 日冰岛火山爆发，欧洲空中交通全面瘫痪，奥巴马取消了行程，但仍难掩美国政府对失去这名亲美派领导人的惋惜。2011 年 4 月，奥巴马又专门发表了纪念波兰总统及代表团成员在斯摩棱斯克事件中去世一周年的声明。② 并在随后到访波兰时专门前往斯摩棱斯克事件纪念教堂，还与事件遗属们进行交谈以示哀悼。

斯摩棱斯克事件发生后，卡钦斯基的"亲美反俄"情结成为舆论关注的焦点。卡钦斯基本人始终奉行对俄不友好的政策。在担任总统的五年间，卡钦斯基仅在 2007 年到过俄罗斯一次，也只是前往卡廷墓地祭奠，不曾到莫斯科会晤俄罗斯领导人。根据《莫斯科时报》的报道，当选总统之前，卡钦斯基就曾公开讽刺过二战时苏联红军的"不良行为"，还曾质疑俄罗斯与德国的管道项目，更有甚者，在担任华沙市市长期间，他还以 1996 年被俄罗斯炸死的车臣匪首杜达耶夫的名字来命名华沙的一个环形路口。在卡钦斯基当选总统后，欧洲国家领导人纷纷发去贺信，只有俄罗斯总统普京迟迟不表态，俄罗斯媒体评论说，"卡钦斯基并非莫斯科想与之发展关系的那种人"。③ 此外，俄罗斯官方仅邀请了波兰总理图斯克参加此次纪念活动，而没有邀请卡钦斯基。正因如此，关于飞机坠毁的"阴谋论"甚嚣尘上。美国方面强调此次失事的飞机是俄罗斯生产的图-154 中程客机，而俄罗斯则强调飞机使用的雷达和地面巡航系统

---

① The White House, *Statement by the Press Secretary on the President Traveling to Poland*, April 13, 2010, https://www. whitehouse. gov/the-press-office/statement-press-secretary-president-traveling-poland.

② The White House, *Statement from President Obama On the One Year Anniversary of the Death of Polish President Kaczynski and His Delegation*, April 8, 2011, https://www. whitehouse. gov/the-press-office/2011/04/08/statement-president-obama-one-year-anniversary-death-polish-president-ka.

③ 章田:《卡钦斯基对普京出言不逊 俄波关系可能降至低点》，新华网，2005 年 10 月 26 日，http://news. xinhuanet. com/world/ 2005-10/26/content_3686712. htm。

均为美国制造。① 虽然俄罗斯已经公布了该事件的调查结果，波兰方面也公开宣称此次坠毁主要是由于在恶劣天气下飞行员操作不当所致，但质疑的声音仍未断绝。空难发生半年后，2010 年 11 月 15 日，由卡钦斯基的孪生兄弟雅罗斯瓦夫·卡钦斯基领导的法律与公正党提出希望美国介入调查空难事件，并派出两名担任波兰议员的该党成员专程赴美向美国国会议员彼得·金②呈交雅罗斯瓦夫的信函。③ 波兰国内批判雅罗斯瓦夫以空难事件作为政治筹码，国际独立调查组也未能如期组建，但美国对波兰空难事件的关注也由此可窥一斑。法律与公正党再次执掌波兰政权之后，于 2016 年年初宣布再次重启对该事件的调查，并于当年 11 月首先打开了位于克拉科夫瓦维尔教堂中卡钦斯基夫妇的棺木，由国际法医小组重新检验遗体的死因。④ 2018 年 4 月 11 日，由波兰前国防部长安东尼·马切雷维奇领导的调查小组发布报告称，斯摩棱斯克空难的主要原因并非此前认为的飞行员操作不当，而是飞机内部发生的一系列爆炸。此前也有报告称飞机是空中解体后坠地。6 月 6 日，空难调查委员会又宣布，已在专机的残骸和一名遇难者的遗体上发现了"爆炸物痕迹"。但调查未显示空难现场的土壤中存在爆炸物。目前，仅厘清了导致此次事件的技术原因，完整的调查报告计划于 2019 年发布。如果证实此事件有国际势力的参与和影响，难免会对相关国家之间的关系产生影响。

---

① ［美］雷蒙德·塔拉斯：《波兰的长期恐俄症？精英和大众态度的比较》，《俄罗斯研究》2014 年第 1 期，第 36 页。

② 斯摩棱斯克空难发生后，该议员提议要建立国际调查委员会，独立查清空难原因。

③ 韩新忠：《波兰反对党求助美国查空难》，网易，2010 年 11 月 22 日，http://news.163.com/10/1122/10/6M3BRMAM00014JB5.html。

④ "Poland Begins Exhumations of Smolensk Victims to Prove Russia Trail," *The Moscow Times*, November 15, 2016, https://themoscowtimes.com/news/poland-begins-exhumations-of-smolensk-victims-to-prove-russia-trail-56147.

三、美国对波兰的经济支持：投资额居高不下

波兰加入欧盟后，美国对波兰的经济影响主要体现在大规模向波兰投资上。美国本土拥有 1000 多万名波兰裔美国人，与大量的海外华人和台湾地区的居民青睐于回到拥有情感纽带和文化基础的中国大陆投资一样，波兰裔美国人对到波兰投资有很大的热情；同时，经过多年的经济转轨，特别是在 2004 年加入欧盟之后，波兰的投资环境有了很大的改善，对美国投资者而言，到波兰投资有利可图。第一，波兰经济增长势头强劲。欧债危机后，波兰是欧盟唯一保持经济正增长的国家，到 2014 年，波兰甚至成为欧盟地区消费和投资增长的冠军。第二，波兰投资前景广阔。除了拥有 3800 万人口的波兰市场，波兰作为欧盟成员国，对其投资还意味着可以进军有着 5 亿人口的更广阔的欧盟市场。第三，波兰拥有大批年轻的、受过良好教育且成本相对较低的劳动力资源，这是吸引外国直接投资的重要原因。简言之，除了情感纽带的因素外，作为欧盟成员国的政治稳定性和接近主要欧洲市场的优越地理位置，让波兰对美国投资者有着巨大吸引力。根据美国经济暨商业局（Bureau of Economic and Business Affairs）的报告，2004 年至 2014 年，美国公司对波兰投资额达到 200 亿美元，如果将美国在其他国家的子公司对波兰的投资考虑在内，美国仍然是波兰最大的外国投资来源地。[①]

根据波兰投资与贸易局（PAIH）[②] 的信息，美国资本多年来在波兰外国投资中居首位。到 2016 年 3 月，美国在波兰投资项目的数量高于德

---

① Bureau of Economic and Business Affairs. *2015 Investment Climate Statement－Poland*, May 2015, https://www.state.gov/e/eb/rls/othr/ics/2015/241708.htm.

② 原名"波兰信息和外国投资局"，2017 年 2 月改组为"波兰投资与贸易局"，核心职能主要是为在波兰的投资者服务，以及支持波兰企业全球扩张。

国、英国、法国等主要欧洲国家。在波兰信息和外国投资局（PAIiIZ）2016年协助操作的165个投资项目中，美国占46个，提供就业岗位9000个，无论是投资项目数，还是提供的就业岗位数，几乎是排在第二名的德国的两倍。[①] 在波兰投资的美国公司数量则在十年间实现翻倍，从2006年的115个增加到2015年的237个。[②] 到2016年11月，美国公司对波兰外国直接投资数额近400亿美元（由于部分通过美国在欧洲的子公司操作投资，因此无法精准计算投资数额）。[③] 2017年第一季度波兰外资项目中，来自美国的投资占比超过1/3。2018年第二季度，美国在波兰的投资项目数量仍然最多，提供就业岗位13900个，几乎是排名第二的投资国德国所提供就业岗位数量的三倍。[④]

在对外贸易方面，美国与波兰的经贸往来更加频繁。虽然在贸易规模上不及波兰与欧盟国家之间的往来，但在奥巴马政府执政期间，美国与波兰的经贸数额几乎翻倍，由2009年的43亿美元上升至2015年的97亿美元，2016年上半年达到了54亿美元。[⑤] 其间，有超过20万名波兰人被美国公司直接雇用。根据美国商会统计，2017年美国为波兰提供22万个就业岗位，波美贸易额为127亿美元，同比增长22%，创历史新高。[⑥] 2018年3月，美国新闻网站（U.S. News）将波兰评为世界最佳投资国

① 《美国在波兰投资项目数领先》，中华人民共和国商务部驻波兰经商参赞处，2016年3月2日，http://pl.mofcom.gov.cn/article/jmxw/201603/20160301266948.shtml。

② The Polish Information and Foreign Investment Agency（PAIiIZ），http://www.paiz.gov.pl/.

③ 《美国对波兰投资达400亿美元》，中华人民共和国驻波兰经商参赞处，2016年11月8日，http://pl.mofcom.gov.cn/article/jmxw/201611/20161101666377.shtml。

④ 《波投资贸易局运营投资项目大幅增长》，中华人民共和国驻波兰共和国大使馆经济商务参赞处，2018年7月12日，http://pl.mofcom.gov.cn/article/jmxw/201807/20180702765506.shtml。

⑤ 《美国对波兰投资达400亿美元》，中华人民共和国驻波兰经商参赞处，2016年11月8日，http://pl.mofcom.gov.cn/article/jmxw/201611/20161101666377.shtml。

⑥ 《波兰总统、总理出席波兰—美国商业峰会》，中华人民共和国商务部驻波兰经商参赞处，2018年5月2日，http://www.mofcom.gov.cn/article/i/jyjl/m/201805/20180502738869.shtml。

前三名。① 该评分根据世界银行报告提供的数据，综合考虑创业、经济稳定、税收优惠、创新、合格劳动力、技术知识经济增长和腐败问题等因素综合考量评出。② 可以说，在英国退欧和难民危机的浪潮中，波兰是欧洲地区稳定而安全的投资地。③

　　美国公司在波兰的汽车、医药、IT、信息通信技术等领域占比很大。出于提升波兰国家安全战略的需要，波兰政府计划在 2022 年之前，波兰军队会使用超过 4000 亿兹罗提（约 952 亿欧元）的军费支出用以建设现代化军队。④ 在敏感和关键领域的投资也是对国家间关系的考验。出于对美国的信任和安全上的依赖，波兰政府积极协商美国投资者就波兰国防领域的项目进行投资，以进一步推动国防工业的发展。2016 年 12 月，波兰军备集团（PGZ）成功与美国爱国者导弹系统制造商雷神公司签署了合作意向书。⑤ 2017 年 7 月，美国总统特朗普访波期间，与波兰就经济、贸易、能源、安全等方面达成多项合作意向，也进一步推动了美国对波出售导弹防御系统。2018 年 3 月 28 日，美国与波兰在华沙签署价值 47.5 亿美元的"爱国者"防空导弹系统供货合同。首批"爱国者"导弹计划于 2022 年交付波兰，并部署在该国与俄罗斯接壤地区。除此之外，为了与美国建立紧密的国防合作关系，波兰法律与公正党上台后，甚至不惜

---

① "Best Countries to Invest In," *U. S. News*, https://www.usnews.com/news/best-countries/invest-in-full-list.(Accessed on March 29, 2018)

② Kusi Hornberger, Joseph Battat and Peter Kusek, "Attracting FDI: How Much Does Investment Climate Matter?" The World Bank Group, View Point, August 2011.

③ Ewelina Nurczyk, "U. S. News places Poland among countries best to invest," Careers in Poland, https://www.careersinpoland.com/article/news/us-news-places-poland-among-countries-best-to-invest. (Accessed on March 9, 2018)

④ 汤黎：《波兰将投"巨资"用于军队现代化建设》，国际在线，2017 年 7 月 1 日，http://news.cri.cn/20170701/580cf6be-8e74-b3f3-2d45-60c8c34e47f4.html。

⑤ 《波兰军备集团与美国雷神公司签署意向书》，中华人民共和国驻波兰经商参赞处，2016 年 12 月 6 日，http://pl.mofcom.gov.cn/article/jmxw/201612/20161202081462.shtml。

以破坏与法国关系为代价，执意取消了前任政府签订的由空客集团为波兰制造 50 架直升机的合同。①

美国政府表示，今后将在基础设施、绿色建筑、智能交通系统、能源、防御、信息技术等领域强化在波兰的投资。② 波兰经济增长有美国投资者的功劳，美国投资者不仅为波兰带来了经济效益，解决了部分就业岗位，还从技术上和管理上为波兰的经济发展和国家安全带来可观的外溢效应。

四、美国非政府组织对波兰民主巩固与发展的影响

对美国而言，非政府组织作为政府在处理国际事务中的得力助手，能起到政府起不到也不应该起的作用。换言之，非政府组织的活动可以作为政府活动的补充，更大限度地服务于国家外交战略目标。美国全国民主基金会等非政府组织为美国政府对外文化战略的推广、向别国植入民主价值观发挥了重要作用。正如在前文讨论过的，美国非政府组织在冷战时期及波兰剧变之后的转轨过程中起过关键作用。加入欧盟之后，考虑到欧盟相对严苛的准入门槛，波兰已经被认为是西方标准下的民主国家。总体来说，入盟后的波兰不但经济发展势头强劲，而且已经成为美国在全世界推广民主的伙伴。在入盟后波兰民主巩固和经济发展过程中，美国非政府组织也对波兰产生了一定影响。

美国《支持东欧民主法案》为转轨时期的波兰提供了强有力的支持。该法案针对波兰的双边援助到 2000 年基本结束。很多国际组织、政府、

---

① 《波兰国防部证实取消空客集团为波兰制造 50 架直升机合同》，中华人民共和国驻波兰经商参赞处，2016 年 10 月 10 日，http://pl.mofcom.gov.cn/article/jmxw/201610/20161001406777.shtml。

② The White House, *FACT SHEET: U. S. -Poland Relations*, July 8, 2016, https://www.whitehouse.gov/the-press-office/2016/07/08/fact-sheet-us-poland-relations.

非政府机构和私人实体也倾向于认为，加入欧盟会使波兰获得更广泛的资源，遂逐步减少了对波兰的金融支持。实际上，直到2007年，《支持东欧民主法案》的一些后续项目仍然在波兰有序进行，其中力度最大的就是波兰—美国企业基金会的继承者——波兰—美国自由基金会（Polish-American Freedom Foundation，PAFF）。该基金会的宗旨一是帮助波兰巩固国家转型成果，二是将波兰的经验分享给该地区的其他后共产主义国家。[1] 同时，波兰还被美国国际开发署纳入了金融稳定伙伴项目（PFS），该项目为波兰区域经济改革提供技术援助和资金支持。为进一步支持民主推广，《支持东欧民主法案》后续计划中的区域基金每年会拨款20万美元，并通过美国驻波兰大使馆的民主委员会交给波兰政府，用来促进波兰的民主发展和公民社会计划。对于在中央计划模式下持续运行了几十年的波兰社会，建设并完善强大的基层民间组织是至关重要的。此外，美国还通过民主委员会的资助和相关活动使波兰的非政府组织成为其他转型国家的指导者，成为美国在东欧地区推广民主的得力助手。

美国政府网站公布了2002财年《支持东欧民主法案》的后续计划在波兰推广的项目，其中的民主项目如下。

● 一项1.3万美元的项目（非政府组织）培训100名教师和地方政府官员，培训内容是关于如何向青年介绍民主和创业的基本原则。

● 一项1.2431万美元的项目（非政府组织）促进地方政府的发展，通过组织一系列的政府、企业代表和当地居民的系列三方研讨会，并出版每月通讯，建立让居民对当地问题发表看

---

[1]　The Polish-American Freedom Foundation, http://www.en.pafw.pl/about_foundation/.

法的居民论坛。

● 一项0.997万美元的项目（非政府组织）在罗兹地区建立非政府组织的正式会议，包括登记委员会区域法院和创建一个网页。

● 一项0.3807万美元的项目，组织青年参加一个小居住区内遴选25名代表以组成理事会。

● 一项1万美元的项目，建立一个由个人、组织和公司组成的伙伴俱乐部，鼓励更多的公众参与社会问题。该项目包括在新的志愿服务法律体系下为企业建立一个中心办公室负责对志愿服务活动的促进，提供志愿者管理培训。

● 一项1.6051万美元的项目，在一个区域性的城市中建立一个非政府组织的支持中心，服务于波兰南部小社区的非政府组织。

● 一项1.2955万美元的计划，建立一个区域性非政府组织支持中心，并进行为期两天的非政府组织与地方政府合作研讨会。

● 一项0.3万美元的项目，出版12000份《公民责任指南》给青年人。

● 一项1.3万美元的项目（非政府组织）培训100名教师和地方政府官员，内容是如何向青年介绍民主和创业的基本原则。

● 一项1.0952万美元的项目，为90名来自小区域城市的年轻人举办一次研讨会，以促进公民社会，包括对地方政府基本工作要素的培训。

● 一项0.7906万美元的项目为非政府组织设立培训，包括

适用法律、管理技术、招聘人员和筹资方面建立培训，包括对
欧盟资助项目的概述。①

　　从这些项目中可以看出，美国对波兰的援助与民主推广的手段和方
法多样，涉及领域宽泛，深入波兰民众的生活之中。其中非政府组织的
参与度很高，是美国在波兰进行民主推广不可或缺的重要元素。

　　加入欧盟后的波兰已经成为民主转型成功的样板，是与美国一道向
世界进行民主推广的先锋。早在 2000 年 6 月，波兰就积极配合美国，在
华沙召开了有 107 个国家参加的世界民主国家大会，并签署了代表民主
国家共同体诞生的《华沙宣言》，着意于推广美国等西方国家的民主、人
权、法治等政治概念。② 转轨时期，在波兰发挥过重要作用的美国国家民
主研究所是后续在波兰发挥影响力的非政府组织的典型代表。国家民主
研究所于 1998 年完成了其在波兰的工作，同时赋予了波兰更重要的任
务，波兰成为国家民主研究所在别国推广民主转型的标杆和模板。在
1998 年波兰选举时，国家民主研究所专门组织塞尔维亚政治家前往波兰
交流观摩学习。这也是国家民主研究所首次放弃到英国等传统的西方民
主政体国家参观交流，转而到实现民主转型的中东欧国家访问学习，波
兰的民主成果对于中东欧其他国家具有借鉴意义。为了维护波兰民主转型
的成果，国家民主研究所专门协助波兰创建了欧洲民主研究所（European
Institute for Democracy）。该机构是一个致力于支持波兰和其他国家民主转
型的非政府组织，领导者则由之前国家民主研究所的职员和培训师担任。

---

① Bureau of European and Eurasian Affairs, *U. S. Government Assistance to Eastern Europe under the Support for East European Democracy (SEED) Act*, January 2003, https://www. state. gov/p/eur/rls/rpt/235 82.htm.

② 陈向阳、刘恩东：《新世纪美国对外民主输出的国际制度设计——从民主国家共同体到民主国家同盟》，《国际研究》2015 年第 11 期，第 247—249 页。

以该研究所为依托，波兰目前已经成为美国在东欧推广民主的大本营，特别是针对白俄罗斯、乌克兰、吉尔吉斯斯坦和阿塞拜疆等敏感地区。欧洲民主研究所向这些国家追求民主的人士介绍波兰在社会主义时期民主人士如何安全地进行地下活动，为他们提供关于如何在非民主的环境下安全有效地推广民主的课程和资料，还在波兰组织面向这些国家政党、非政府组织及独立媒体的民主培训。

总之，美国非政府组织不但帮助波兰巩固民主化进程，还带领波兰共同向中东欧地区推广民主。从波兰本身而言，积极参与民主推广，一方面可以提升本国在东欧地区和民主转型国家中的影响力，有助于波兰在政治上实现其成为中东欧地区大国的抱负；另一方面，也让美波关系因共同协作推广民主价值观而更加紧密。然而，向白俄罗斯、乌克兰等原苏东阵营国家推广民主触犯了俄罗斯的利益，也给波兰与俄罗斯关系带来不利影响。俄罗斯在 2015 年列入"黑名单"的 12 个非政府组织中，有 7 个来自美国，另外几个则来自波兰和乌克兰。[①] 值得关注的是，自 2015 年波兰法律与公正党单独组阁以来，波兰已经几次发生逆"民主"的状况，宪法法院危机和禁止媒体接触议员的限令使波兰国内和国际舆论都出现了关于波兰"民主倒退"的声音。针对波兰的司法改革，欧盟认为其有违司法独立原则，甚至在 2017 年年底启动"审查"，讨论是否要根据《欧洲联盟条约》对波兰实施制裁。波兰自身对于西方式"民主"的实践如果受到西方主流声音的质疑，势必将影响波兰追随美国向其他国家推广民主。

---

① 张春友：《俄出台多部法律防敌对非政府组织渗透》，环球视野网，来源：法制日报，2015年8月7日，http://www.globalview.cn/html/global/info_5036.html。

第二节　美国对波兰的能源支持

能源是一国经济增长与社会发展的重要基础，不仅关系到国家安全战略，还与人民日常生活息息相关。波兰虽然是欧洲地区的煤炭大国，但能源结构单一，截至 2017 年，仍有 79% 的电力都源于煤电[①]，欧洲最大的贝尔哈图燃煤发电站和碳排放量最高的布尔图拉发电站都位于波兰，这不利于经济的可持续发展，也与欧盟应对气候变化的目标相悖。与欧洲很多国家一样，波兰油气资源匮乏，在很大程度上依赖俄罗斯供给。正如波兰前总理图斯克所言："当今欧盟与俄罗斯的关系在很大程度上取决于其成员国对莫斯科能源依赖的程度。"[②] 为了保障国家能源安全，波兰开始致力于能源多样化，意图减少乃至摆脱对俄罗斯的能源依赖。除了开发风电、水电、生物质能、核能外，页岩气也是波兰优先发展的方向。美国作为最早进行页岩气革命的国家，其开采技术和经验全球领先。帮助波兰提升能源安全一直在美国政府对波兰战略中占有一席之地。[③] 美国主要从两方面给予波兰帮助：一是直接向波兰出口液化天然气，以打破波兰对俄罗斯天然气的依赖；二是向波兰提供页岩气勘探和开采技术，并与波兰进行多种可再生能源的开发和利用。

[①] 《波兰煤电比例仍高达 79%　能源转型要大上核电?》，新能源网，2018 年 12 月 5 日，http://www.china-nengyuan.com/news/132485.html。

[②] 汤黎：《波兰通过页岩气开采法律草案　2020 年开始征收开采税》，北极星电力网，2014 年 3 月 12 日，http://news.bjx.com.cn/html/20140312/496363.shtml。

[③] The White House, *Fact Sheet: U. S.-Poland Cooperation on Clean Energy*, May 28, 2011, https://www.whitehouse.gov/the-press-office/2011/05/28/fact-sheet-us-poland-cooperation-clean-energy.

一、波兰国家能源现状：以依附俄罗斯为主

波兰是一个能源进口国，虽然煤炭储量丰富，但能源分布不均，石油和天然气资源相对匮乏。波兰煤炭占能源总量的64%，主要是来自上西里西亚煤田的褐煤。褐煤属于发热量较低的煤类，相较品质更好的烟煤和无烟煤，褐煤对环境的污染更加严重。波兰国内能源仅能满足本国30%左右的需求，其余则依赖进口。进口能源中有约一半以上都来自俄罗斯。

在能源利用率上，煤炭是导致碳排放量超标和空气污染的主要原因。然而在支持国民经济运转的电力领域，波兰主要以煤炭发电为主。欧洲环保组织于2013年发布了一份欧盟污染最严重的电站排行榜，波兰仅次于英国和德国位于第三位。在煤炭用量上，波兰则仅次于德国位于第二位。[①] 而且欧洲碳排放量最高的发电厂和最大的煤电厂均位于波兰。波兰的煤电厂大部分建于20世纪六七十年代，设备已经老化，再加上波兰国内储量丰富的褐煤热能相对较低，造成了煤电站碳排放量居高不下。为此，波兰政府已经着力推进风能、核能等清洁能源发电项目的发展。波兰也有一部分来自喀尔巴阡山、苏台德地区、布尔达河和维斯瓦河河流的水力发电，但这些发电站目前产能有限，无法满足国民生产生活的需求。鉴于此，欧盟的节能减排方案敦促波兰加快能源转型的步伐。波兰能源巨头奥伦公司（PKN Orlen）的董事在撰文中表示，波兰的主要能源如果从煤炭转换为天然气，不但可以推进国家经济现代化，还能带来更加清洁的环境。"在现代经济环境中，天然气应该是首要的燃料，天然气

---

① 马晓舫：《欧盟"最脏"燃煤发电站德国英国波兰居前三》，人民网—环保频道，2014年7月29日，http://env.people.com.cn/n/2014/0729/c1010-25363100.html。

在全球能源利用的占比上升已经证实了这一点。波兰也应该紧随世界发展的步伐，设法增加天然气在燃料中的占比。这样不仅能有效减少排放，从长远来看，还有助于提高波兰经济的竞争力。"①

波兰天然气资源匮乏，对俄罗斯的依赖程度很高，这使波兰在对俄关系上时常处于被动地位。波俄在天然气价格的谈判上也时常发生龃龉。长久以来，波俄关系时有波折，发展并不顺畅。近年来，俄罗斯与乌克兰之间冲突不断，波俄之间的能源贸易大受影响，甚至一定程度上影响了波兰国家能源安全。此外，俄罗斯与德国签署的"北溪"（Nord Stream）天然气管道项目也对波兰不利。"北溪"管道避开了"亚马尔"（Yamal）管道需要途经的乌克兰、白俄罗斯和波兰等国，从俄罗斯的北部港口维堡经波罗的海直达德国小城卢布明。该管道使波兰失去了俄罗斯与欧盟天然气中转国的地位，不但令波兰丧失了靠天然气管道创收的机会，损害了波兰经济利益，更重要的是，在与俄罗斯关于天然气的谈判中，波兰会处于更加不利的地位。2015年提出的"北溪"2号管线建设让欧盟国家之间产生了更多分歧，德国作为受益国大力支持该项目，然而中东欧国家和美国都颇有微词，因为"北溪"2号一旦投入使用，俄罗斯向西欧国家输送天然气将不再需要经过乌克兰、波兰等国家，这将严重威胁到这些国家的利益。在波兰等中东欧国家的极力反对下，"北溪"2号管道项目建设曾在2016年11月暂停。但是，2018年5月，"北溪"2号管道项目正式投入建设，预计将于2019年年底完工。该管线沿波罗的海海床铺设，平行于之前的北溪管线，从俄罗斯通往德国北部海岸，全长1200千米，预计每年总输气量550亿立方米。与波兰一样，美国政府始终强烈反对该管道的建设，认为将增加欧盟对俄罗斯能源的依

---

① Piotr Chelminski, "Shale gas: A major opportunity for Poland," *Chemical Week*, October 5, 2013.

赖。2018 年 7 月，美国总统特朗普在北约峰会上毫不掩饰地批评德国，称德国因能源问题成为"俄国人的俘虏"，还威胁"谁跟俄罗斯建'北溪'2 号管道就制裁谁"。① 2018 年 12 月 13 日，美国众议院一致通过反对"北溪"2 号的决议，支持美国政府在"北溪"2 号问题上实施制裁。

波兰平均每年消耗 160 亿立方米的天然气，大部分都来自俄罗斯天然气工业股份公司（Gazprom，简称俄气）。② 为了摆脱对俄罗斯能源的过度依赖，实现能源结构多元化，波兰寻求在俄罗斯以外的国家进口天然气。2007 年 10 月，波兰与阿塞拜疆、格鲁吉亚、乌克兰、立陶宛等欧亚五国在立陶宛首都维尔纽斯召开会议，达成关于铺设一条连接黑海和波罗的海输油管道的协议。该管道计划以乌克兰西部城市布罗德为起点，经波兰中部抵达格但斯克，并计划将这条管道与已建成的乌克兰黑海港进口敖德萨通往布罗德的管道相连，实现将阿塞拜疆的原油经格鲁吉亚和黑海运抵波罗的海的目标。③ 到 2014 年时，波兰能够实现 30%的天然气绕过俄罗斯，从波兰以西的国家获得。④ 为了抵消俄罗斯对波兰的能源安全影响，波兰甚至不惜高价从别国买入天然气。从 2015 年起，波兰每年从卡塔尔进口 100 万吨液化天然气，初期价格比俄罗斯运往欧洲的天然气高出 50%。⑤ 同时，波兰力推建立"欧洲能源联盟"，意图将欧盟成

① The White House, *Remarks by President Trump and NATO Secretary General Jens Stoltenberg at Bilateral Breakfast*, July 11, 2018, https://www.whitehouse.gov/briefings-statements/remarks-president-trump-nato-secretary-general-jens-stoltenberg-bilateral-breakfast/.

② "Poland Ups Capacity of German Gas Link to Cut Russia Dependence," *The Moscow Times*, January 8, 2015, https://them-oscowtimes.com/articles/poland-ups-capacity-of-german-gas-link-to-cut-russia-dependence-42722.

③ 左凤荣：《重振俄罗斯——普京的对外战略与外交政策》，北京：商务印书馆 2008 年版，第 192—193 页。

④ 《波兰能源安全有保障》，中华人民共和国商务部驻波兰经商参处，2014 年 10 月 27 日，http://www.mofcom.gov.cn/article/i/jyjl/m/201410/20141000774674.shtml。

⑤ 赵远方：《波兰追求能源安全代价昂贵》，国际在线，2013 年 9 月 30 日，http://gb.cri.cn/42071/2013/09/30/7211s4272049.htm。

员国联合起来，统一同俄罗斯进行能源谈判，以此减轻欧盟国家对俄罗斯能源过度依赖形成的风险。然而，该联盟在操作过程中遇到了很多阻碍，一是欧盟各国的能源需求量不一致，二是天然气大部分属于私营经济领域，三是欧盟国家联合起来并不能减少对天然气需求。近两年来，波兰的能源供给状况已经得到一定改善。根据波兰国家石油天然气公司（PGNiG）发布的 2018 年度天然气进口公告，波兰 2018 年从东部国家进口天然气 90.4 亿立方米，比 2017 年减少 6.2 亿立方米，在公司天然气进口总量中的比重降至 66.8%。从美国、卡塔尔和挪威进口的液化天然气增加近 10 亿立方米。[①] 2018 年 4 月，波兰正式对外宣布计划建设波罗的海天然气管道。建成后将连接波兰、丹麦、挪威的天然气管道系统，年运输能力 100 亿立方米，预计 2022 年 10 月完工。该项目已获欧盟 5.14 亿欧元资金支持。[②] 波罗的海天然气管道建成后，波兰将能通过管道每年从挪威引进 100 亿立方米天然气，加上希维诺乌伊希切液化天然气码头接收量，将有 160 亿—170 亿立方米的天然气流入波兰，可以基本替代俄罗斯的天然气供给。[③]

除了实现天然气进口多元化之外，波兰还致力于页岩气的开发，以寻求从根源上解决天然气不足的问题。作为页岩气革命的先行者，美国已有多家能源公司进入波兰页岩气领域，但进展并不如预想般顺利。波兰的页岩气储量很大，但存储深度为 3000—5000 米，比美国的页岩气存储深度还要深，开采难度较大。由于地质条件和地理状况的差异，美国

① PGNiG, "2018—Another Year of Declining Gas Import Volumes from Russia and Growing LNG Imports," January 9, 2019.

② PGNiG, "2018—Another Year of Declining Gas Import Volumes from Russia and Growing LNG Imports," January 9, 2019.

③ 《波兰计划在 2022 年前建成波罗的海天然气管道》，中华人民共和国驻波兰共和国大使馆经济商务参赞处，2018 年 4 月 19 日，http://pl.mofcom.gov.cn/article/jmxw/201804/20180402734297.shtml。

公司在波兰勘探和开发中遇到了不少技术上的难题，也使开采成本更高，不能及时收回成本，这也导致一些公司相继撤离。但长远来看，页岩气领域巨大的经济利益前景还会在未来继续吸引国际投资者。美国政府于2016年7月公布的美波关系公报中提出了美国企业未来要致力于在波兰能源等重要领域的投入。① 除了暂时遇到挫折的页岩气领域，美国公司在波兰风能和太阳能等可再生能源领域也增加了高科技投入，以此来推动波兰能源多元化发展，进一步提升波兰能源安全。

二、美国帮助波兰实现能源进口途径多元化

乌克兰危机发生以来，东欧地区局势动荡。波兰是乌克兰"脱俄入欧"的坚定支持者，再加上波俄之间历史恩怨的累积，波兰与俄罗斯关系持续紧张。波兰是天然气纯进口国，绝大部分天然气来自俄罗斯，这就让俄罗斯有了通过能源对波兰实施制裁的潜在可能，严重威胁到波兰的能源安全。2014年9月，波兰国家石油天然气公司指责俄罗斯连续几日减少对波兰的天然气供应量，甚至减到应有供应量的一半，以此来惩罚波兰对正在被俄罗斯制裁的乌克兰反向供应天然气的行为。② 俄方并未公开承认惩罚行为，但仍然引发了波兰和其他欧洲国家的警觉。波兰政府致力于积极发展国家天然气进口多元化。除了从欧盟内的捷克、挪威等国进口天然气外，波兰甚至不惜重金从卡塔尔、澳大利亚等国远距离进口液化天然气。此外，波兰能源部还在2016年11月提出设立自同一来源地进口天然气数量上限，其中2017年至2022年上限为年进口总量的

① The White House, *Fact Sheet: U. S. -Poland Relations*, July 8, 2016, https://www.whitehouse.gov/the-press-office/2016/07/08/fact-sheet-us-poland-relations.

② 《俄罗斯减少对波兰天然气出口》，中华人民共和国商务部驻欧盟使团经商参处，2014年9月15日，http://www.mofcom.gov.cn/article/i/jyjl/m/201409/20140900730785.shtml.

70%，2023 年至 2026 年降至 33%，以此来契合波兰天然气进口多元化的需要。①

2017 年 6 月 7 日，美国首批载有液化天然气（LNG）的货船，经过三个多星期的海上航行，抵达波兰希维诺乌伊希切港。时任波兰总理希德沃称："这一天将被载入史册，希维诺乌伊希切港承载了波兰安全与发展两大重要关切，这样的运输交付将成为常态，大大增加波兰的能源独立性。"② 对波兰等中东欧国家而言，液化天然气不仅是满足国内能源需求的必需品，更是让他们摆脱对俄罗斯依赖的战略工具。美国是页岩气生产大国，其国内页岩气产量早已供大于求，也一直有出口意向。2014 年 3 月，维谢格拉德集团四国（1992 年 12 月，捷克和斯洛伐克分别独立后，该集团成员国由三个变为四个）驻美国大使曾联名致信美国众议院领导人，敦促美国尽快批准向欧洲出口液化天然气，以降低因俄罗斯制裁乌克兰而导致天然气输送中断的风险。③ 2016 年，美国向欧洲出口了第一批液化天然气。根据美国能源信息署（EIA）2016 年 9 月数据，美国页岩气产量和出口一直处于增长趋势，从 2017 年第二季度起，会成为天然气净出口国。④ 美国也预测自身会继卡塔尔和澳大利亚之后成为世界第三大液化天然气出口国。这不仅会提振美国的经济，还将影响天然气缺口较大的欧洲市场。俄罗斯的垄断地位被打破，天然气价格会降低，波兰等天然气进口大国会从中受益。早在 2012 年，波兰就积极支持美国的页岩气出口，并试图与美国就相关出口问题达成协议。为此，波兰还在北部的波罗的海港口建设了液化天然气港。2015 年，希维诺乌伊希切

① 《波兰能源部建议设立天然气进口上限》，中华人民共和国商务部驻波兰经商参处，2016 年 11 月 29 日，http://www.mo-fcom.gov.cn/article/i/jyjl/m/201611/20161101977080.shtml。

② 《波兰迎来首批美国 LNG》，《中国能源报》2017 年 6 月 19 日，第 6 版。

③ 《欧洲四国向美要气》，《信息时报》2014 年 3 月 10 日，第 A15 版。

④ U. S. Energy Information Administration, https://www.eia.gov/naturalgas/.

液化天然气终端投入使用。该终端全面建成后，不仅可以满足波兰一半的天然气需求，还能通过与乌克兰相连的南北天然气走廊向其他中东欧国家输送天然气。美国总统奥巴马在 2016 年 7 月会见波兰总统杜达时曾专门谈到，希维诺乌伊希切终端对波兰接收来自欧洲以外地区的液化天然气具有里程碑意义，也是波兰努力改善能源安全的必要步骤。① 2017 年 11 月，时任波兰副总理莫拉维茨基在华沙安全论坛上表示，波兰希望成为美国在能源出口方面的特殊伙伴，借助区位优势，成为欧洲的能源中心和天然气枢纽。同年，美国总统特朗普访问波兰期间也明确表态，将协助波兰和其他欧洲国家实现能源供应多样化。② 2018 年第四季度，波兰国家石油天然气公司（PGNiG）先后与美国三家能源公司签署天然气采购协议。2018 年 10 月，波兰国家是有天然气公司与美国全球风投液化天然气公司（Venture Global LNG）公司签署了为期 20 年的液化天然气采购合同，该公司每年向波兰供应 200 万吨液化气天然气。波兰国家石油天然气公司总裁表示，美国液化天然气的价格要比波兰目前从俄罗斯采购的天然气价格便宜近 30%。③ 11 月 8 日，波兰国家石油天然气公司（PGNiG）与美国钱尼尔（Cheniere）公司签署液化天然气长期采购协议，合同期限 24 年，美国将向波兰出口约 2950 万吨（近 400 亿立方米）液化天然气。④ 12 月 19 日，又与美国桑普拉能源公司（Sempra Energy）的亚瑟港液化天然气出口项目（Port Arthur LNG）签署采购协议，预计于

---

① The White House, *Remarks by President Obama and President Duda of Poland After Bilateral Meeting*, July 8, 2016, https://www.whitehouse.gov/the-press-office/2016/07/08/remarks-president-obama-and-president-duda-poland-after-bilateral.

② 《波兰副总理希望波兰成为欧洲能源中心》，中华人民共和国驻波兰共和国经商参赞处，2017 年 11 月 10 日，http://pl.mofcom.gov.cn/article/jmxw/201711/20171102668774.shtml。

③ 王林：《波兰明年正式进口美 LNG》，《中国能源报》2018 年 11 月 19 日，第 6 版。

④ 《波兰与美国签署液化天然气长期采购合同》，中华人民共和国驻波兰共和国经商参赞处，2018 年 11 月 9 日，http://pl.mofcom.gov.cn/article/jmxw/201811/20181102804805.shtml。

2023 年开始向波兰输送天然气，计划 20 年内向波兰出售 27 亿立方米天然气①。

综上可见，美国对波兰的天然气出口布局已久，两国也可利用天然气供需互利的契机，实现地缘政治上的双赢格局。对美国而言，向波兰出口液化天然气，不仅可以促进美国天然气出口贸易，还能够通过波兰的地理位置优势，强化美国对欧洲大陆的天然气出口辐射力度，帮助美国天然气打入早已由俄罗斯和中东产气国占领的欧洲市场。另外，对于以售卖能源为主要收入来源和地缘遏制手段的俄罗斯，美国的天然气进驻欧洲市场并非有利消息。对波兰而言，购买美国液化天然气必然削弱俄罗斯"能源大棒"的打击力度，进而增强波兰国家主权，提高波兰的独立性；作为北约与俄罗斯对峙的前沿国家，能够从美国进口液化天然气，就是能够确保波兰国民经济正常运行的"血液"不会断流，这为波兰注入了底气，也为波兰的国家能源安全增添了一重关键保障。未来，波兰如果能够充分利用自身地缘优势，发展成为美国天然气在欧洲地区的枢纽，其在欧洲地区的影响力将进一步提升，美国与波兰的合作伙伴关系也将得到强化。

三、美国支持波兰能源开采和新技术利用

除了加大对波兰的能源供给外，美国还帮助波兰进行能源产业的升级，意图实现对清洁和可持续能源的充分利用。

加入欧盟后，波兰曾短暂地迎来页岩气开采热潮。2011 年，美国能源信息署发布数据称，波兰页岩气储量高达 5.3 万亿立方米，超过法国

---

① 《波兰和美国公司签署了为期 20 年的天然气输送合同》，中华人民共和国驻波兰共和国经商参赞处，2018 年 12 月 21 日，http://pl. mofcom. gov. cn/article/jmxw/201812/20181202819205. shtml。

居欧洲地区首位，可以满足本国 300 年的天然气需求。报告指出，页岩气开采正在成为一种全球化现象。波兰作为需要大量进口天然气而国内又存在页岩气资源的国家，对页岩气开发兴致盎然。① 对于希望能够减少煤炭污染排放、缓解对俄罗斯能源依赖的波兰政府而言，能够开采本国储量丰富的页岩气，无疑令人振奋。

2012 年 10 月，时任波兰总理图斯克在其施政纲领中将实现波兰能源多元化作为主要经济目标，提出要大力发展核电和页岩气开发，并将页岩气开发作为能源多元化战略核心。对此，美国政府曾在波美关系公报中指出，要将支持波兰页岩气开采作为美国对波兰经济支持的重要方式。作为全球页岩气开采技术领先的国家，美国在波兰页岩气领域投入了大量资金和技术。2010 年，美国专门通过了"非传统天然气技术参与项目"，意在向波兰等国转移页岩气技术。美国能源巨头埃克森美孚、雪佛龙、马拉松等公司在 2011 年之前就先后得到了 100 多张在波兰勘探天然气的许可证，获得在波兰勘探、开采页岩气的权限。

然而，持续几年的页岩气开采热潮很快褪去。出于多方面原因，2012 年以后，各大能源公司逐渐退出波兰市场。首先，由于波兰与美国的地质条件差异，导致开采技术要求不同，在波兰勘探页岩气要比美国成本高很多，各大公司的研发成本和勘探成本无法及时收回。其次，2014 年以来国际原油价格下跌，天然气价格随之下降，页岩气生产利润也大打折扣，利益驱动的能源企业不得不远离无法即刻获利的项目。再次，由于波兰在页岩气领域的法规还不完善，美国能源企业在波投资需承担潜在政策风险。20 世纪 90 年代中期之后，经济转轨过程中的波兰为了大量吸引外资，市场准入门槛较低，外资企业率先进入波兰市场就能够先到先得，获得大量利润。如今波兰政府则面临群众对于有价值的能

---

① U. S. Energy Information Administration (EIA), *Shale Gas Is a Global Phenomenon*, April 5, 2011, http://www.eia.gov/todayinenergy/detail.php?id=811.

源低价转让给外国公司的抗议，不得不出面维护本国利益，提出设置权限并出台相关法律，这也使在波兰市场的预期利润不像之前一样可观。最后，波兰页岩气储量的不确定性也成为影响投资者信心的重要因素。波兰克拉科夫矿业学院的专家在 2014 年指出，探明波兰页岩气储量至少需要 7 年时间。[①] 美国能源信息署 2013 年的全球页岩气估值数据中将波兰页岩气储量降至 4.2 万亿立方米，而波兰国家地质学院对页岩气储量的估算为 3460 亿至 7680 亿立方米，甚至比美国能源局的数据低了 85%—95%。[②] 目前，仍有很多波兰国有能源企业和国际中小型企业致力于波兰页岩气的勘探和开采，鉴于当前天然气价格走低的形势，勘探步伐相比之前有所放缓。但是，只要技术瓶颈在未来得到突破，达到商业开采指标和规模，国际能源企业仍有可能重返波兰市场。

除了暂时遇到阻碍的页岩气开发外，波兰在风能、太阳能等可再生能源和核能领域也都有相应的发展计划。2013 年，波兰宣布投资 2800 万兹罗提在东北部省份建设太阳能发电厂集群；近几年又连续开展风电项目建设，并于 2016 年批准建设第一个海上风电项目；波兰首座核电站的选址工作也已经于 2016 年年初启动。可以说，波兰正在不遗余力地开发煤炭的替代能源，以实现欧盟节能减排的目标，同时努力摆脱对俄罗斯的能源依赖。对此，美国一直积极支持。在《美国—波兰科学技术协议》框架下，美国和波兰的科学家及研究人员在能源和天然气领域进行合作研发。在风能和太阳能领域拥有高科技创新技术的美国公司，也对波兰的可再生能源领域进行投资。[③] 这样，美国不仅为波兰能源领域提供了资

---

① 《页岩气储量估算至少需要 7 年》，中华人民共和国商务部驻波兰经商参处，2014 年 2 月 24 日，http://pl.mofcom.gov.cn/article/jmxw/201402/20140200497831.shtml。

② Andrew Kureth, "Polish shale gas hits a dry well," *Politico*, June 16, 2015, http://www.politico.eu/article/polish-shale-gas-hits-a-dry-well/.

③ The White House, *FACT SHEET: The United States and Poland: Strong and United*, June 3, 2014, https://www.white-house.gov/the-press-office/2014/06/03/fact-sheet-united-states-and-poland-strong-and-united; The White House, *FACT SHEET: U. S. -Poland Relations*, July 8, 2016, https://www.whitehouse.gov/the-press-office/2016/07/08/fact-sheet-us-poland-relations.

金投入，还能为其带来能源领域的先进技术，在深化与波兰的合作中推动波兰新能源的发展。

第三节 本章小结

波兰加入欧盟后，经济发展主要依靠欧盟的庞大市场、欧盟地区更发达国家的投资以及先进技术的流入，美国作为区域外国家的影响退居其次。但是，美国的资本在波兰的投资仍居波兰外国直接投资首位。波兰转轨以来的大部分领导人都具有亲美倾向，美国对波兰领导者及其政策上的亲美倾向做出了积极的回应。美波关系虽然在美国全球战略调整的过程中略有波折，但总体上呈现愈发紧密的态势。波兰"亲美派"的典型代表莱赫·卡钦斯基总统在斯摩棱斯克坠机事件中身亡，美国政府多次发文表示悼念，美国总统到访波兰期间专程慰问坠机事件遗属，体现了美国对波兰"亲美派"领导人的重视。在巩固波兰民主政治体制方面，美国非政府组织始终在发挥积极影响。在能源方面，美国利用自身优势，帮助波兰改变依附俄罗斯的"能源困境"。除了通过向欧洲地区出口天然气增添波兰能源安全的保障外，美国还发挥技术优势在波兰展开风能、太阳能、核能等可再生能源的开发和利用，帮助波兰实现能源多样化。可以说，美国与加入欧盟后的波兰关系发展良好，虽然欧盟是波兰发展的主要依托，但美国仍能在经济、政治与能源等领域对波兰产生重要影响。

第五章

美国对波兰国家安全的影响

在国家安全方面，美国对波兰的影响十分明显。冷战结束后，美波之间安全领域互动频繁，既有美国方面支持波兰军事力量的发展，向波兰售卖先进武器，在波境内驻军等，也有波兰方面支持美国在国际社会上的安全主张，主动加入北约，支持美国主导的"东欧导弹防御计划"等决策。双方关系的发展动力主要源自各自战略诉求。美国为加强对欧洲地区控制，需要强化与波兰之间关系。波兰出于对强邻的忌惮，亟须美国这一超级大国庇护。

第一节　冷战后波兰的国家安全诉求

波兰地处中欧平原，地势北低南高。西与德国相邻，东部接壤乌克兰、白俄罗斯和立陶宛，北部濒临波罗的海，南部的苏台德山和贝斯基德山分开了波兰与捷克及斯洛伐克。此外，俄罗斯飞地加里宁格勒与波兰东北部接壤。由于地理位置的特殊性，地缘政治学家将波兰称为"欧洲的心脏"。另外由于地貌平坦，东西方向都没有高地作为天然屏障，适合陆上作战行军，波兰历史上多次被相邻大国侵占或瓜分，抑或成为欧洲大国交战的战场。地理位置对一国的外交政策和国民心理都有着重要影响，以史为鉴，环顾周边强邻，波兰对本国安全的重视程度超乎其他国家的想象。这不仅源于几百年来几度被瓜分亡国、在近代又被迫成为强悍邻国的卫星国的悲剧性历史记忆，也出于波兰人对于国家独立的坚定捍卫和对地区大国地位孜孜不倦地追求。

一、防范俄罗斯是波兰国家安全第一要务

苏联的解体并没有解决波兰所面临的地缘问题。历史上的惨痛教训让波兰人对俄罗斯充满恐惧、仇恨与失望。对波兰而言，俄罗斯的体量和军事化程度仍然是令其避之不及的庞然大物，防范俄罗斯也成为转轨后的波兰维护国家安全的第一要务。在对俄政策上，波兰选择了疏俄、防俄、抑俄的战略路线。波兰领导人甚至在公开场合称俄罗斯为波兰的"头号"敌人。

1990 年 6 月，波兰政府宣布解除与苏联之间的"从属"关系，波苏之间的政治、经济与军事关系逐渐变冷。与此同时，波兰秉持着"回归西方"的战略发展方向，积极开展与欧洲国家之间的政治、经济往来与军事互动，逐渐回归欧洲。1991 年，华约与经互会相继解体，波兰与苏联之间的交流、互动陷入冰点，甚至中断。波兰深谙边界安全对于国家安全的关键作用，为加强自身的防卫能力，防止俄罗斯再次扑向自己，波兰一方面弱化与俄罗斯之间军事合作，改变以往国内军事力量部署，将兵力重心由西部边界向东部边界转移，加强对俄罗斯的军事防范；另一方面将军事合作重心向美欧倾斜，强烈要求加入北约，并于 1999 年成

为中东欧国家中第一批加入北约的国家。有了北约这一"保护伞"，波兰一定程度上扭转了在地缘环境上的不利态势，国家安全保障能力有所提升。2004年5月，波兰正式加入欧盟，这是波兰强化自身国际地位，加紧疏俄、防俄、抑俄的又一重大战略举措。自此，波兰正式完成从苏联"卫星国"到西方阵营的身份转换。

波兰防范俄罗斯的首要举措是深化与美国军事合作，积极开展对美军事交流。波兰大量进口美国先进武器装备，接纳美国陆军部队在本国驻军，接受北约导弹防御基地在本国部署，频繁与美军共同举行军事演习，甚至提出要自掏腰包请美国在波兰建立永久军事基地。波兰这一系列举动，使自身军事实力得到增强的同时，又将两国军事合作关系推向新高度。美波之间在军事领域的深度合作，能够让波兰尽快摆脱俄罗斯的"巨人"阴影，提高对俄防范能力，借助美国实力增强对俄威慑力，营造有利于波兰和平发展的周边环境。

波兰在防范俄罗斯的基础上，充分利用其地缘优势，以北约和欧盟为后盾，对俄罗斯进行"釜底抽薪"，积极帮助乌克兰、白俄罗斯和摩尔多瓦等国挑战俄罗斯在该地区的权威地位，摆脱俄罗斯控制，支持它们"向西看"，融入西方社会。

波兰深谙能源出口对俄罗斯国家发展的重要意义，在能源问题上斡旋欧盟，对俄能源出口实施打压。一方面，波兰主张欧盟对俄实施强硬能源政策，强势推进《欧洲能源宪章》，要求俄罗斯在能源问题上对欧盟签署承诺，从而开放俄罗斯能源市场，打破俄罗斯在欧盟石油、天然气市场上的垄断；另一方面，波兰积极拓展能源进口渠道，先后购买从挪威、丹麦等多国能源开采份额，组织欧亚六国[①]召开"能源峰会"，谋求

---

① 波兰、乌克兰、立陶宛、格鲁吉亚、阿塞拜疆和哈萨克斯坦。

绕过俄罗斯开辟新管道进口中亚里海油气资源。在美国液化天然气可以跨越大洋出口到欧洲大陆之后，波兰又主动提出希望成为美国天然气在欧洲地区的枢纽，在保障自身天然气需求的同时，配合美国削弱俄罗斯的天然气在欧洲的垄断性地位。

二、波兰对德国仍心存忌惮

波兰对德国的忌惮之心从未改变。即使在波兰加入欧盟之后，波兰与德国之间的关系仍然区别于与其他欧盟国家的关系，是一对特殊的双边关系，关系时好时坏，其中夹杂着历史的仇恨、政治的博弈和利益的纷争。

波兰对德国心存忌惮，一个很重要的原因是历史上波兰的惨痛经历均与德国相关。波兰曾经三次被沙俄、普鲁士[①]等国瓜分；1939年，苏德签订《苏德互不侵犯条约》，纳粹德国闪电入侵波兰，屠杀了600万名波兰人民，并导致波兰再次被苏德分治。对波兰来说，德国是仅次于俄罗斯且长期给波兰带来灾难的始作俑者之一。无论政府高层还是普通民众，均对德国存在一定的戒备、仇恨心理，这也在一定程度上影响着波兰的对德态度。二战结束后，德国对战争给波兰国家和人民造成的沉重打击与严重损害做出积极回应，历史上有名的"华沙之跪"[②]与德国政府对波兰国家和受害劳工的主动赔款推动了两国关系的发展。波兰加入欧盟后，波德关系在欧洲一体化的进程中继续缓和，两国通过合作来打开历史死结、重塑平等睦邻关系。总体上看，双边关系偶有龃龉，总体保持

---

① 现代德国起源于由普鲁士公国统一起来的德意志帝国，普鲁士被认为是德国的前身。

② 1970年12月，联邦德国总理勃兰特访问波兰期间，在向犹太人起义英雄纪念碑献花圈时出人意料地跪拜谢罪，引起了欧洲和世界的轰动。

平稳。但是，即使在过去的 20 余年里波兰实现了经济快速发展，与传统强国德国相比仍然有很大差距，两国之间的实力对比并没有出现质的变化。小国对大国的忌惮之心，仍然没有改变。

从本质上来说，波德关系仅仅处于"貌合神离"的状态，两国关系的缓和主要是由双方在政治、经济、能源等方面的共同利益驱使，而没有完全放下历史恩怨，特别是在俄罗斯通过德国与西方保持联系，德国还时常给出积极回应的情况下①，更加引起波兰对德国的警惕。为提高波兰在欧盟内部影响，2007 年欧盟峰会前，波兰领导人卡钦斯基兄弟提出"以一国的人口平方根作为欧盟投票方式"的主张，并威胁否决《欧盟宪法条约》，这引起时任欧盟轮值主席国德国的强烈反对，德国总理默克尔表示，波兰若坚持这一主张，欧盟将绕过波兰，制定另外一份能够适用于其他 26 个国家的条约。此事最终以波兰的妥协而结束。② 同年 6 月，时任波兰总理雅罗斯瓦夫·卡钦斯基在欧盟峰会上怒斥德国在二战期间实施残酷的种族大屠杀，并扬言波兰人口本可比现在多 2800 万。③ 此后不久，德国大选期间，波兰右翼周刊《直言》（Wprost）封面刊登了一张经过拼接的默克尔"哺乳"照片，照片中袒胸露乳的默克尔正在给卡钦斯基兄弟哺乳，这一照片彻底激怒了德国民众。④ 同时，波兰政府还要求联合国把世界遗产名录中"奥斯维辛集中营"更名为"前纳粹德国奥斯

---

① Christopher S. Chivvis, Thomas Rid, "The Roots of Germany's Russia Policy," *Survival*, Vol. 51, No. 2, April 2009, pp. 105-122.

② 张杰：《欧盟峰会：波德博弈成焦点》，新华网，2007 年 6 月 22 日，http://news. xinhuanet. com/world/2007-06/22/content_6275335. htm。

③ 《波兰总统卡钦斯基：波兰人眼中的"麻烦制造者"》，中广网，2010 年 4 月 10 日，http://www.cnr.cn/2010zhuanti/blzj/fenxi/201004/t20100410_506267543. html。

④ 康娟：《默克尔袒胸哺乳卡钦斯基兄弟？波兰杂志激怒德国》，中国日报网，2007 年 6 月 28 日，http://www.chinadaily.com.cn/hqgj/2007-06/28/content_904247. htm。

维辛集中营"。① 2018年年初，波兰旧事重提，要求德国支付8500亿欧元的二战战争赔偿。波兰总理莫拉维茨基还为此向美国寻求支持。②

从以上事件中可以看出，德国无论在历史上还是现在均对波兰保持着强势，波兰对德国始终存在猜疑、忌惮、抑制等心理。波兰"回归欧洲"进程中，欧盟大国德国是一座必须逾越的大山，波兰希望借助德国扩大自身在欧盟中的影响，而德国显然并不愿配合，波德两国关系仍处在博弈之中。反观波兰，德国作为欧盟地区实质上的"老大"，在很多需要欧盟共同决策的事务上得不到波兰的积极支持，特别是在美欧之间出现龃龉，意见难以统一时，波兰更多地选择站在美国一边。

此外，德国与俄罗斯之间关系的缓和与日趋紧密也是波兰对德国心存忌惮的又一因素。2011年11月，跨海直连俄罗斯与德国的天然气管道项目"北溪"正式启用，这条管道从俄罗斯出发，途经芬兰、瑞典、丹麦，最终到达德国。2018年5月，德国与俄罗斯不顾周边国家和国际社会的反对，正式开建"北溪"2号天然气管道。该管道将俄罗斯的天然气经波罗的海直接输往德国，会通过俄罗斯、芬兰、瑞典、丹麦、德国五国的专属经济区及领海。管道建成后，将对波兰的国家能源安全造成危害，不仅会减少俄罗斯天然气在波兰等国的过境费，还将影响过境国家的地缘政治地位。波兰领导人多次表示，这是1939年《苏德互不侵犯条约》的翻版，对波兰造成很大危害，并由此又引发了波德两国对历史问题的争议。

总之，波兰对德国的态度介于对俄罗斯与对美国之间。一方面，波

---

① 王银泉编译：《波兰成功为奥斯维辛集中营更名》，新浪网，2006年7月21日，http://news.sina.com.cn/w/2006-07-21/180910498474.shtml。

② 《波兰将在二战索赔问题上寻求美国支持》，中华人民共和国驻波兰共和国大使馆经济商务参赞处，2018年1月22日，http://pl.mofcom.gov.cn/article/jmxw/201801/20180102702300.shtml。

兰在欧盟内的经贸往来上需要倚重邻国德国，在能源、投资、贸易等方面的合作不断加深，两国间的外交关系也相对平稳；另一方面，波兰梦想着获得在欧盟内举足轻重的区域大国地位，波德两国之间的暗中博弈不会停止，在波兰亲美、拥欧的外交政策下，对德国这个相邻的欧洲大国也保持着戒备。

三、波兰对席卷全球的"恐怖主义"的防范

美国"9·11事件"发生后，"恐怖主义"成为世界各国要面对的重要安全问题。近年来，"恐怖主义"在全球蔓延，欧洲这个曾经安宁之地也频频遭受恐怖威胁。法国"《查理周刊》事件"引起的巴黎恐怖袭击、法国尼斯卡车撞人、比利时布鲁塞尔机场和地铁遭遇炸弹袭击、德国维尔茨堡火车袭击和慕尼黑枪击等一系列事件的发生，说明了"恐怖主义"在欧洲扩散与蔓延的严峻形势。

在"恐怖主义"威胁面前，波兰同样无法"独善其身"。虽然波兰国内尚未发生过大规模的恐怖袭击事件，但是，一些"恐怖主义"的苗头在波兰仍时有出现。2012年6月，波兰边境巡逻队在一条边境河中截获可疑木筏，其中发现一些炸药以及储存了华沙国家体育场照片的手机，波兰当局由此提高了国家警戒级别。[①] 同年11月，波兰逮捕了一名涉嫌策划对议会、总统和政府发动"恐怖袭击"的嫌疑人，据称该嫌疑人企图把4吨炸药放入汽车，并在独立日游行时，把汽车停到波兰议会大楼附近引爆。虽然这些苗头由于及时被发现而没有酿成惨祸，但在波兰国

---

① 王斯浪：《欧洲杯突现炸弹惊魂德意大战遭受"恐怖主义"威胁》，凤凰网，2012年6月29日，http://sports.ifeng.com/gjzq/detail_2012_06/29/15641980_0.shtml。

内，对政府和民众还是造成了很大影响。① 2015 年 11 月，波兰政府总理贝娅塔·希德沃在其施政报告中着重强调，"新政府的优先工作是国家安全，波兰将与欧盟合作打击恐怖行为，确保每一位波兰人的安全"，类似言论在各届政府均有所体现。② 2015 年 4 月，波兰社会舆论调查中心公布的调查结果显示：56% 的波兰人认为在波兰存在"恐怖主义"威胁。55% 的受访者认为，波兰当局及有关机构没有为防止恐怖袭击事件发生做好充分准备。③ 作为欧盟成员国，在欧盟其他国家发生的恐怖袭击事件难免波及波兰。2016 年 12 月，德国柏林发生卡车恐怖袭击事件，一辆波兰卡车被恐怖分子劫持，冲向当地圣诞市场，波兰籍卡车司机死亡。2018 年 12 月，法国斯特拉斯堡圣诞市集发生恐袭，造成 1 名波兰人死亡。④

波兰对"恐怖主义"的戒备和防范是有原因的。从历史上看，2003 年美国发动伊拉克战争时，波兰是除英国外欧洲地区表现最积极的国家，战争结束后，波兰还增派军力参与对伊维和并负责保护美英划定的伊中南部稳定区，这招致了恐怖分子的不满，"基地"组织给时任波兰总理贝尔卡发出的邮件中威胁道，"要么撤回你们在伊拉克的占领军，要么你将会听到震动全国的爆炸声"。波兰在对待伊斯兰国的问题上，亲美随美的态度也容易引起伊斯兰"恐怖主义"的注意。"恐怖主义"在欧洲的蔓延势头迅猛，法德等欧盟核心国家均出现不同程度的恐怖袭击，也让波

---

① 《波兰化学家自制 4 吨炸药欲炸议会大楼》，新华网，2012 年 11 月 22 日，http://news. sina. com. cn/w/2012-11-22/055925634152. shtml。

② 《波兰新政府履职誓言共同打击"恐怖主义"》，中国新闻网，2015 年 11 月 19 日，http://www. chinanews. com/gj/2015/11-19/7631550. shtml。

③ 汤黎：《民调显示超过半数的波兰人担心恐怖袭击》，中国国际广播电台，2015 年 4 月 9 日，http://gb. cri. cn/42071/2015/04/09/2225s-4926734. htm。

④ 《法国枪击案死亡人数增至五人 一名波兰伤者不治》，搜狐网，2018 年 12 月 17 日，http://www. sohu. com/a/282336107_12002052。

兰担心自己的安全。巴黎恐怖袭击发生后，波兰宣布拒绝实施欧盟难民分配计划，波兰欧洲事务部部长发表声明称，"在巴黎恐袭发生后，波兰不认为还有遵守欧盟决定的可能性。"[①]

在防范"恐怖主义"的问题上，波兰当局态度积极。在国内层面，波兰当局根据国际、国内形势灵活调整国内"恐怖主义"威胁预警等级（如2016年7月，波兰时任总理贝娅塔·希德沃签署文件将"恐怖主义"威胁预警A等级上调至B等级[②]），波兰国家救援和民防协调中心每年都会举行反恐演习，以加强反恐力量对恐怖袭击事件的反应速度和处置能力。在国际层面，波兰多次在国际社会表达联合打击"恐怖主义"的决心和意向，并联合美国、欧盟、北约等国家，共同打击"恐怖主义"融资，共享"恐怖主义"情报、消除跨国司法和警务合作障碍等。2015年8月，波兰副总理兼国防部部长谢莫尼亚克表示，波兰希望北约加强在波军事基础设施建设和军事力量部署，并称"目前俄罗斯对该地区的威胁一直没有消除，只要威胁存在，该地区的防御将会是永久性的，同时波兰也需要应对来自'恐怖主义'及伊斯兰国的威胁"。[③]

---

① 《巴黎恐袭后波兰宣布拒绝实施欧盟难民分配计划》，中国新闻网，2015年11月14日，http://www.chinanews.com/gj/2015/11-14/7623669.shtml。

② 波兰的"恐怖主义"威胁预警等级系统分为四个等级，是一项评估"恐怖主义"威胁风险。这四个等级分别是：A等级（低）——预计不会发生"恐怖主义"袭击；B等级（中）——可能发生"恐怖主义"袭击；C等级（高）——很可能发生"恐怖主义"袭击；D等级（极端）——"恐怖主义"袭击迫在眉睫或已经发生。

③ 中华人民共和国商务部：《波兰呼吁加强北约在波的军事力量》，环球网，2015年8月27日，http://china.huanqiu.com/News/mofcom/2015-08/.html。

第二节　美国力主"北约东扩"与波兰加入北约

华约集团解体后，北约先后吸纳波兰、匈牙利、捷克、爱沙尼亚、拉脱维亚、立陶宛、罗马尼亚、保加利亚、斯洛伐克、斯洛文尼亚、阿尔巴尼亚、克罗地亚、黑山共和国 13 个国家，北约国家扩大到 29 个。波兰作为冷战后第一批加入北约的三个成员国之一，于 1999 年 3 月正式加入北约，迈出了东欧国家"弃华追北"的第一步。此后十余年来，波兰依靠其地缘上的重要地位，以及与美国之间的良好互动，在北约中的地位日益提升。

一、美国主导"北约东扩"

"北约东扩"的实质是美国"冷战思维"的延续，是美国维护全球霸权地位的现实手段，也是美国主导冷战后欧洲战略格局转变的必然产物。以美国为主导的北约，在失去与其对峙多年的老对手华约后，对外需要填补随着苏联解体而产生的东欧地区"权力真空"，继续寻找支撑其在欧洲政治、军事领域依旧存在的理由，对内需要平衡以法德为首的欧共体在欧洲安全主导权上的强势地位。同时，防范俄罗斯重新崛起，也需要北约对其进行制约。推动北约东扩，成为美国的重要战略。

首先，美国主导"北约东扩"在于加强其在欧洲的领导地位。克林顿政府上台后，将国家安全战略定位于"参与和扩展"。克林顿曾指出：

"美国的领导作用从来没有像现在这样重要。"[①] 美国也在《国家参与和扩展安全战略》中明确声明，"我们对欧洲战略的第一个也是最重要的要素必须是通过军事力量和合作实现安全"。因为"虽然冷战已经结束，但是战争本身并没有结束"。[②] 克林顿政府为填补苏联解体留下的东欧地区权力真空，巩固和扩大冷战胜利成果，主张建立一个"覆盖现代欧洲"的新安全体系，其依靠的主要力量就是由驻欧美军、北约以及欧洲其他有关组织构成的"多边机制"。"北约东扩"正是构建新安全体系的主要措施。1995年6月，北约外长会议商定了欧洲安全原则，为"北约东扩"做好了制度上的准备。

其次，美国主导"北约东扩"在于削弱、抑制北约强国，维护其在北约主导地位。从历史上看，自从航海大发现以来，世界上起支配作用的国家主要在欧洲。二战结束后，西欧国家为了对抗苏联，也是出于维护自身安全的需要而选择追随美国，很难使自身战略利益最大化。冷战结束后，华约集团瓦解，西欧国家最大威胁消失，各国对打破美国在北约的垄断地位，追求自身最大利益的诉求明显增强。以法国、德国为主的西欧国家不再盲从于美国，而是力图加强自身话语权，扩大影响力。"北约东扩"后，集团内部成员增多，法、德等强国话语权受到稀释。伊拉克战争结束后，时任波兰国防部部长什马伊津斯基在出访美国时说，伊拉克将被划分为四个区域，由美、英、波共同管理。[③] 这表面上看是对波兰积极参加伊拉克战争的肯定，其中对北约中其他国家的打压也是不

---

①　克林顿为1994年、1995年、1996年《国家参与和扩展安全战略》（A National Security Strategy of Engagement and Enlargement）所撰写的前言。

②　1994年《国家参与和扩展安全战略》（A National Security Strategy of Engagement and Enlargement），第三章"整体性的地区性政策"第一节"欧洲和欧亚大陆"。

③　万方：《伊战后重建计划露出轮廓美国"犒劳"波兰?》，搜狐网，2003年5月7日，http://news. sohu. com/96/38/news209113896. shtml。

言而喻的。此外，美国致力于缓和与东欧各国之间关系，拉拢、联合东欧各国与北约中的西欧国家抗衡，从而进一步增强对北约集团的控制力。

最后，美国主导"北约东扩"在于围堵、遏制俄罗斯崛起。苏联解体后，俄罗斯虽然出现经济衰退，但其幅员辽阔、资源丰富、军事力量强大、有巨大的发展潜力。俄罗斯仍是美国关注的对象，也是其他欧洲国家防范的对象。因此，必须趁俄罗斯衰落之机，对其进行围堵，防止俄罗斯再次强大后扩大自己的影响。美国利用"北约东扩"这一有利时机，将北约势力范围推向俄罗斯"家门口"，削弱俄罗斯陆权优势，对俄罗斯直接产生结构性压力。随着俄罗斯发展，"北约东扩"的影响力将越发凸显，其对俄罗斯的围堵、束缚将持续发挥作用。

二、波兰积极要求加入北约的战略考虑

华约集团解体后，波兰成为一个主权完全独立的国家，地处北约与俄罗斯之间，这对于国内体制转轨期间面临严重问题，军事力量并不强大的波兰来说，如何保障国家安全，成为政府面对的首要问题。波兰国内政坛的"三股力量"①虽然在国内治理问题上分歧较大，但一致同意"向西看"战略。通过加入北约来缓解国家安全压力，这对于在历史上曾数次被瓜分的波兰来说十分重要，此外，加入北约也是促进波兰转轨、融入西方和发展经济的重要途径。2009 年 3 月，在波兰加入北约十周年庆典上，时任波兰国防部部长克利赫（Bogdan Klich）指出，加入北约主

---

① "三股力量"即左派、右派和中间派。左派是指从原来的统一工人党派生的政党，又称为前共产党政党；右派最早指 1989 年以前的反对党"团结工会"以及其派生出来的政党；中间派指农民党等走中间道路的政党。

观上加强了波兰的防卫能力并保证了波兰的国家安全。[①] 另外，波兰加入北约，有利于其利用北约组织继续实施反俄、抗俄、抑俄战略。

波兰积极加入北约组织，有利于强化其自身军事实力。波兰积极融入北约，在获得北约驻军的同时，还可以通过融入北约作战体系来发展壮大自身军事力量。加入北约后，波兰陆军部队积极重组转型，装备了大量高技术武器装备，机动性更为灵活；空军部队大量引进美国战机和雷达、导弹系统，信息化程度显著提高；海军部队与瑞典、挪威展开深度合作，引进大量新型海上作战装备，波兰舰队如虎添翼。[②] 同时，通过与北约各国的技术合作，波兰国内武器装备研发与制造水平得到加强，战争潜力提升明显。

加入北约，也源于波兰致力于改善与美国关系，加强与西方国家互动交流。苏联解体后，波兰积极向美国与西欧国家靠拢，波兰的地理位置符合美国对于东欧地区战略支点国家的期待，同时，由于在经济发展等方面潜力巨大，波兰深受欧盟国家欢迎，使波兰与美欧之间颇有"同声相应，志同道合"之意，这也催生了波兰与美欧之间日益广泛的交流合作，双方的外交关系也不断提升。加入北约，实际也是波兰力主强化对美欧关系的重要举措之一。

三、美国与波兰建立特殊同盟关系

波兰人一直拥有自己的"波兰梦"，那就是成为地区大国，在东欧，乃至整个欧洲发挥重要作用。在波兰人心中，俄国与波兰有着一时难以

---

① 马世骏、张章：《波兰防长说加入北约使波兰安全得到加强》，新华网，2009 年 3 月 13 日，http://news.xinhuanet.com/world/2009-03/13/content_11002124.htm。

② 付征南：《波兰转型由"东"向"西"》，《环球军事》2006 年总第 138 期，第 37 页。

化解的历史积怨，欧洲国家也曾在波兰的危难时刻"见死不救"，只有作为域外超级大国的美国不曾伤害过波兰，而且与波兰没有现实利益冲突。所以，在历史与现实双重因素的影响下，波兰转轨后高度重视对美国关系，视美国为最重要战略伙伴与盟友，也视自己为"美国在中东欧的主要伙伴和在欧洲的最重要伙伴之一"①。对美国而言，同样也有将波兰打造为欧洲地区示范与支点的战略意图，并以此达到影响欧盟和俄罗斯的目的。波兰加入北约恰好强化了这种"特殊同盟关系"。

转轨后的波兰是美国"大西洋主义"的坚定支持者。"大西洋主义"起源于第二次世界大战结束初期，美国通过经济援助、军事支援等途径，依托马歇尔计划及北大西洋公约组织，对西欧提供了积极的援助与保护。冷战时期，大西洋联盟是跨大西洋两岸国家维持团结统一共同对抗苏联阵营的重要机制。美国为了维护西欧盟友、保持繁荣稳定的自由欧洲市场，对西欧国家采取一系列支持与保护政策。随着冷战接近尾声，美国再次主导推出"新大西洋主义"，一方面，为了保持北约组织在欧洲的存在，对其赋予了新的意义，意图使之成为能够肩负除防务之外的政治经济事务的超级机构；另一方面，主张推动欧共体的开放，并以此促进原苏联阵营内的后共产主义国家的转型。正如基辛格所言："欧洲无论是作为一个民族国家的集合体还是作为欧盟发挥作用，只有当它的目标与美国的目标重合时，只有它认为没有它的参与，双方的共同目标无法实现时，才会分担美国的负担。"② 法国前外交部部长韦德里纳指出，统一欧洲的目的就是削弱美国的霸主地位。英国与欧洲大陆的立场不同，因为在两次世界大战中英国都得益于美国的援助而逃过劫难，与美国始终保

---

① 马云亮：《波兰外长谈波外交政策》，人民网，2002 年 3 月 15 日，http://www.people.com.cn/GB/guoji/22/84/20020315/688363.html。

② ［美］亨利·基辛格：《基辛格：美国的全球战略》（胡利平等译），海口：海南出版社 2014年版，第 35 页。

持友好关系也成为 20 世纪以来英国外交政策的主要方向。英国认为大西洋两岸关系是一项互利共赢的共同事业，而法国则把大西洋两岸关系当作一场零和游戏，认为两岸注定会有一方占上风。

虽然西欧大陆国家对美国主导的"大西洋主义"存在一定程度的排斥情绪，但作为北约和欧盟的新成员的中东欧地区国家则对大西洋主义有很高的依赖和期待。"在北约扩大后加入其中的原华沙条约国家，曾被迫脱离西方阵营，现在迫切想要再次被纳入这个阵营之中。他们不只将北约看成一个安全组织，甚至把它作为连接跨大西洋两岸的西方的唯一机制。"① 由于被俄德侵占的历史和在苏联阵营内的不愉快记忆，波兰等国对于曾在艰难时期给予了其帮助的美国的好感远大于近邻西欧国家，再加之美国作为世界第一军事强国的事实，令波兰等国对大西洋彼岸的美国的倚靠远大于对西欧国家的期待。

与英国始终不曾磨灭的"日不落帝国"的记忆不同，波兰作为原华沙条约国家中的典型代表，对自身的定位更加明确：波兰不是一个超级大国，不追求扩张性的政策。相对而言，波兰是一个地区性大国，它的利益并未超出欧洲大陆的范围。② 即便如此，加入欧盟之后，波兰也矢志不渝地在关键节点和政策上支持美国，经过多年的发展，"大西洋主义"已经成为波兰的政治特色。波兰对北约的重视程度也远超西欧的北约国家。

波兰积极响应美国号召，为美国的霸权战略造势，支持美国发挥领导作用。2002 年 7 月，时任波兰总统克瓦希涅夫斯基在对美国进行正式访问时曾提出："我们需要共同战略和明确界定的领导国，我相信美国能

---

① ［美］罗伯特·卡根：《天堂与权力：世界秩序中的美国与欧洲》（刘坤译），北京：社会科学文献出版社 2013 年版，第 114 页。

② J. Nowak-Jezioranski, "The Atlantic Republic. Where does Poland National Interest Lie?"转引自 Roman Kuzniar, "*Poland's Foreign Policy after 1989*(Warsaw: Wydawnictwo Naukowe Scholar, 2009) , p. 356。

够担当此任"。他还多次公开表示对布热津斯基所提出的"美国的霸权有助于解决世界的无政府状态","波兰、欧洲和世界比从前任何时候都需要美国,美国也需要世界"等观点的强烈认同。^① 波兰支持美国在北约集团中发挥主导作用,认为欧洲地区自身军事实力尚无法抵消俄罗斯的军事威慑,只有美国保持其在该地区的军事存在,并带领北约其他成员国共同构筑防范俄罗斯和中东地区的"安全线",才能保证欧洲国家自身安全。同时,波兰置俄罗斯和北约相关国家感受于不顾,公开声援美国实施"北约东扩",支持美国所倡导的增加北约成员国防务预算的主张,呼吁美国在东欧地区建立导弹防御系统,并要求美国扩大在波驻军规模。2001 年 6 月,波兰与美国发表联合声明,表示双方"同意需要一个综合性的安全战略,这项战略包括建立进攻性的和防御性的威慑系统"^②。此外,波兰还将欧洲其他国家的不满置之度外,加强与美军之间军事合作,不惜重金购买美军 F-16 战斗机、C-130 运输机等武器装备,其目的也是为密切美波之间这种"特殊关系"。

波兰积极加入美国全球反恐战略,支持美国战略主张,配合美军的反恐行动。"9·11 事件"发生后,波兰总统克瓦希涅夫斯基第一时间向美国发出慰问电,强烈谴责"恐怖主义"行径,明确立场支持美国。2001 年 10 月,波兰发出声明,"波兰坚定地与美国站在一起,努力支持这次反恐战争取得胜利,保证完全支持正在形成的有可能的最广泛的反

---

① President Aleksander Kwasniewski, "President Aleksander Kwasniewski at the Ceremony of Endowing the Zbigniew Brzezinski Chair in Global Security and Geo-strategy," July 18, 2002, http://www.prezydent. pl/ser/index. php3?tem_ID=4567.

② "Meeting of the President of the USA and the President of the Republic of Poland, Plenary Session and Joint Statement by President George W. Bush and President Aleksander Kwasniewski," Website of President of the Republic of Poland, June 15, 2001, http://www. prezydent. pl/ser/en-index. php3?tem-ID=974&kategoria=Archive.

恐联盟,并在此期间为我们的盟友提供一切支持"① 并向阿富汗派出 300 名特战队员,以支持美国对阿富汗塔利班"恐怖主义"的军事打击。2003 年,波兰与欧洲其他六国发表七国联合声明,呼吁国际社会支持美国进军伊拉克,波兰也成为美国同年 3 月公布的公开支持美国对伊拉克发动战争的 30 个国家之一。在伊拉克战争中,波兰派出 200 人的突击队参战,并在战后派遣 2500 人的部队参与战后维稳工作。2005 年 3 月,美国与波兰共同成立反恐工作组,用以交流反恐信息、进行反恐培训以及拟定与反恐有关的法律法规等。这是美国与欧洲国家合作成立的首个反恐工作组,② 波兰在与美国共同反恐方面走在欧洲其他国家前面。2014 年 9 月,波兰总统科莫罗夫斯基在联合国首脑会议上表示,"波兰支持美国空袭在叙利亚的'伊斯兰国'(IS)武装分子"③。此外,波兰还定期与美军开展特种部队联合反恐作战训练,深化两国军事交流。可以说,在全球反恐问题上,波兰已成为美国的亲密战友与坚定盟友。

对于美国在波兰境内建立反导基地和部署导弹,波兰始终积极斡旋,并在 2010 年 5 月让美国的"爱国者"导弹部署在莫龙格军事基地,该基地离俄罗斯飞地加里宁格勒仅 60 公里。2012 年 2 月,美国驻叙利亚大使馆因"安全原因"关闭,委托波兰代表美国在叙利亚的利益,凸显了美波之间的特殊关系和美国对波兰的信任。2017 年 7 月,美国总统特朗普赴欧洲参加二十国集团(G20)峰会,首访国定在波兰,并发表了一番

---

① President Aleksander Kwasniewski, "Statement by President of the Republic of Poland Mr. Aleksander Kwasniewski," Website of President of the Republic of Poland, October 7, 2001, http: // www. prezydent. pl/ ser/ en-index. php3? tem-ID = 989&kategoria = Archive.

② 徐玲德:《波兰与美国反恐工作组正式成立》,新华网,2005 年 4 月 1 日,http://news. xinhuanet. com/world/2005-04/01/content_2770761. htm。

③ 《波兰积极支持盟国打击伊斯兰国方案》,中华人民共和国商务部网站,2015 年 12 月 4 日,http://www.mofcom. gov. cn/article/i/jyjl/m/201512/20151201203306. shtml。

热情洋溢的讲话。演讲中不仅回顾了美波关系历史，还专门肯定了波兰在北约的重要地位，"在北约联盟最坚定的成员国中，波兰恢复了在欧洲的领导地位"①。波兰对特朗普的访问欣欣鼓舞，认为其到访肯定了波兰在地区事务中的重要性，也是波兰与美国特殊关系的集中体现。2018年5月，波兰国防部表示，波兰准备拿出15亿到20亿美元，支持美国军队在波兰建立永久军事基地，实现在波兰的常驻。2018年9月，波兰总统杜达访问美国时再次公开表示，波兰愿出资20亿美元邀请美国到波建设永久军事基地，并迎合称该军事基地可以"特朗普堡"命名。在新闻发布会上，杜达毫不掩饰地指出，俄罗斯在欧洲的非法扩张是事实，美国的军事存在只是对"自由世界"安全的捍卫和保障。预防战争的方法就是坚定表明我们随时能够击退可能发生的攻击。存在即意味着威慑。当欧洲有着潜在战争威胁地区拥有了强大的军事存在时，就不会发生任何战争。② 波兰是北约国家中军事开支始终达标的少数国家之一，一直致力于加强自身防务能力，这些努力都得到了美国的认可。波兰领导人在多个场合强调，波兰的安全也是整个欧洲的安全，是美国主导的"自由世界"的安全。杜达的此番论调为美国在波兰设置永久军事基地提供了重要依据，波兰对波美特殊关系的倚重和对美国的防务依赖也由此彰显。

---

① The White House, *President Trump in Poland*, July 6, 2017, https://www.whitehouse.gov/articles/president-trump-poland/.

② The White House, *Remarks by President Trump and President Duda of the Republic of Poland in Joint Press Conference*, September 18, 2018, https://www.whitehouse.gov/briefings-statements/remarks-president-trump-president-duda-republic-poland-jointpress-conference/.

第三节　"东欧导弹防御计划"在波兰的实施

出于对自身安全的忧虑，以及对遏制、威慑主要对手的考量，美国小布什政府在 2002 年提出在东欧地区部署反导基地的想法，以此作为美国国家导弹防御系统（NMD）的有力补充，"东欧导弹防御计划"由此产生。

一、美国"东欧导弹防御计划"的提出与实施

美国"东欧导弹防御计划"的提出与施行并非一帆风顺，相继经历了小布什政府的强势推进，奥巴马政府起初的坚决放弃与之后的"曲线"执行，以及现任特朗普政府的坚定推行与竭力巩固。

2004 年年初，时任美国导弹防御局局长纳德·卡迪什中将对美国在欧洲现有的两个导弹防御阵地对于来自中东地区（伊朗）弹道导弹的防御能力表示担忧，并提出美国要在欧洲地区选址建立第三个陆基弹道导弹防御阵地。2005 年，美国开始在波兰南部地区进行选址，分析在该地建立导弹防御阵地的可行性。2006 年，美国宣布波兰、捷克、匈牙利、保加利亚、土耳其等国成为部署弹道导弹防御阵地候选国，并计划在未来四到五年耗资 16 亿美元在上述国家选址部署一个初级导弹防御阵地。2006 年年底，美国正式宣布在波兰部署 10 枚拦截导弹，在捷克部署支持反导系统运行的雷达预警阵地。2008 年，奥巴马当选总统后，对布什政府倡导的"东欧导弹防御计划"持冷漠态度，仅仅表示"在证实技术上

可行后，支持实施'东欧导弹防御计划'"①。2009年3月，奥巴马下令国防部重新审定在东欧地区部署导弹防御系统的可行性，并在同年9月宣布放弃"东欧导弹防御计划",② 转而推出一项所谓"分阶段、更有针对性和操作性、更具效率"的反导系统部署方案，即"欧洲分阶段适应性导弹防御方案"（EPAA）。该方案计划采取逐步推进的方式，分三个阶段在欧洲地区部署反导系统。首先，在土耳其设置用于支持反导系统的X波段雷达站，在西班牙南部的罗塔部署四艘具有反导能力的"宙斯盾"驱逐舰，并在2015年部署了驱逐舰；在罗马尼亚南部德韦塞卢空军基地部署的反导系统导弹拦截站于2016年5月启动；在波兰伦济科沃建立反导系统，原定2018年完成，后由于建筑施工工期拖延，将延迟到2020年完工。通过以上部署，可以防御中东地区中程及中远程导弹。

美国政府之所以提出加强东欧地区导弹防御系统部署，有多方面的原因。

第一，这是美国全球战略的需要。冷战结束后，以波兰、捷克为代表的"新欧洲"国家，防俄心理强烈，亲美意识浓厚。美国致力于扩大北约，在东欧国家推进"东欧导弹防御计划"，进一步威慑、压制俄罗斯的军事能力。

第二，东欧的地理条件较好。反导系统结构复杂，对部署地地理环境要求苛刻，不仅要求部署地地形平坦开阔、地质稳定、气象良好，还要求部署地具有方便的交通和资源供给条件，东欧地区能够满足这样的条件。在政治上能够欢迎美军进驻的国家并不多，波兰和捷克都愿意为美国提供基地，美国自然愿意接受。

---

① 《奥巴马澄清未承诺在东欧继续推动反导系统》，新华网，2008年11月9日，http://news. xinhuanet. com/world/2008-11/09/content_10330057. htm。

② 赵毅、蒋国鹏：《奥巴马宣布放弃东欧反导基地建设计划》，中国国际广播电台，2009年9月18日，http://gb. cri. cn/27824/2009/09/18/3245s2625105. htm。

第三，在军事方面对美国有利。反导系统为拦截攻击性弹道导弹而建，只有建设在来袭导弹必经路线之上，方能有效发挥其威力。相对于美军已部署的导弹基地，波兰、捷克距离俄罗斯更近，对于俄罗斯发射的弹道导弹预警时间更短，覆盖范围更大，拦截效率更高。俄罗斯远程弹道导弹威慑能力和实战效能都被进一步弱化。

第四，在经济上满足了美国多方的利益需求。美国国会、国防部、军火商之间联系紧密，且军火生意直接影响美国国家经济发展。长期以来，美国通过制造地区争端兜售武器装备的事件屡屡发生。实施"东欧导弹防御计划"，不管是针对所谓的伊朗导弹威胁，还是暗中削弱俄罗斯的影响力，都将有利于在该地区制造不和谐声音与紧张态势，扩大其军火贸易规模。

奥巴马政府以"曲线救国"之策转变导弹系统部署方式，是国内党派斗争、伊核谈判重启，以及俄罗斯强烈抵制的结果。

在美国国内，民主党一贯主张放弃"东欧导弹防御计划"，这与支持该计划的共和党存在巨大分歧。共和党认为军事威慑与军事行动是维护国家利益的重要手段，其效果在一定程度上甚至强于政治影响和外交斡旋；而民主党主张政治、外交、国际合作对维护国家安全与利益的作用更加突出，应优先于武力手段。因此，民主党在维护国家安全与利益上，往往更倾向于采取政治、外交、军事等"一揽子"政策。民主党认为，部署导弹防御体系效费比较低，在花费大价钱的同时，不能完全解决美国受敌对国家导弹威胁问题。而且，奥巴马在竞选总统时即提出在执政后重新评估"东欧导弹防御计划"，而共和党参议员约翰·麦凯恩则表示，奥巴马政府放弃在东欧地区部署导弹防御系统，将削弱美国在东欧，甚至整个欧洲的主导权，这也进一步说明了两党之间在该问题上的对立态度。

奥巴马政府前期，美国宣布放弃"东欧导弹防御计划"，与俄罗斯的强烈反对和抗议也密不可分。美俄两个大国之间的对抗从普京担任总统后明显增强，美国自称在东欧部署反导系统是防范伊朗导弹攻击，但结合该地区地缘情况，其防范俄罗斯的意图更为明显。俄罗斯方面则认为，美国在东欧部署反导系统将打破该地区的战略平衡，加剧该地区紧张态势，甚至威胁到俄罗斯自身安全。自小布什政府提出该计划后，俄罗斯一直表示强烈反对，在许多国际问题上俄美加强了对抗。2008 年国际金融危机发生后，美国的相对实力下降，国际影响力也在下降，与俄罗斯强硬对抗于己不利。2008 年，梅德韦杰夫担任俄总统后，对西方的态度有所缓和，奥巴马上任后，俄美关系重启。当奥巴马政府宣布放弃"东欧导弹防御计划"后，俄罗斯外交部发言人涅斯捷连科在新闻发布会上表示，美国此举对俄罗斯将是一个"积极的迹象"。2012 年，普京第三次入主克里姆林宫，俄美之间摩擦明显增加，关系再度紧张。奥巴马政府强势推进"欧洲分阶段适应性导弹防御方案"，再次引起俄罗斯的强烈不满。俄总统发言人佩斯科夫曾表示："美国在靠近俄边境地区部署反导系统，毫无疑问对俄罗斯国家安全构成威胁。"俄罗斯战略火箭部队司令卡拉卡耶夫称，俄将采取包括换装、研制新型导弹系统在内的多种手段应对。[①] 作为对美国在波兰等中东欧国家部署导弹防御系统的回应，俄罗斯于 2014 年 1 月和 2016 年 10 月分别将两批"伊斯坎德尔"导弹部署在俄飞地加里宁格勒，导弹射程近 500 公里，波罗的海周边及北欧国家都被囊括在打击范围内。特朗普政府上台以来，国际局势陷入冷战后前所未有的变局。所谓的"美国至上"原则让美国不再以维持战略均势为目标，而是公然追求单边战略优势。美国甚至在 2019 年 2 月宣布退出由里

---

① 章念生、李增伟、曲颂：《战略挤压或成"安全困境"》，人民网，2016 年 5 月 14 日，http://world.people.com.cn/n1/2016/0514/c1002-28350232.html。

根和戈尔巴乔夫于 1987 年签订的《中导条约》。以此为主导的美国全球战略部署自然也更加倾向于围堵、遏制俄罗斯。

在波兰的积极斡旋下，2017 年 11 月，美国国会批准向波兰出售武器。2018 年 3 月，波兰与美国签署合同，购买爱国者空中和导弹防御系统，该系统配备了一体化防空反导作战指控系统，波兰计划将其作为维斯瓦防空计划的一部分。在美国官方宣布将向波兰、罗马尼亚的陆基"宙斯盾"反导基地布设最新研发的"标准 3 Blcok IIA"反导导弹后，俄罗斯紧随其后，在 2018 年年底成功试射了被称为"反导克星"的"先锋"高超音速导弹。中东欧地区的安全困境和美俄军事力量隔空较量的僵局已然显现。

美国对外宣称"东欧导弹防御计划"是为防御伊朗方面弹道导弹威胁，这无疑加剧了美伊之间的紧张态势，也会促进伊朗推进其核计划。奥巴马政府时期，美国在欧洲部署反导系统上采取了迂回策略，意图缓和与伊朗方面的关系，创造相对平和的谈判氛围，将伊朗"拉回"由联合国组织的多方会谈的谈判桌前。2015 年 7 月，伊朗与伊核问题六国①签署《联合全面行动计划》，即《伊核协议》（Joint Comprehensive Plan of Action，JCPOA）。但特朗普政府上台以来，多次对伊朗执行核协议的状况公开质疑，并在 2018 年 5 月宣布退出《伊核协议》，同时单方面重启因《伊核协议》而豁免的对伊朗制裁。波兰则对美国的行径表现出"一边倒"式的支持，枉顾伊朗曾在二战中收容了 10 余万名波兰难民的恩情，执意配合美国在 2019 年 2 月召开旨在讨论伊朗问题的会议。很多欧盟国家因为现实利益的需要，希望通过迂回的方式与伊朗搞好关系。但波兰作为北约和欧盟成员国，其态度则在一定程度上被国际社会看作欧

---

① 伊核问题六国，即五个联合国常任理事国（中国、美国、英国、法国、俄罗斯）和德国。

盟和北约的表态，不利于中东地区紧张局势的缓解。

二、"东欧导弹防御计划"对波兰国家安全的影响

波兰积极支持美国部署"东欧导弹防御计划"是基于波兰自身各方面利益所作出的决定。但是，"东欧导弹防御计划"既有有利于波兰国家安全的一面，也为波兰带来了一些不利影响。

"东欧导弹防御计划"对波兰的有利之处，主要表现在以下四个方面。

一是促进波美关系发展。近年来，波美关系一直处于上升态势。美国希望通过发展与波兰的外交关系，来拉拢、带动、辐射周边国家向美靠拢；波兰则希望借助美国的帮助加快转轨与发展，扩大在东欧乃至整个欧洲地区影响力。部署导弹防御系统，成为波美之间增进军事合作与交流的又一典型，军事上的互信与合作将进一步深化两国特殊关系，对两国关系发展具有里程碑意义。2018 年 3 月底，波兰与美国签署购买美国"爱国者"导弹防御系统合同，斥资 47.5 亿美元。[1] 美国驻波兰大使保罗·琼斯表示，"爱国者"导弹防御系统购买协议是波兰和北约关系的里程碑。表面上波兰为购买该系统花费巨资，但在该合同签署一个月前，波兰与美国率先签署了一项"爱国者"补偿协议，美国承诺向波兰投资补偿购买该系统产生的花销。由此可见，波兰购买并部署该导弹防御系统可谓一箭三雕，在进一步夯实了与美国的关系、强化自身军事防御能力的同时，还能从经济利益上得到实惠。

二是开放北约驻军，有利于保障国家安全。国家安全问题是掣肘地

---

① 《波兰与美国签订合同，斥资 47.5 亿美元购买"爱国者"导弹防御系统统》，搜狐网，来源：中国国防科技信息中心，2018 年 4 月 9 日，http://m.sohu.com/a/227704516_313834。

处缓冲地带波兰的重要问题。受自身国力、军力条件限制，波兰很难以一己之力敌东西之压，借助于其他国家或组织的力量则成为其不愿选择又不得不选的无奈之举。以邻为鉴，在乌克兰亲俄拒欧引发的国内政治危机，以及随后发生的克里米亚公投事件中，俄罗斯均起到了很大的推动作用。俄罗斯这种直接侵犯别国主权的态度与行为，引起历史上长期受其迫害与压制的波兰的高度警觉，也使波兰对于国家安全的担忧更为深切。美国在波兰部署导弹防御系统，会进一步加强北约在波兰国内的军事存在。2016 年 1 月，波兰国防部部长马切雷维奇表示："与美国就部署美国'爱国者'系统的谈判正在进行之中，波兰新保守政府的目的是让北约和美国长期驻军并设立永久性的防空体系。"[①] 同年 6 月，北约秘书长斯托尔滕贝格（Jens Stoltenberg）在布鲁塞尔召开北约防长会议前宣布，将在波罗的海三国（爱沙尼亚、拉脱维亚和立陶宛）和波兰轮换驻扎四支北约多国部队。[②] 导弹防御系统布设在波兰后，美国将派驻相应的兵力，维持防御系统的运转。目前，根据北约关于强化联盟东翼的部署，美国以轮换的方式常年在波兰保持 3000 兵力。根据合同约定，布设在波兰的导弹防御系统将于 2022 年交付，预计 2023 年正式投入使用。

三是有利于加强波兰自身军事力量建设。截至 2014 年年底，波兰现役总兵力为 24.85 万人，仅相当于俄罗斯的 14.4%；波兰在 2014 年度军费开支为 101 亿美元，仅相当于俄罗斯同年军费开支的八分之一。[③] 波兰

---

① 《波兰希望北约在波永久驻军》，新华网，2016 年 1 月 18 日，http://news. xinhuanet. com/world/2016-01/18/c_128640036. htm。

② 《北约决定驻军东欧四国外媒称其为"震慑"俄罗斯》，环球网，2016 年 6 月 14 日，http://world. huanqiu. com/hot/2016-06/9037885. html。

③ 魏云峰、马俊：《2014 年军费美中俄仍排前三报告称中国刺激周边》，环球网，2015 年 4 月 14 日，http://mil. huanqiu. com/observation/2015-04/6180160. html?agt = 15438；范雪坤：《波兰 2014 年国防预算达历史最高点》，国防科技信息网，2014 年 1 月 13 日，http://www. dsti. net/Information/News/86571。

自身军事力量薄弱，很大一部分原因是国内经济与科技发展水平有限，在无法改变这些客观条件的现实情况下，通过部署美国反导系统，加强与美军事合作，引进美国先进军事技术，有助于波兰提升自身国防工业水平，加快军队现代化建设。

四是增强国内民众安全感。长期被瓜分和侵的历史使波兰人缺少安全感。乌克兰危机和乌东部武装冲突爆发后，美、俄乃至国际社会在此事上的态度让波兰人民更感不安。2014 年 4 月，时任波兰总理图斯克在会见瓦斯克第 32 空军战术基地的波兰和美国军人时强调："与美国的合作为波兰提供了真正的安全保障，美军在波兰驻军对波兰来说意味着安全感的增加。这对波兰来说很重要。"[1] 所以，波兰人对美国设立导弹防御基地持欢迎态度，这至少能够证明，在美国和北约的庇护下，波兰将有更强的能力来应对俄罗斯威胁，波兰人民将获得更长时间的和平与稳定。

当然，波兰支持"东欧导弹防御计划"并为此提供基地，也给波兰的安全带来了一些不利影响，主要体现在以下三个方面。

一是政治上，波俄之间紧张局势进一步加剧。波兰在美俄之间选边站队，使不温不火的波俄关系跌入谷底。在对待"东欧导弹防御计划"的态度上，波兰并不介意刺激俄罗斯的神经，这进一步激化了与俄罗斯之间的矛盾。2013 年 3 月，俄罗斯联邦安全会议秘书帕特鲁舍夫在会见波兰国家安全局局长科杰伊时说，波俄之间抛开历史问题，仍有很多现实分歧悬而未决，其中就包括"我们对美国在波兰等欧洲国家部署反导系统深感不安"。美国成功在波兰部署反导基地，使本就不睦的波俄关系雪上加霜。

---

[1] 汤黎：《波兰总理称美国在波兰驻军增加了波兰的安全感》，国际在线专稿，2014 年 4 月 15 日，http://news.cri.cn/gb/42071/2014/04/15/7371s4503866.htm。

　　二是经济上，波兰国家经济发展与能源安全受到威胁。俄罗斯是波兰农产品出口的主要市场之一，如苹果、青椒、花椰菜、肉类等。这些农副食品有一个共同的特点就是不易保存，倘若受到俄罗斯制裁，极易造成波兰被动，并造成巨大经济损失。2014 年 8 月，俄罗斯宣布停止从波兰进口苹果等多种水果和蔬菜。这在波兰国内引起轩然大波，为扩大苹果销路，波兰政府敦促美方从波兰进口苹果，并呼吁国内民众组织"吃苹果"行动以扩大内需，波兰民众甚至诙谐性地打出了"每天一个苹果，普京远离我"的口号。经济学家测算，俄罗斯针对波兰农副产品的禁令使波兰在该年度经济增长率降低 0.4 至 0.6 个百分点。[①] 与此同时，波兰高度依赖俄罗斯能源供应。据 2012 年德意志银行统计数据，波兰在俄罗斯进口煤炭、原油、天然气占其进口总量的比重分别为 51.3%、83.7% 和 82.6%，虽然近年来波兰携手法国共同呼吁建立"欧洲能源联盟"，以减少对俄能源依赖，但从目前看，实际情况并无太大改观。波俄之间本就发生过因天然气价格分歧导致俄罗斯减少对波兰的天然气供应，造成波兰国内天然气供应不足的窘状。可以预见，倘若因"东欧导弹防御计划"造成波俄关系持续紧张甚至进一步恶化，波兰自身国家经济发展与能源安全将受到更大挑战。

　　三是安全上，波兰将自身推向美俄对抗的前沿并引发新一轮军备竞赛。美国在波兰部署导弹防御系统，对俄罗斯表现出咄咄逼人的战略态势。2016 年 5 月，俄罗斯总统普京在索契召开的国防工业发展会议上指出，在罗马尼亚和波兰部署的反导系统并不是单纯的防御系统，而是美国战略核潜力的一部分。美国可利用其导弹发射装置，在很短的时间内

---

　　① 韩梅、高帆：《俄罗斯对欧盟食品禁运冲击波兰农业：损失将达 7 亿美元》，凤凰财经，2014 年 8 月 12 日，http://finance.ifeng.com/a/20140812/12908891_0.shtml。

发射短程和中程导弹，给俄罗斯造成威胁，俄罗斯安全形势已经有所恶化。[①] 可以说，美国加快在波兰部署反导系统，必定加剧当地紧张局势，引发新一轮军备竞赛，迫使俄罗斯发展更为先进的攻击性武器，以此在战略上抵消美国导弹防御能力。普京强调："俄罗斯将采取一切必要措施，保持国际战略力量的平衡，以避免大规模的战争冲突。"[②] 近年来，美俄两国在"新冷战思维"的影响下，战略竞争态势逐渐升温，在许多国际问题上摩擦不断，局部地区"擦枪走火"并非没有可能。美俄之间发生军事冲突，波兰作为缓冲地带必然卷入其中。所以说，波兰若在"东欧导弹防御计划"中处理不慎，随时有可能将自身推向战争的"风口浪尖"。

三、美国部署导弹防御系统将给波兰带来额外利益

根据美国与波兰之间关于部署反导系统的协议，美国将派驻 500 名士兵进入反导基地，届时波兰也会相应派驻同样数量的军队驻扎。波兰军队有机会与美军开展更加深入的合作与交流，美国部署反导系统为波兰带来的额外利益将进一步凸显。

首先，美国反导系统将为波兰带来更为先进的发展理念。美国作为当今世界上的军事巨头，在军事科技与力量、装备发展上遥遥领先，长期引领着全球军事力量发展。波兰作为当年"华约"集团的重要一员，军事发展理念深受原苏联影响，并不十分适应当今军事变革需求。美国

---

① 张继业：《普京：美国在波兰部署反导系统威胁俄罗斯》，网易，2016 年 5 月 14 日，http://war.163.com/16/0514/08/BN0TSUNA00014OVF.html。

② 张继业：《普京：美国在波兰部署反导系统威胁俄罗斯》，网易，2016 年 5 月 14 日，http://war.163.com/16/0514/08/BN0TSUNA00014OVF.html。

在波兰布设反导系统，有利于波兰军队深入学习美军发展理念，打破自身军事力量发展思路与眼光的局限性，以尽快适应当今世界军事力量发展变化，跟上当今世界军事力量发展节奏，确保自身军事力量发展不落下风，甚至能够赶超邻国。

其次，美国反导系统将为波兰带来技术水平的提升。波兰继承了原苏联的部分军工企业，在武器装备的设计与运用上具备较好的技术基础。但是，受困于自身财力限制，波兰在转轨后无法独立支撑自身军工技术的革新与发展，需要与他国军工企业合作的方式来发展武器装备，这样虽利于波兰借助外力发展自身军事力量，但也有无法完全获得武器装备设计自主权、技术水平受制约等弊端。波兰通过美国布设的反导系统，可进一步加强与美国军事交流，引进更为先进的武器装备设计与制造技术，夯实本国军工制造基础，提升自身军工技术应用水平。

最后，美国反导系统将为波兰带来武器装备的换代。从波兰军事力量的体系上看，传统的陆军力量体系完整，结构合理，编成科学，而海、空军发展相对薄弱，武器装备尚未形成覆盖海、陆、空全域、遂行多样化军事任务的能力（如海军只有 3 艘潜艇，空军没有重型攻击性战机，海、空军部队总数不足 2 万人，仅相当于陆军部队的 12%）[1]，尤其在电磁、网络、太空等新兴作战力量上，波兰尚不具备很好的物质和技术基础，发展较为缓慢。但这些领域恰恰是美军的长项，美军在多维作战领域均具备显著的竞争力，并一直有向友军售卖先进武器装备和先进技术的传统。波兰与美国在反导系统上的合作，将进一步促成两国军事力量上的互补与提高，波兰在支持美国部署反导系统的同时，必然能够获得美国在军事力量上的援助，可以预见，在美波军事关系深入发展的背景

---

[1]　《波兰军事力量详表》，战略网，http://www.chinaiiss.com/military/view/155。

下，波兰军队将迎来一波大规模的武器装备更新，波兰的作战能力将获得显著提高。

第四节　本章小结

曾经辉煌的历史和蓬勃发展的现实相结合，难免令波兰产生自身是一个地区大国，并且将在该地区发挥更重要的作用的自我认识。对"地区大国地位"的追求首先要以保障国家安全为前提。波兰在北约框架下积极提升自身国防建设，其军费开支在中东欧国家中一直遥遥领先。美国总统特朗普在竞选时就专门指出，波兰是北约成员国中为数不多的五个主动承担军费的国家。特别是在乌克兰危机之后，波兰越发重视北约和美国对其国家安全的承诺和保障。对此，波兰政府一方面配合美国在领土北部接近波罗的海地区部署导弹防御系统，并与北约多国部队在境内进行联合军演；另一方面，强烈要求北约增加在波兰的驻军，以增进国家安全感，甚至提出要出资 20 亿美元邀请美国到波兰建立永久军事基地。对美国而言，在波兰增加驻军、部署导弹防御系统恰好有助于在俄罗斯的东部前沿形成威慑。可以说，美国正是利用了波兰对于"地区大国地位"的诉求和对国家安全保障的追求，让波兰成为美国在中东欧地区的先锋营垒。

冷战结束以来，特别是加入北约和欧盟之后，波兰在地区事务中表现积极。不仅在中东欧四国组成的"维谢格拉德集团"中积极作为，同具有共同利益的其他中东欧国家联合发声，增强中东欧地区在欧盟和国际事务中的影响力，还主导实施了旨在推进欧盟东扩的"东方伙伴关系"

计划①，并积极配合美国进一步推进北约东扩，意在将乌克兰、白俄罗斯等被波兰当作历史上本国势力范围的国家纳入同一阵营。② 如此一来，一方面波兰的地缘战略环境将得到改善，波兰将不再是北约和欧盟的东部前沿，在削弱俄罗斯在该地区的地缘政治力量的同时，波兰的安全环境将有很大的改善；另一方面积极推进北约欧盟的东扩，将有助于波兰在欧盟地区的地位的提高，波兰成为与其处在同一政治空间的国家的领袖的梦想将得以实现，波兰在国际事务中的话语权也将得到有力提升。

---

① "东方伙伴关系"计划，即欧盟与东欧和外高加索国家特别关系发展方案，2008 年 5 月由波兰和瑞典联合提出，针对包括乌克兰、摩尔多瓦、格鲁吉亚、亚美尼亚、阿塞拜疆、白俄罗斯这 6 个原苏联加盟国，意在挤压俄罗斯战略空间，同时从政治、经济、社会等领域对这些国家进行"欧盟化改造"，提高这些国家在政治经济等方面融入欧盟的程度，推动民主法治进程，确保欧盟东部边界的稳定、安全与繁荣。

② 李寒秋：《波兰对外战略转型剖析》，《国际展望》2004 年第 3 期，第 70—71 页。

第六章

美国对波兰政策的国际影响

冷战结束以来，美国与波兰的关系密切。波兰在剧变后的政治经济转轨中得到美国大量的技术援助和资金支持。加入北约后，波兰在国家安全问题上几乎"一边倒"地依靠大洋彼岸的美国，并在反恐战争和打击伊拉克战争中成为美国在欧洲地区最坚定的盟友。波兰虽然已经加入欧盟，但在经济、能源等诸多领域，美国仍然为波兰的经济发展和能源安全提供支持。正如波兰外交部部长瓦什奇科夫斯基所言："波美关系已超出了战略合作伙伴的范畴，双方不仅是朋友还是盟友，分享着共同的历史与价值观。"[1] 作为美国在中东欧地区的坚定盟友，波兰向东可以配合美国遏制俄罗斯，向西能够在美欧意见相左时支持美国，分化欧盟。特别是在乌克兰危机前景未明、难民危机持续发酵和英国通过脱欧公投的形势下，美国对波兰政策不仅能够影响到美国的全球战略布局，还将对俄罗斯和欧洲地区形势产生直接影响。

---

[1] 《波兰外长谈波美关系》，中华人民共和国商务部驻波兰经商参处，2016 年 2 月 17 日，http://www.mofcom.gov.cn/article/i/jyjl/m/201602/20160201256978.shtml。

第一节　美波关系对美国全球战略的影响

美国全球战略部署的重点就是保证其自身的领导地位，塑造并维护能够推进美国全球利益的国际秩序。冷战结束后，美国政府推出了"参与和扩展"战略，确定了"发展经济""保障安全"和"推广民主"的战略理念。"保障安全"包括保障美国自身和其盟国的安全，为了确保美国在欧洲的利益，美国推行了"北约东扩"战略，将原苏联势力范围内的国家纳入其中。可以说，抑俄、防俄在美国的全球战略布局中始终占有一席之地。美国认为民主推广有利于美国的战略利益，其重点关注的区域包含冷战时属于苏联势力范围的地区，要在促进俄罗斯和新独立的原苏联加盟共和国的民主和市场改革的同时，帮扶那些靠近西欧民主大国的中东欧民主国家。美国的长远战略目标是实现"每一个大国都是民主国家，而且有许多其他国家加入市场经济民主国家大家庭。"[1] 这个目标体现了美国霸权主义的野心，至今影响着美国对外战略。"9·11事件"之后，美国政府将保守主义、单边主义和霸权主义植入美国全球战略之中，并且明确指出要保证美国全球"领导地位"。奥巴马政府上台后，起初试图以温和的态度扭转美国在盟国和世界其他国家心中的消极印象，但不久就又转向了强权政治的一面：在亚太地区大张声势，提出"亚太再平衡"战略、在南海问题上指手画脚、推动《跨太平洋伙伴关系

---

[1]　*A National Security Strategy of Engagement and Enlargement* (Washington, D. C. : U. S. Government Publishing Office, July 1994), pp. 18 – 20; *A National Security Strategy of Engagement and Enlargement* (Washington, D. C. : U. S. Government Publishing Office, February 1995), pp. 22 – 24; *A National Security Strategy of Engagement and Enlargement* (Washington, D. C. : U. S. Government Publishing Office, February 1996), pp. 32–34.

协定》（TPP）意图重塑亚太地区经贸规则；在中东、北非地区介入并支持"民主革命"，造成延续至今的动荡不安；在欧洲地区加强北约的军事部署，支持乌克兰民主化进程，在克里米亚危机后联合西方国家，制裁并压制俄罗斯。特朗普政府的执政方略更是以"美国优先"为首要原则，为发展自身经济不惜与世界为敌，退出多项旨在促进全人类共同发展的协定，打着"重振美国"的旗号搅乱国际局势，执政前景甚为不明。

总体而言，冷战结束以来，美国的全球战略始终以保障美国的全球领导地位为重点，确保美国"硬实力"和"软实力"的全球影响力。在操作层面上，美国重视加强北约的军事力量，同时在全球推广美国的民主价值观，强化自身的政治影响。美国以其盟国为战略支点，确保自身在全球各关键地区利益。波兰则是美国在中东欧地区的重要支点国家。

一、美国把波兰作为在全球推广民主的"榜样"

在美国看来，民主推广意义重大。对内可以促进繁荣，对外能够遏制威胁。美国《国家安全战略》中明确指出，同新兴民主国家合作，帮助这些国家维持和发展民主制度，是美国国家安全战略的关键部分。具体实施方案主要包括：动员在美国领导下的国际力量，同时充分发挥经济手段的作用，不仅依靠政府的力量扩展民主，还要通过私营机构和非政府组织力量，共同服务于美国的目标；在关注价值观渗透的同时，还要注重制度和机构的建设。① 这些实施方案在美国帮助波兰向西方体制转

---

① *A National Security Strategy of Engagement and Enlargement* (Washington, D. C. : U. S. Government Publishing Office, July 1994), pp. 18 – 20; *A National Security Strategy of Engagement and Enlargement* (Washington, D. C. : U. S. Government Publishing Office, February 1995), pp. 22 – 24; *A National Security Strategy of Engagement and Enlargement* (Washington, D. C. : U. S. Government Publishing Office, February 1996), pp. 32 – 34.

轨的过程中都有所体现。波兰转轨成功后，成为推广民主最为积极的国家。

　　波兰是美国向俄罗斯势力范围进行意识形态和价值观渗透的主要帮手。波兰是在美国的帮助下成功实现民主转型的样板，具有丰富的转型经验可供其他国家参考。波兰认同美国式民主理念，认为在波兰东部国家的推广民主有益于保障自身的安全。由美国非政府组织国家民主研究所协助波兰创立的欧洲民主研究所是波兰与美国合作向东欧地区推广民主的机构之一，该机构特别面向白俄罗斯、乌克兰、阿塞拜疆、吉尔吉斯斯坦等俄罗斯势力范围内的国家展开民主推广。主要内容包括邀请这些国家中与民主活动相关的人员、非政府组织和独立媒体等参与在波兰组织的培训，向这些国家的民主活动家传授经验，介绍波兰剧变之前民主活动家如何安全地开展地下工作等。美国与波兰是乌克兰民主化进程的主要支持者，两国联合在"东方伙伴关系"计划的国家中推广民主项目：针对亚美尼亚、阿塞拜疆、白俄罗斯、格鲁吉亚、摩尔多瓦和乌克兰的青年领导者展开民主培训；两国共同努力加强摩尔多瓦的地方治理水平和政治透明度；对于白俄罗斯卢卡申科政府在选举过后镇压反对派、独立媒体和公民社会的行为，波兰推动欧盟与美国联合加大对白俄罗斯政府的制裁力度，联合美国共同对白俄罗斯受镇压的反对派展开支援。[1]作为促进白俄罗斯民主化进程的手段，波兰与美国合作扩大了柯克兰—卡利诺夫斯基奖学金项目（Kirkland and Kalinowski Scholarships），为白俄罗斯青年和年轻的领导者提供机会，到更发达的民主国家和更开放的社

---

[1]　The White House, *FACT SHEET: The United States and Poland: Strong and United*, June 3, 2014, https://obamawhite-house. archives. gov/the-press-office/2014/06/03/fact-sheet-united-states-and-poland-strong-and-united.

会制度下学习生活。① 在针对这些国家的民主推广中，波兰除了可以为民主转型成功的参照物外，还具有不可替代的地缘优势。

波兰在推进"民主共同体"（Community of Democracies）建设与发展上积极作为。"民主共同体"于 2000 年 6 月成立于波兰首都华沙，以首次世界民主大会上通过的《华沙宣言》为成立的标志，旨在在世界范围内推广民主原则，巩固民主制度。② 美国对此高度赞扬，并积极推动"民主共同体"的进一步发展，波兰在其中发挥了重要作用。一方面，在"民主共同体"的机构建设上，波兰发挥着关键作用。华沙会议后，成立了作为"民主共同体"核心机构的"召集小组"（Convening Group），用以指导并协助"民主共同体"开展工作，波兰与美国都是首批"召集小组"成员国。2008 年，"民主共同体"永久秘书处（Permanent Secretariat of the Community of Democracies）在华沙成立，承担行政、运作及技术职能，致力于提高"民主共同体"工作效率。③ 波兰在"民主共同体"组织架构中的重要性由此凸显。另一方面，波兰积极配合美国，主动参与"民主共同体"相关活动。在 2002 年 11 月召开的"民主共同体"汉城会议上，波兰副外长丹尼尔·罗特菲尔德（Adam Daniel Rotfeld）与美国副国务卿多布里扬斯基（Paula J. Dobriansky）共同主持了以"巩固民主机构"为主题的第一次圆桌会议。④ 2010 年 7 月，"民主共同体"成立 10 周年会议在波兰古城克拉科夫召开，美国总统奥巴马出席并发表讲话，充分肯定了"民主共同体"在民主推广中的重要作用。2011 年，美国和

① The White House, *FACT SHEET: U. S. -Polish Efforts to Advance Democracy Worldwide*, May 28, 2011, https://obama-whitehouse. archives. gov/the-press-office/2011/05/28/fact-sheet-us-polish-efforts-advance-democracy-worldwide.

② 刘建飞：《美国"民主联盟"战略研究》，北京：当代世界出版社 2013 年版，第 80—81 页。

③ 刘建飞：《美国"民主联盟"战略研究》，北京：当代世界出版社 2013 年版，第 108 页。

④ NDI, https://www. ndi. org/.

波兰共同负责了针对摩尔多瓦的"民主伙伴关系的挑战"（Democracy Partnership Challenge）项目。该项目是"民主共同体"整合世界各地资源来鼓励新兴民主国家改革的举措。[①] 可以说，波兰作为"民主共同体"的发端国，既在推动"民主共同体"建设与发展的过程中积极作为，又因其自身民主转型的成功而具有不可替代的象征意义，是美国对外民主推广的重要伙伴。

除了"民主共同体"外，美国还与波兰在 2011 年 3 月联合创立了"双边民主对话"（Bilateral Democracy Dialogue）机制，共同促进世界民主化进程。为了进一步援助民主活动，波兰参照美国全国民主基金会的模式，设立了"国际团结基金"（International Solidarity Fund），接受美国全国民主基金会的支持与指导。波兰除了在其东部邻国进行民主推广，也配合美国在中东和北非地区推广民主。2011 年突尼斯"茉莉花革命"爆发后，美国和波兰在突尼斯展开联合指导行动，帮助突尼斯学习借鉴中东欧地区民主转型的经验。美国和波兰向突尼斯派遣了波兰民主活动家和转型专家，到突尼斯指导政治转型、政党建设、选举和公民社会建设等民主项目。[②] 可见，波兰民主转型成功的示范效应和指导意义已经不局限于中东欧地区，已经成为美国向世界其他地区推广民主转型经验的重要参考。

---

① The White House, *FACT SHEET: U. S.-Polish Efforts to Advance Democracy Worldwide*, May 28, 2011, https://oba-mawhitehouse. archives. gov/the-press-office/2011/05/28/fact-sheet-us-polish-efforts-advance-democracy-worldwide.

② The White House, *FACT SHEET: U. S.-Polish Efforts to Advance Democracy Worldwide*, May 28, 2011, https://obama-whitehouse. archives. gov/the-press-office/2011/05/28/fact-sheet-us-polish-efforts-advance-democracy-worldwide.

二、美国借助波兰维持和加强冷战时建立的军事政治同盟

美国把维护冷战时的军事政治同盟，并扩大北约的职能作为其实现单极世界霸权的重要工具。美国国家利益委员会①在 1996 年和 2000 年分别发布了《美国国家利益报告》，报告将美国国家利益分为四个层次，分别是生死攸关利益（vital national interests）、极端重要利益（extremely important interests）、一般重要利益（just important interests）、次要利益（less important or secondary interests）。在五项核心利益中，包含"确保美国盟友的生存以及他们积极配合美国塑造一个繁荣的国际体系"。② 可见，美国对欧洲盟友的安全以及欧洲盟友对美国政策的顺从有着重大关切。

美国意图通过北约、驻欧美军和欧洲其他相关组织构成的"多边机制"，建立"覆盖现代欧洲"的安全体系。1994 年美国《国家参与和扩展安全战略》指出，"我们对欧洲战略的首要任务必须是通过军事力量和合作来实现安全"。③ 美国"北约东扩"战略得到了波兰等中东欧国家的积极响应，这让北约有了在冷战后继续在欧洲地区存在的正当理由，也为美国保持在欧洲地区的政治和军事影响创造了机会。

波兰加入北约以来，发挥了于美国有利的积极影响。对美国来说，加强在中东欧地区军事存在是长期战略目标，美国通过此举向俄罗斯传统势力范围渗透，压缩俄罗斯战略空间。对波兰而言，维护国家安全的首要任务就是防范俄罗斯。美国在历史上对波兰的独立和发展发挥过积

---

① 美国国家利益委员会由美国贝尔福科学与国际事务中心、尼克松中心和兰德公司等三家知名智库于 1993 年联合发起成立。

② The Commission on America's National Interest, July 2000, pp. 3-5.

③ A National Security Strategy of Engagement and Enlargement (Washington, D. C.: U. S. Government Publishing Office), July 1994.

极作用，两国关系建立在历史友好和共同价值观的基础上，根基较为稳固。波兰积极推进美国领导的北约框架下的军事合作，甘当美国在中东欧地区的"传声筒"，协助推进符合美国利益的地区政策，一方面是对盟友表示支持，另一方面也是为了在维护本国利益的同时，增强波兰的地区影响力。换言之，美国与波兰在中东欧地区有着共同的战略利益诉求，波兰也帮助美国在欧洲地区加强了北约的军事力量，增进了美国的在欧洲地区的政治影响力。

波兰支持美国在北约框架内的单边主义行动。加入北约以来，波兰在军事行动上近乎"一边倒"式的支持美国。"9·11事件"之后美国发动阿富汗战争，在很多盟国都在阿富汗撤军的情况下，波兰仍与美国站在一起，保持在阿富汗的军事存在；在2003年伊拉克战争中，波兰不顾法德等国的反对，坚决追随美国出兵伊拉克，获得了美国对其作为"新欧洲"国家的赞誉。波兰对美国军事行动的积极配合，让美国避免了在欧洲的北约成员国中失去号召力的尴尬境遇，还为其他中东欧国家起到了示范效应。继2003年1月30日波兰与欧洲其他七国签署了支持美国对伊拉克动武的"八国公开信"之后，2月5日，由中东欧国家组成的"维尔纽斯十国集团"也签署了支持美国对伊拉克采取强硬立场的公开信。[1] 2014年美国国防部部长哈格尔访问波兰期间，称赞波兰是北约框架下美国最得力的伙伴。[2]

2004年波兰成为欧盟成员国，作为北约和欧盟的东部边缘，波兰主导实施了旨在推进欧盟东扩的"东方伙伴关系"计划，并积极配合美国进一步推进北约东扩，意在将乌克兰、白俄罗斯等在历史上部分领土属

---

[1] Statement of the Vilnius Group Countries, novinite.com, February 5, 2003, http://www.novinite.com/view_news.php?id=19022.

[2] 汤黎：《美防长哈格尔访问波兰双方表示将加强军事合作》，中国日报网，2014年1月31日，http://www.chinadaily.com.cn/hqgj/jryw/2014-01-31/content_11143559.html。

于波兰势力范围的国家纳入同一阵营。① 美国著名国际问题学者、前国务卿基辛格在探讨美国的全球战略时毫不隐讳地指出："北约组织基本上是个军事联盟，它的部分目的是保护欧洲，防止俄罗斯帝国主义重新抬头。"② 东扩如果实现，俄罗斯的地缘政治力量将被削弱，不仅符合美国及其西方盟国的利益，波兰也将不再是北约和欧盟的东部前沿，安全环境会有很大改善。2015 年，波兰外长瓦什奇科夫斯基在会见美国国务卿克里时明确表示，波兰积极支持北约东扩政策，并对在最新一轮东扩中加入北约的黑山共和国表示欢迎。③ 波兰的支持为美国推进"北约东扩"增注了动力，还帮助美国增强了在欧洲地区的影响力。

波兰主动要求美国在北约框架下加强在波兰的军事部署，以对抗来自俄罗斯的潜在威胁。2010 年 5 月，美国爱国者导弹部署在波兰北部的莫龙格军事基地，该基地距离俄罗斯飞地加里宁格勒只有 60 公里，波兰能够在地缘上对俄罗斯形成制约的优势充分显现。2012 年 11 月，美国一支空军分队进驻波兰，以支持美国部署在波兰的 C-130 运输机和 F-16 战机。这不仅是冷战后波兰领土上首次出现美国驻军，更是波兰与美国在北约框架下强化军事合作关系的体现。乌克兰危机爆发后，美国多次重申对其北约盟友的安全承诺，即《北大西洋公约》第五条中所提到的"对于欧洲或北美之一个或数个缔约国之武装攻击，应视为对缔约国全体之攻击"，并且开始加强在北约东部边境的军力部署。随着危机的升级，2014 年 4 月，波兰政府主动要求美方加强在波兰的军力部署，以对俄罗斯形成制约，增添对波兰的安全保障。美国随即派出 150 名士兵抵达波

---

① 李寒秋：《波兰对外战略转型剖析》，《国际展望》2004 年第 3 期，第 71 页。

② ［美］亨利·基辛格：《基辛格：美国的全球战略》（胡利平等译），海口：海南出版社 2014 年版，第 320 页。

③ 《波兰积极支持北约东扩政策》，中华人民共和国商务部驻波兰经商参赞处，2015 年 12 月 4 日，http://www.mofcom.gov.cn/article/i/jyjl/m/201512/20151201203309.shtml。

兰西波莫瑞空军基地，并且延长了其空中力量在波兰驻扎的期限。2015年，北约快速反应部队在波兰等东欧 6 国设立指挥及控制部门，还在波兰成立了北约东北部地区总部，美国向这些指挥部分派了参谋和技术及后勤人员。[1] 2016 年 5 月，美国在波兰北部布设的反导基地开工建设，为美国进一步对俄罗斯形成制约增注了新的力量。值得注意的是，无论波兰当局还是普通民众均对美国驻军波兰表示欢迎，2016 年 7 月，在北约华沙峰会期间的美波首脑会见上，波兰总统杜达毫不掩饰地表达了对美国军队进驻波兰的支持。[2] 2017 年 1 月，美军"大西洋决心"行动的部队进驻波兰，波兰政府在全国组织欢迎活动。波兰国防部部长安东尼·马切雷维奇（Antoni Macierewicz）在欢迎仪式上表示，波兰等待美军的到来已经等了几十年，"有时觉得我们是在孤军奋战，保护文明世界不受到来自东方的侵略"[3]。正如波兰前总理图斯克所言："波兰与美国在防务政策范围内的战略是接近的。"[4] 在美欧与俄罗斯分庭抗礼的局势下，波兰也由此成为美国在欧洲地区增强政治和军事影响的重要支点国家。

第二节　美波关系对俄罗斯的影响

相比苏联时期，俄罗斯的面积减少了四分之一，但仍然是世界上面

---

① 孙奕、张晓茹：《北约将在东欧 6 国建指挥部大幅扩快速反应部队》，科学网，2015 年 2 月 5 日，http://news.sciencenet.cn/html-news/2015/2/313114.shtm。

② The White House, *Remarks by President Obama and President Duda of Poland After Bilateral Meeting*, July 8, 2016, https://www.whitehouse.gov/the-press-office/2016/07/08/remarks-president-obama-and-president-duda-poland-after-bilateral.

③ 荀越：《波兰政府组织全国欢迎美军进驻："我们等了几十年了"》，观察者网，2017 年 1 月 15 日，http://www.guancha.cn/military-affairs/2017_01_15_389510.shtml。

④ 韩梅：《参加联合军演的 150 名美国士兵抵达波兰》，新华网，2014 年 4 月 24 日，http://news.xinhuanet.com/2014-04/24/c_126426376.htm。

积最大的国家。冷战结束初期，俄罗斯听信了西方国家关于经济转轨的建议，实施了"休克疗法"，国家经济生活陷入更大困境。好在俄罗斯疆域辽阔，资源丰富，依靠能源的支持，俄罗斯的经济状况重新好转起来。随着经济实力的增强，俄罗斯有了更多影响国际事务的能力，普京政府调整对外战略，以追求俄罗斯的强国地位和在国际舞台上发挥更大作用为目标，制约美国建立单极世界的意图，维护自身在独联体国家中的主导地位。对美国而言，俄罗斯庞大的体量和有核国家的身份并未因冷战结束而改变，况且其军事实力和资源储量仍然世界领先，是具有强大实力的潜在威胁。在美国看来，美俄虽然都有"胸怀天下"的担当，但美国的自由民主价值观可以向全世界推广，而俄罗斯延续四个世纪的扩张能够反映出其民族性格中的扩张主义和民族主义倾向。[①] 由此，防范与遏制俄罗斯、压缩俄罗斯的战略空间始终贯穿在美国的对外战略之中。乌克兰危机以来，美国与俄罗斯之间对立升级。奥巴马在 2015 年的《美国国家安全报告》中专门指出，俄罗斯侵略乌克兰是对美国的一个安全挑战，美国将与欧洲盟友加强欧洲能源安全和防务，通过继续实施制裁来让俄罗斯付出更高代价。[②] 波兰作为美国在中东欧地区的支点国家，在压缩俄罗斯战略空间、支持鼓励乌克兰等独联体国家民主化并疏远俄罗斯等方面与美国有着共同战略目标。

---

① ［美］亨利·基辛格：《基辛格：美国的全球战略》（胡利平等译），海口：海南出版社 2014 年版，第 63 页；［美］沃尔特·拉费伯尔：《美国、俄国和冷战，1945—2006 年》（牛可、翟韬、张静译），北京：世界图书出版公司北京公司 2012 年版，第 298—299 页。

② The White House, *FACT SHEET: The 2015 National Security Strategy*, February 6, 2015, https://obamawhitehouse. archives. gov/he-press-office/2015/02/06/fact-sheet-2015-national-security-strategy.

一、压缩俄罗斯战略空间

纵观冷战后美俄关系发展进程，由于两国在全球战略、国家安全和地缘政治领域存在利益冲突，结构性矛盾无法化解。美国推行"北约东扩"政策，并配合欧盟推进东扩，意图将原苏联势力范围内的国家纳入西方阵营，美国还加强自身在中亚地区的存在，在俄罗斯势力范围内大力推广民主，干扰独联体国家与俄罗斯的关系，这些都极大地挤压了俄罗斯的战略空间。独联体地区是俄罗斯重振大国地位的重要依托。[①] 普京就任俄罗斯总统后，将加强俄罗斯在独联体国家中的影响力作为战略目标。但是"独联体"国家由于经济水平、政治制度和民族文化方面差异巨大，加上西方国家的不断渗透，让本就松散的组织已然面临分崩离析的境遇。21 世纪以来，独联体国家相继爆发"颜色革命"，美国在其中施加了影响。中亚地区能源储量丰富，是俄罗斯与美国争夺最为激烈的地带。中亚国家土库曼斯坦 2005 年宣布退出独联体，高加索地区国家格鲁吉亚在 2008 年紧随其后宣布退出。2014 年乌克兰危机发生后，乌克兰也对外宣布启动退出独联体的程序。除了原苏联势力范围内的国家纷纷要脱离俄罗斯的影响，加入西方阵营，美欧还以俄罗斯侵犯乌克兰主权为由对其实施制裁，俄罗斯在欧洲和中亚地区面临的地缘政治环境"险象丛生"。波兰作为美国在中东欧地区的地缘政治支轴国家，充分发挥地缘优势，积极在地区内推动甚至主导对俄罗斯的遏制。除了推动北约和欧盟双东扩外，波兰还在以下几个方面影响俄罗斯的地缘战略环境。

首先，波兰积极配合美国在东欧地区的民主推广。卡特总统的国家

---

① 左凤荣：《重振俄罗斯——普京的对外战略与外交政策》，北京：商务印书馆 2008 年版，第337 页。

安全顾问、波兰裔美国地缘战略学家布热津斯基指出，使与俄罗斯接壤的国家民主化和面向西方将是防止任何形式的后苏联大国耀武扬威的最可靠的保证。① 作为中东欧地区转轨国家的典型代表，波兰的政治与经济发展状况乐观，能够为独联体国家起到示范作用。在美国的支持下，波兰在中东欧地区积极向乌克兰、白俄罗斯等国及中亚诸国进行民主渗透，鼓励这些国家建立符合西方要求的民主政权，疏离俄罗斯。在乌克兰民主化进程中，波兰起到了重要促进作用。在对亲俄的白俄罗斯卢卡申科政府实施制裁的过程中，波兰是欧盟内最为积极的推动力量，呼吁欧盟和美国对白俄罗斯采取更加严厉的制裁措施，得到了美国的肯定和赞扬。②

其次，波兰积极寻求与古阿姆集团合作。1999 年，美国从政治上和资金上支持格鲁吉亚、乌兹别克斯坦、乌克兰、阿塞拜疆和摩尔多瓦等与俄罗斯有嫌隙的国家组成"古阿姆集团"，用以分化由俄罗斯主导的独联体。虽然在经历了乌兹别克斯坦的退出后，该组织的功能和作用一度受到成员国的质疑，但在美国政治、经济和军事等多方面支持和影响下，该组织已经发展成为致力于促进成员国"脱俄入欧"的重要力量。2005 年的古阿姆峰会上，波兰和美国等国代表都在受邀参加的行列，俄罗斯代表却被排除在外。③ 在古阿姆集团 2006 年峰会上，参会的格鲁吉亚、乌克兰、阿塞拜疆、摩尔多瓦领导人共同决定将该集团更名为"古阿姆民主与发展组织"，从名称上明确了该组织促进成员国"民主与发展"的

---

① 朱晓中：《从欧洲邻国政策到东方伙伴关系——欧盟东方政策的新视线》，《俄罗斯东欧中亚研究》2009 年第 5 期，第 65 页。

② The White House, *FACT SHEET: U. S.-Polish Efforts to Advance Democracy Worldwide*, May 28, 2011, https://obama-whitehouse. archives. gov/the-press-office/2011/05/28/fact-sheet-us-polish-efforts-advance-democracy-worldwide.

③ 黄晓东：《"古阿姆"借力"颜色革命"挑战独联体》，《人民日报》2005 年 4 月 26 日，第 3 版。

目标。除了促进成员国的政治与经济发展，该组织还希望在能源领域有所作为，计划建立一条新的能源管线，绕过俄罗斯将中亚的能源直接运送到西欧，从而摆脱各国对俄罗斯的依赖。"古阿姆"的存在严重损害了俄罗斯的战略利益，却得到波兰的积极支持。2007 年，波兰—古阿姆首脑和外长会议在阿塞拜疆首都巴库和美国纽约举行。2008 年 2 月，首次波兰—古阿姆协调员会议在波兰首都华沙召开，双方同意在能源、交通和旅游等领域加强投资合作，共同采取措施提高波兰和古阿姆成员国之间的贸易额，双方达成共识，在古阿姆国家和社会活动的各个领域促进民主和法治的价值观。波兰表示了对古阿姆成员国的支持和希望深化合作的意愿。[1] 2016 年 2 月，波兰驻乌克兰大使在与古阿姆集团秘书长的会谈中，再次表达了波兰愿意与该集团加强合作的想法。[2]

最后，在北约东部边境军事设施的部署上，波兰对美国具有重要的地缘战略价值。2016 年 5 月，波兰伦济科沃地区的反导基地开工建设，并将于 2020 年正式完工。该基地以对抗伊朗核设施的名义布设，却设在波罗的海沿岸，从作战层面看，实则更多的是针对俄罗斯。波兰反导基地部署成功会直接导致俄罗斯本土发射的导弹威慑力大大降低。更有甚者，波兰的反导基地从技术上可以很快转换成为导弹发射基地，这不仅直接威胁到俄罗斯的领土安全，还会令俄罗斯在波罗的海地区的利益严重受损。而这正符合美国在该地区的利益诉求。此外，俄罗斯的飞地加里宁格勒与波兰接壤，处于北约和欧盟范围之中，被美国学者称为"西

---

[1]　Ministry of Foreign Affairs Republic of Poland, *Communiqué of the First Meeting of National Coordinators between Poland and GUAM in Warsaw*, February 22, 2008, http://www.msz.gov.pl/en/news/aktualnosc_15240; jsessionid = 2F5FD8602DC1C12E9ABE395937ED19BC. cmsap5p.

[2]　Cəfər Ağadadaşov, "GUAM and Poland agree on cooperation in various regional formats, "February 2, 2016, https://report.az/en/foreign-politics/guam-and-poland-agree-on-cooperation-in-various-regional-formats/.

方的阿喀琉斯之踵"。① 为了有效制约加里宁格勒地区的军事行动，在波兰的驻军和导弹设施的部署就显得至关重要。

虽然波兰在经济上和能源上对俄罗斯有所依赖，但在国家安全问题上，波兰却完全与美国站在一起，不惜冒着受到俄经济和能源制裁的危险，采取各种方式企图压缩俄罗斯的战略空间，这种表现在乌克兰危机爆发之后尤为明显。

二、阻挠俄罗斯与乌克兰发展亲密关系

乌克兰位于俄罗斯西部，对俄罗斯而言，乌克兰是俄罗斯通向欧洲的西大门，是重要的战略缓冲区，同时，乌克兰也是寄托了俄罗斯历史上的光荣与梦想之地。乌克兰黑海沿岸的塞瓦斯托波尔是俄罗斯黑海舰队停泊之地，黑海是俄罗斯通往地中海的战略要地。乌克兰首都基辅曾经是古罗斯——"基辅罗斯"的首都，俄罗斯民族一直把乌克兰作为自己的发祥地，认为俄乌两大民族同根同源。公元 988 年，弗拉基米尔大公令其国民在第聂伯河受洗，皈依了东正教，而今第聂伯河是乌克兰的母亲河，对于多数国民信奉东正教的俄罗斯而言，俄乌两国是不能分开的"亲兄弟"。

1922 年 12 月，乌克兰以最早的四个加盟共和国之一的身份，成为苏联的一分子。直到 1991 年苏联解体，乌克兰才成为一个独立国家。乌克兰地区土地肥沃，地势平坦，被称为"欧洲粮仓"。苏联时期，乌克兰是重工业生产和武器生产的重要地区。但在独立后，乌克兰经济政治转轨都不成功，成为东欧相对贫穷的国家。为了摆脱困境，乌克兰有一股强

---

① 董磊：《俄在加里宁格勒部署弹道导弹外媒：给西方致命一击》，参考消息网，2015 年 1月 19 日，http://www.cankaoxiaoxi.com/mil/20150119/632716.shtml。

大的亲西方势力，要求向欧盟靠拢，摆脱俄罗斯的影响。

由于历史原因，乌克兰国内分为东西两派，东方与俄罗斯接壤的地区以俄罗斯族居多，民众多信仰东正教，多数人讲俄语，情感上更加亲俄，支持乌克兰留在俄罗斯阵营内；而西部地区则极其反俄，该地区民众信仰东仪天主教，更倾向于加入西方阵营。这就导致了乌克兰国家内部的分裂与对立，两派势力互不相让。2004 年"橙色革命"的起因就是亲俄派总统候选人亚努科维奇在首轮大选中胜出后，被亲西方的候选者尤先科和季莫申科斥责为投票舞弊，引发了乌克兰民众要求重新进行大选投票的游行示威。2010 年，亚努科维奇再次竞选成功，出任乌克兰总统。2013 年 11 月，亚努科维奇在与欧盟谈判的最后关头暂停了协议的签署，引发了乌克兰国内亲西方阵营的强烈反对。2014 年 2 月，在波兰外长的主导和策划下，亚努科维奇与乌克兰反对派签署协议。[①] 其后，乌克兰恢复 2004 年宪法，回到议会总统制，议会权力得到实质性扩大。随后乌克兰政府更迭，亲西方派上台。从 2004 年的乌克兰"橙色革命"，到始于 2006 年的俄乌天然气争端，再到 2014 年的乌克兰危机和克里米亚独立引发的系列问题，乌克兰已经彻底成为俄罗斯与美欧对抗的前沿阵地。

波兰作为乌克兰的西部邻国，极力鼓动乌克兰加入西方阵营。一方面，如果乌克兰加入北约和欧盟，将使西方与俄罗斯的边界和北约东部前沿向俄罗斯推进，在地缘战略层面看，波兰的国家安全将更有保障；另一方面，将乌克兰纳入西方阵营符合美国的全球战略布局要求。波兰作为美国在东欧地区的支点国家，积极支持美国试图让乌克兰疏远俄罗斯的战略诉求。在 2004 年乌克兰"橙色革命"中，波兰总统克瓦希涅夫斯基和前总统瓦文萨都以欧盟特别使者的身份来到基辅，扮演居中调停

---

① 李增伟：《波兰：渴望跻身欧洲强国》，《人民日报》2014 年 12 月 22 日，第 23 版。

者的角色。瓦文萨还同欧洲其他国家的政治家在基辅独立广场轮番发表演说，对尤先科领导的反对派表示支持。① 在后期的重新计票中，亲美派候选人尤先科当选为乌克兰总统。美国总统布什在尤先科获胜后专门致电克瓦希涅夫斯基，感谢波兰在此次乌克兰选举中的鼎力相助。② 美国众议员曾在选举后爆出美国通过非政府组织为尤先科的竞选团队间接提供资金支持，其中"波兰—美国—乌克兰合作倡议"③ 项目得到了来自美国国际开发署数百万美元的资金，该项目的参与者则向乌克兰的各种非政府组织提供了资金。④ 2014 年乌克兰危机爆发后，波兰除了继续为乌克兰军队提供培训项目，还开始在北约框架下支持乌克兰的国防建设，并与荷兰一起向乌克兰提供资金支持和专家援助，同时帮助乌克兰预防在国防安全领域的贪腐问题⑤，协助乌克兰加强制度建设，通过多种途径全方位促进其向西方体制模式的转变。

在对待俄罗斯与乌克兰关系的问题上，波兰与美国可谓"殊途同归"。出于自身利益的考量，两国均希望乌克兰彻底迈入西方阵营，疏远俄罗斯，也由此形成了共同的战略目标。在俄乌关系跌宕起伏的发展过程中，波兰始终与美国站在同一立场。波兰不仅利用地缘优势，协助美国帮助乌克兰实现政治与经济改革，还立场鲜明地在乌克兰危机时期声

---

① Adrian Karatnycky, "Ukraine's Orange Revolution," *Foreign Affairs*, March/April 2005, p. 50.

② Taras Kuzio, "Poland Plays Strategic Role in Ukraine's 'Orange Revolution'," Jamestown, December 10, 2004, https://jamestown.org/program/poland-plays-strategic-role-in-ukraines-orange-revolution/.

③ "波兰—美国—乌克兰合作倡议" 是一项三边援助计划，目的在于强化乌克兰与波兰之间的合作关系，令乌克兰更大程度受益于波兰在后苏联时期转型的经验，加速乌克兰向市场经济转型的过程。

④ 林昀：《美政府间接资助尤先科》，搜狐网，2004 年 12 月 11 日，http://news.sohu.com/20041211/n223444212.shtml。

⑤ Grzegorz Schetyna, "NATO in the New Security Environment: Newport, Warsaw and Beyond, Ministry of Foreign Affairs Republic of Poland," December 10, 2014, http://www.mfa.gov.pl/en/ministry/polish_diplomacy_archive/former_mini-sters/ remarks_mgs/address_by_minister_at_the_polish_institute_of_international_affairs; jsessionid=A52FF129A4A1BCCBDBBB34EE9E0395F3. cmsap1p。

援乌克兰，将俄罗斯的行为认定为对乌克兰主权的侵犯。对波兰而言，俄罗斯以"克里米亚地区的俄罗斯族占大多数"为理由鼓动克里米亚的独立，是对当今国际秩序不可思议的挑战。2014年3月，波兰总统科莫罗夫斯基强调，波兰绝不承认违反国际法所做的领土变更，不承认克里米亚从乌克兰分离出去，并以克里米亚半岛的公投违反国际法和乌克兰本国法为理由加以指责称："虽然公投显示克里米亚半岛上的绝大多数居民都希望并入俄罗斯，可是这次全民公投没有得到任何公开的或者国际的监督，而是在俄罗斯武装士兵的监督下进行的。"因此，波兰更加不能承认将克里米亚并入俄罗斯。[1] 乌克兰危机发生后，华沙老城中心时常有声援乌克兰的游行，有时还有波兰议员参与其中，表明波兰民众和官方对乌克兰的支持。2016年7月北约华沙峰会期间，美国总统奥巴马高度赞扬了波兰在乌克兰问题上的立场，指出要"感谢波兰支持乌克兰捍卫自身主权和领土完整的努力"，并表示"美国和波兰要团结一致，坚持对俄罗斯的制裁，敦促俄罗斯履行《明斯克协议》规定的义务"[2]。可以说，在西方对俄罗斯实施制裁的过程中，虽然欧盟其他国家也积极参与其中，但波兰表现得最积极，反对俄罗斯的态度也最为激烈。波兰的强烈反对虽然未对俄罗斯的行动产生决定性影响，但作为欧盟及北约成员国和在中东欧地区有一定发言权的国家，波兰的行为能够强化欧盟国家对该问题的反对态度，也可以在国际舆论环境上对俄罗斯形成压制，为乌克兰进一步倾向西方的准备工作争取到时间。

根据美国和欧盟的计划，在2019年增加对乌克兰的军事援助。在俄

---

① Piotr Koscinski, "Polish View on the war in Ukraine," 转引自《中国经济报告》2015年第4期，第108—112页。

② The White House, *Remarks by President Obama and President Duda of Poland After Bilateral Meeting*, July 8, 2016, https://www.whitehouse.gov/the-press-office/2016/07/08/remarks-president-obama-and-president-duda-poland-after-bilateral.

罗斯封锁了亚速海和黑海连接通道后，欧盟再次宣布扩大对乌克兰的军事援助。2019年2月7日，乌克兰最高拉达（议会）正式通过宪法修正案，将乌克兰加入欧盟和北约作为国家基本方针写入宪法。在亲美派领导人的斡旋和带领下，乌克兰努力寻求成为美欧与俄罗斯对抗的排头兵的形式已经越发明朗。

三、阻挠俄罗斯在原苏联地区扩大影响

独联体地区是冷战后美国与俄罗斯争夺的重点区域。为了削弱俄罗斯对独联体地区的影响力，美国一方面支持具有"脱俄"倾向的"古阿姆"成员国，另一方面则借打击阿富汗塔利班政权之机加强在中亚地区的军事存在，并对中亚国家施加影响，增大了俄罗斯在处理独联体事务时的难度。[①] 波兰利用自身地理位置优势，对美国阻挠俄罗斯与原苏联阵营内国家发展关系起到了推波助澜的作用。

波兰积极支持独联体国家的民主化进程。在2008年5月的欧盟外交和总务会议上，波兰联合瑞典共同提出"东方伙伴关系"计划，旨在加强欧盟与参与国之间的合作，在政治和经济上拉近参与国与欧盟的距离，强化西方民主价值观，扩大欧洲经济一体化空间。2008年8月，俄罗斯由于不满于西方国家通过"颜色革命"、暗自推动政权更迭等方式打破地缘政治平衡，在南奥塞梯问题上同格鲁吉亚爆发争夺战，原本有望好转的美俄关系重启进程告吹，随后欧盟宣布启动针对俄罗斯意图明显的"东方伙伴关系"计划。2009年3月，欧盟首脑会议批准该项计划。同年5月7日，欧盟27国代表与来自乌克兰、白俄罗斯、摩尔多瓦、亚美尼

---

① 左凤荣：《重振俄罗斯——普京的对外战略与外交政策》，北京：商务印书馆2008年版，第339页。

亚、格鲁吉亚和阿塞拜疆等 6 国的政府首脑或代表在捷克首都布拉格举行首脑会议，就欧盟与上述国家建立东方伙伴关系达成一致。虽然白俄罗斯和摩尔多瓦等明显亲俄的国家总统明确拒绝了出席布拉格峰会，但俄罗斯受到战略压制却成为无法避免的事实。

波兰积极推动"东方伙伴关系"计划有着多重原因。历史上波兰东部的白俄罗斯和乌克兰的部分领土曾属于波兰第一共和国，加之波兰和俄罗斯关系中带有悲剧色彩的历史烙印，这让波兰有强烈意愿推动其东部国家加入西方阵营中。另外，关乎执政者选票的波兰民意也对外交政策的制定有着一定的影响。这些带有民族主义情感的记忆深植于波兰民众心中，积极推行"东方伙伴关系"计划也已经成为影响国内选票的重要措施。正如波兰前总统克瓦希涅夫斯基所言："与东方政策相关的所有问题都能够唤起波兰人的特殊情感。不仅是由于复杂的历史，与从前一样，波兰在东方仍然具有切身利益。"[1]

从俄罗斯的角度讲，历史上的条顿骑士团、瑞典的约翰三世、法国的拿破仑、波兰白军，以及近代纳粹德国对俄国的军事入侵，已经成为俄罗斯历史记忆中难以磨灭的伤痛；在文化层面上，"罗马—日耳曼文明"与"希腊—斯拉夫文明"持续了近千年的相互敌对。[2] 自从 1054 年基督教中的罗马公教教会与希腊正教教会两派分离以来，直至 2016 年，罗马天主教教皇与俄罗斯东正教大牧首才实现首次会面，可见原本同源的两大教派隔阂之深重。这也直接导致了西方国家始终无法将俄罗斯当作"自己人"，并且有着糅合了复杂历史和现实因素的敌对情绪。

---

①　Олег Неменский. Пространства и идеологии восточной политики Польши，转引自赵艳霞、唐更田：《21 世纪初波兰的东方政策及其制约因素》，《俄罗斯学刊》2013 年第 4 期，第 47 页。

②　[俄] 瓦列里·列昂尼多维奇·彼得罗夫：《俄罗斯地缘政治：复兴还是灭亡》（于宝林等译），北京：中国社会科学出版社 2008 年版，第 112 页。

有学者认为，"东方伙伴关系"计划的真正目的是分化和瓦解目前由俄罗斯主导的独联体、欧亚经济共同体①、独联体集体安全条约组织以及形成中的俄白联盟。最终使独联体国家在经济、贸易、政治、安全和军事联系方面远离俄罗斯，并进一步将独联体国家拉入欧盟和北约，整合至欧洲大西洋结构中来。②这些都符合美国的战略诉求。作为"东方伙伴关系"计划先锋旗手的波兰，不但借此机会与乌克兰、格鲁吉亚、摩尔多瓦、阿塞拜疆等国加深了往来与合作，拓展了自身的地区影响力，还进一步在欧盟内部赢得了欧盟东扩问题上的发言权。美国对波兰积极推动该计划表示赞许，独联体国家对美国的利益至关重要，美国也因此比欧盟更加坚定地支持波兰，成为波兰防范俄罗斯、实现东方政策的一个"强大靠山"。③

波兰还试图通过"东方伙伴关系"计划扭转自身的能源困境，希望建立一条绕过俄罗斯的能源通道，即所谓的"南部能源走廊"，以削弱俄罗斯用以制裁别国的"能源武器"的效用。④美国在波兰的助力下形成了从"古阿姆"集团到波兰的"防俄亲美"地带，打通了里海油气输出国越过俄罗斯向西方输送油气资源的战略通道。俄罗斯对里海油气资源的控制力被弱化，美国则在该地区的地缘政治博弈中赢得了先机。

---

① 欧亚经济共同体成立于 2001 年 5 月，成员国包括白俄罗斯、哈萨克斯坦、吉尔吉斯斯坦、塔吉克斯坦、乌兹别克斯坦和俄罗斯，该共同体已于 2015 年 1 月 1 日撤销。

② 朱晓中：《从欧洲邻国政策到东方伙伴关系——欧盟东方政策的新视线》，《俄罗斯中亚东欧研究》2009 年第 5 期，第 63—69 页。

③ Михаил Вовк, Польский бросок на восток, http://www.chaskor.ru/p.php?id=7951.

④ 姜辛：《欧盟启动"东方伙伴关系"计划被称"挖墙脚"》，《文汇报》2009 年 5 月 8 日，第 8 版。

第三节　美波关系对欧盟的影响

冷战后的美欧关系是对冷战时期大西洋联盟的继承和发展，是涵盖政治、外交、经济、安全等多领域、全方位的双边关系。总体上讲，欧美之间的关系是稳定的，主要原因在于双方在政治主张、经济利益、安全保障等问题上具有一致性，但同时这种稳定也是有限度的。对美国而言，虽然苏联解体后，欧洲在美国全球战略中所起到的作用有所降低，但为确保自身唯一超级大国地位，填补东欧地区权力真空，美国仍需蓄力欧洲，保持在欧洲事务中的主导权和支配地位。同时，在欧盟发展日趋强大，对外角色越发独立的情况下，美国又需要对其进行打压，以确保其日后不会发展为"欧洲堡垒"。反观欧盟，在失去苏联这一强大威胁后，对美国依赖相对降低，欧盟各国试图通过加强内部联系与投入来强化欧盟在世界舞台上的影响力，确保欧盟独立运作、独立决策，独立处理欧洲事务，主宰欧洲发展。由此，欧美双方都在加紧构建自身势力范围，以在国际新秩序中占据有利形势。

在美国的帮助与推动下，波兰逐渐成为中东欧地区的核心国家，在欧盟中的话语权有所提升，并日益成为美国与欧盟之间合作与竞争的"枢纽"。美波关系的深入发展，在政治、经济、安全等领域对欧盟产生了深远影响，既有推动欧盟全面发展的积极所用，也有抑制欧盟加强自身事务主导权，甚至分化出"亲美集团"的不利影响。

一、美波关系对欧盟政治外交的影响

美国与欧盟基于双方战略目标和基本利益的考量，合作与斗争从未

停止。1990 年 11 月，美国与欧盟代表在华盛顿签署《跨大西洋声明》，明确了美国和欧共体之间定期磋商的框架，规定双方每年举行一次首脑会议（后改为每年两次）、在次级别上进行外交政策方面的定期磋商，以及就国内及共同关心的国际问题进行合作等，这是美欧之间建立充分合作关系的法律性基础。① 但是，随着克林顿政府的上台，美国将战略重心更多地投向北美自由贸易与亚太经济合作，这为美欧关系蒙上了阴影。为防止大西洋关系破裂，美国与欧盟双方于 1995 年 12 月在西班牙马德里举行的首脑会议上正式签署《新跨大西洋议程》，这被认为是对《跨大西洋声明》的完善和发展。该议程在原有声明的基础上，进一步细化了双方在促进世界和平、稳定、民主和发展、联合对付全球性挑战（包括恐怖主义、国际犯罪、环境破坏、人道主义事务以及疾病等）、拓展世界贸易和增进更加密切的国际关系，以及建立大西洋两岸之间在文化和教育领域进行合作的"桥梁"等四个领域进行合作。② 21 世纪以来，随着美国次贷危机、欧债危机的出现，以及亚洲崛起和新兴经济体出现，世界格局发生新的变化，美欧之间的政治博弈朝着更深层次发展。美国提出"新老欧洲说"，压制、打击所谓的"老欧洲"国家，帮扶、支持所谓的"新欧洲"国家，以牵制、分化欧盟；欧盟开始东扩进程，使欧洲国家内部在政治、文化、外交、经济、军事等领域的合作更加紧密，并削弱美国对欧洲地区影响，欧盟势力逐步发展壮大。

在美国的帮助下，波兰的国际影响力和地区主导权显著提升。2015 年 2 月，欧洲外交关系理事会（ECFR）发布报告称，波兰在多个方面成

---

① U. S. Department of State, *Declaration on U. S. -EC Relations*, November 11, 1990.

② Bureau of Public Affairs, *The New Transatlantic Agenda and Joint EU-U. S. Action Plan*, December 3, 1995, Department of State Dispatch.

为欧盟外交政策的领导者,其中至少涉及欧美关系的两个方面。① 波兰与美国之间的良好互动,能够进一步促进美国与欧盟之间的合作交流。2017 年 2 月,德国总理默克尔访问波兰,与波兰就欧盟外交防务和一体化进程等问题进行了探讨,达成了系列共识。此次访问被认为是波兰加入欧盟以来最重要的一次访问,不仅体现出了波兰在欧盟地区地位的提升,也表现出了"老欧洲"希望能够携手"新欧洲",共同应对欧盟一体化面临的危机和特朗普当选美国总统将为国际局势带来的不可预测的变动。

美波关系的深化在一定程度上制约欧盟内部决策,不利于欧盟在欧洲事务乃至全球事务中发挥主导权。近年来,波兰在欧盟中的地位不断上升,成为欧盟东部最具影响力的成员国。随着美波关系的深化,波兰在国际敏感问题上的立场基本同美国保持一致,甚至出现对抗欧盟的姿态。爆发于 2015 年的欧洲难民危机中,奥巴马政府"作壁上观",仅表示可以提供技术支援。作为欧盟国家的波兰则拒绝执行欧盟难民安置计划,甚至态度强硬的表示要关闭边界,防止难民的涌入,这令波兰与欧盟尤其是邻国德国的关系恶化。同时,波兰的这一姿态也影响到欧盟其他成员国,使欧盟在难民政策上的推动举步维艰。2018 年美国退出《伊核协议》,并宣扬要制裁伊朗。在欧洲国家都在努力斡旋,积极维护《伊核协议》之时,波兰则枉顾伊朗曾在二战中收容数十万名波兰难民的恩情,支持并同意美国 2019 年 2 月在波兰首都华沙召开中东问题会议,让特朗普政府的单边主义政策避免了茕茕孑立的尴尬局面。根据英国《卫报》报道,本次会议举办前并未向欧盟征询意见。会议召开后也未达成美国所期望的实质性成果,却凸显了美欧之间的分歧,波兰在欧盟内独

---

① 《欧洲外交关系理事会报告称波兰是欧盟外交政策领导者之一》,中华人民共和国商务部,2015 年 2 月 11 日,http://www.mofcom.gov.cn/article/i/jyjl/m/201502/20150200896104.shtml。

自为美国摇旗呐喊也因而更显突出。

此外，波美互动使波兰从中大为受益的现实情况在欧盟内部产生示范作用，造成欧盟内部分化。波兰并未因在欧盟中的亲美举动遭受过多损失，相反其在欧盟中的地位仍稳步提升，这与美波之间的频繁互动不无关系。另外，良好的美波关系也为其他国家起到示范作用。维谢格拉德集团国家近年均表现出一定的亲美姿态。可以预见，随着美波关系的继续发展，欧盟内部"亲美集团"的规模将继续扩大，难免在美欧意见相左时影响到欧盟内部的团结统一。

二、美波关系对欧盟经济贸易的影响

美国在波兰经济转轨过程中协助波兰建立了相对稳定健全的市场经济体制，波兰经济发展状况在欧盟一直名列前茅。2009 年欧债危机爆发后，作为欧盟第 6 大经济体的波兰仍然保持经济 1.7%的增长，成为欧盟成员国中唯一实现经济正增长的国家。之后的三年，波兰经济分别实现 3.9%、4.3%、2.4%的增长①，这与整个欧盟的经济表现形成鲜明对比，使波兰无愧于欧盟经济"优等生"的赞誉。波兰经济的腾飞与美波关系的发展是分不开的，一方面，从波兰转轨至今，美国对其在贷款、投资等方面进行了相当力度的扶持，并协助波兰完善了吸引外资的法律环境，优化了波兰经济运转机制，使波兰的经济发展能够运行在正确的轨道上；另一方面，美国加大对波贸易，根据波兰经济发展部的数据，2015 年波兰与美国双边贸易额为 97 亿美元。仅 2016 年上半年，美国与波兰贸易额就达到 54 亿美元，上升势头依旧显著。有学者称波兰是欧债危机中欧洲

---

① 马细谱：《波兰为何在欧债危机中表现优秀》，学习时报网，2013 年 7 月 22 日，http://www.studytimes.com.cn:9999/epaper/xxsb/html/2013/07/22/02/02_27.htm。

经济的"新发动机"。[1] 正如波兰驻华大使塔德乌什·霍米茨基在一次座谈会上所说，波兰成了欧盟债务的制衡器，投资的避风港，波兰不再是问题的根源，相反是创意的来源，解决问题方法的来源。[2] 2016 年 1 月，波兰外交部部长瓦什奇科夫斯基在会见美国贸易代表弗罗曼后表示："《跨大西洋贸易与投资伙伴关系协定》（TTIP）具有战略意义和显著的地缘政治意义，波兰支持充分考虑各方利益的 TTIP 谈判，这将有利于加强跨大西洋政治和经济合作。"[3] 倘若《跨大西洋贸易与投资伙伴关系协定》协议达成，欧美之间将建立起世界最大的自由贸易区，每年将给欧盟经济创造 950 亿欧元产值，同时也将对国际经贸规则的制定产生深远影响。[4] 虽然《跨大西洋贸易与投资伙伴关系协定》谈判目前仍无定论，但美波关系已经成为欧盟与美国之间合作的一个纽带，并且已经起到了很多积极作用。

波兰取得如此显著的发展成就，一定程度上是由于其使用兹罗提而非欧元作为流通货币。而欧元面世正是美国与欧盟之间最大的经济冲突。1999 年 1 月 1 日起，欧洲实行统一货币政策，迄今共有 19 个欧盟国家[5]和 6 个非欧盟国家（地区）[6] 使用欧元作为法定货币，这被视为欧盟对美国在经济领域的重大挑战。美国著名智库彼得森国际经济研究所所长弗

---

[1]　马细谱：《波兰为何在欧债危机中表现优秀》，学习时报网，2013 年 7 月 22 日，http://www.studytimes.cn:9999/epaper/xxsb/html/2013/07/22/02/02_27.htm。

[2]　马细谱：《波兰为何在欧债危机中表现优秀》，学习时报网，2013 年 7 月 22 日，http://www.studytimes.cn:9999/epaper/xxsb/html/2013/07/22/02/02_27.htm。

[3]　《波兰外长与美国贸易代表就 TTIP 交换意见》，中华人民共和国商务部，2016 年 1 月 27 日，http://www.mofcom.gov.cn/article/i/jyjl/m/201601/20160101244310.shtml。

[4]　闫磊：《"泄露门"揭示欧美分歧 TTIP 结局难料》，新华网，2016 年 5 月 6 日，http://jjckb.xinhuanet.com/2016-05/06/c_135337485.htm。

[5]　德国、法国、意大利、荷兰、比利时、卢森堡、爱尔兰、西班牙、葡萄牙、奥地利、芬兰、立陶宛、拉脱维亚、爱沙尼亚、斯洛伐克、斯洛文尼亚、希腊、马耳他、塞浦路斯。

[6]　摩纳哥、圣马力诺、梵蒂冈、安道尔、黑山和科索沃地区。

莱德·伯格斯滕（C. Fred Bergsten）曾指出，"欧元的问世提供了一个新的国际经济两极秩序的前景，它有可能取代冷战后美国的霸权。自从欧洲共同市场的最初时段开始全球贸易体系已经紧密结合，这使欧洲能够联合它的贸易力量在该领域内与美国匹敌。现在欧元区将在经济力量的每个关键方面等于或超过美国，并且将在广泛的经济事务上进一步以一个声音说话。欧元可能挑战美元的国际金融统治地位"。[①]

2015 年 9 月，波兰财长施楚莱克在欧盟财长会议上表示，近年来波兰经济的良好表现，很大程度上取决于当初并未操之过急加入欧元区。如果波兰已是欧元区的一员，那么经济反而会因此受到相当程度的拖累。[②] 波兰的现实情况进一步印证了"欧元区统一的规则以及相对稳定和保守的汇率政策并不一定适用于国情千差万别的欧盟国家"。波兰则会在十年到二十年后再考虑加入欧元区。[③] 这对欧元区国家继续使用欧元的信心造成了一定程度的冲击。在经济持续低迷的背景下，一些国家已经出现了退出欧元区的不同声音。希腊政府曾不止一次地提出要退出欧元区，芬兰赫尔辛基大学政治与经济研究系韦沙·坎尼艾宁教授则将欧元体系描述为"一个灾难"，并敦促政府成立专家组，研究脱离欧元区的可能性。所以说，美波关系的深化为波兰带来的经济增长并不完全有益于欧盟发展，尤其在欧盟经济发展停滞的情况下，可能会给欧盟带来新的冲击。

---

① C. Fred Bergsten, "America and Europe: Clash of the Titans," *Foreign Affairs*, No. 3, No. 4, 1999, p. 20.

② 汤黎：《波兰财长：波兰可能会在 10 到 20 年后再考虑加入欧元区》，新浪网，2017 年 3 月 16 日，http://news. sina. com. cn/o/2017-03-16/doc-ifycnikk0838647. shtml。

③ 《一张图告诉你，为什么意大利确实最该退出欧元区？》，网易，2016 年 12 月 1 日，http://money. 163. com/16/1201/18/C77II6HC002580S6. html。

三、美波关系对欧盟安全事务的影响

美波之间的良性互动对欧盟的最大影响体现在安全事务方面。近年来，在美国战略重心逐步向亚太转移，美军驻欧洲部队逐渐向西太平洋地区移防的背景下，波兰积极与美展开协商，为欧盟增加了导弹防御系统，进一步加强了欧盟对俄罗斯和中东地区的导弹防御能力，进一步确保欧盟能够在安全稳定环境中继续发展。2016 年，美国宣布计划在波兰及波罗的海三国部署坦克、装甲车和火炮等重型武器，提供足够 5000 名士兵使用的装备。[①] 2017 年 1 月开始，美军装甲部队陆续抵达位于波兰西部的卢布斯卡省扎甘军事基地，并计划与波兰部队展开一系列联合军事演习。[②] 此外，不同于很多欧盟国家在美国与北约军演中"出工不出力"的行为，波兰在军演中表现得十分积极主动。2015 年 5 月，美国与多达 17 个北约国家组成总数超过 6000 人的联合部队在波罗的海周边国家展开大型陆、海、空联合军事演习，引起俄罗斯的强烈不满。波兰冒着进一步加剧与俄罗斯之间紧张关系的风险，允许联合部队大批重型装备通过波兰领土进入乌克兰。近几年来，波兰更是多次向美国购买并布设重型武器，甚至在美国考虑撤出驻德美军时，提出愿意出资 20 亿美元邀请美军到波兰建立永久军事基地。"没有边界的安宁，国家安全就是妄谈。"[③] 波兰作为北约与欧盟的东部边境国家，其与美国之间的亲密关系给欧盟

---

① 汤黎：《波兰防长：美国将于 2016 年年中在波兰部署重型武器》，国际在线专稿，2015 年 8 月 28 日，http://gb.cri.cn/42071/2015/08/28/7551s5082840.htm。

② 汤黎：《波兰美国联合军演开幕》，网易，2017 年 1 月 31 日，http://news.163.com/17/0131/09/CC3M66R100018AOQ.html。

③ The White House, *Remarks by President Trump and President Duda of the Republic of Poland in Joint Press Conference*, September 18, 2018.

带来了切实的安全利益，以波兰为牵引，欧盟获得了美国更多的安全关注和军事部署，安全水平有所提升。

美波关系的深入发展同样也影响到欧盟国家脱离美国控制以行使自主防卫权的可能性。美国与欧盟在安全领域上的合作有着非常悠久的历史和传统，但在冷战结束后，以法、德为代表的北约强国倡导欧盟加强自身军事力量建设，发展独立自主的安全防御体系，以减小美国在欧洲安全事务中的影响力。这与美国维护其全球霸主地位和保持对欧洲地区有效控制的战略产生直接矛盾。克林顿政府时期，美国与欧盟在北约框架内达成"联合诸兵种特遣部队"协定，在表面上看能够稳定双边关系，提升共同应对军事危机的能力，但实际上协定中隐伏着美国的一个以退为进、先发制人的策略，即以接受欧盟发展其安全与防务特性来换取这只能在北约框架内进行，其真正目的是阻止欧盟和西欧联盟获得更大的独立。"9·11事件"后，美国小布什政府提出"邪恶轴心论"，欧洲国家对此并不认同，并公开反对对伊拉克实施先发制人打击。虽然在反恐问题上，欧盟为美国提供了政治支持和情报支撑，但双方之间的矛盾仍然存在，尤其是美国借反恐谋霸权，扩展战略空间，引起欧洲各国强烈不满。奥巴马政府时期，欧美在利比亚战争、叙利亚战争中有着紧密合作，但随着斯诺登事件爆发，欧盟对美国的信任降至冰点，虽然奥巴马不止一次在公开场合提出美国要与欧盟在打击网络攻击和军事演习协作等方面加强合作，但欧盟对此并未做过多回应。然而，美波关系的深入发展使北约内部出现了热衷于支持美国立场的"积极分子"。2009年4月，波兰外交部部长西科尔斯基在访问美国时表示："当涉及安全时，我们认为美国是一个欧洲国家。我们提倡一个永久的活跃在欧洲政治、军事和经济领域的美国。"[1] 2017 年特朗普总统上台后对北约军费问题提出质疑，指出："如果北约国家的军费支出不能达到国内生产总值 2%的标准，美国是否有必要减少对欧盟国家的承诺。"这招致了欧盟的强烈反击，欧盟委员会主席让-克洛德·容克（Jean-Claude Juncker）表示："欧洲不应屈服于美国要求增加军费开支的要求。"[2] 相反，特朗普在多个场合高度赞扬波兰能够积极履行北约成员国的职责，自愿履行军费开支承诺。特朗普的一贬一褒映射出波兰与欧盟其他国家行为上的强烈反差，这实际上并不利于欧盟团结稳定。此外，在波兰的拉拢和推动下，中东欧一些国家在安全问题上同波兰持相同立场，伊拉克战争中，在波兰出兵后，中东欧国家也纷纷响应美国号召并出兵；美国在欧洲部署反导系统，除波兰外，罗马尼亚和捷克也为美国提供了很大支持。中东欧国家在安全事务中表现出的亲美态度，将影响到欧盟为独立自主的安全防务所做的努力。

第四节　本章小结

美国对波兰政策具有一定的国际影响。从美国全球战略的角度看，波兰不仅是美国实施民主推广战略的重要助手，还帮助美国加强了在冷战时建立的军事政治同盟。波兰与美国合作，在独联体国家中推广民主，意图削弱俄罗斯对独联体地区的影响力，促进该地区国家向西方模式的

---

[1]　Radosław Sikorski, "The New Poland in a New Europe, Ministry of Foreign Affairs Republic of Poland," Ministry of Foreign Affairs of the Republic of Poland, August 5, 2009, http://www.mfa.gov.pl/en/news/aktualnosc_29419; jsessionid = A52FF129 A4A1BCCBDBBB34EE9E0395F3. cmsap1p.

[2]　《欧盟委员会主席称北约不应屈服美国增加军费压力》，环球网，2017 年 2 月 17 日，http://world.huanqiu.com/exclusive/2017-02/10151558. html。

转轨。波兰还与美国共同发起了"民主共同体"和"双边民主对话"等机制，作为美波合作向世界推广民主的重要依托。波兰帮助美国维持并加强了北约在欧洲地区的影响，在西方与俄罗斯相互抗衡的形势下，波兰成为美国重要的战略支点。美国在波兰的驻军和军事设施部署一方面能够增强对俄罗斯的威慑力，另一方面能够强化美国在欧洲地区的军事影响力，确保北约在欧洲安全事务中的主导作用。美波关系发展直接影响到俄罗斯地缘战略利益。波兰作为欧盟内"亲美反俄"的先锋，积极配合美国向俄罗斯施加影响，支持乌克兰和俄罗斯势力范围内国家脱俄入欧的倾向，压缩俄罗斯战略空间的同时，削弱俄罗斯对其邻国的威慑力和影响力。波兰是欧盟内部与美国发展亲密关系的典型代表。波兰雅盖隆大学的社会学教授安杰伊·卡皮舍夫斯基（Andrzej Kapiszewski）的一本书名很好地概括了波兰与美国的特殊关系——《波兰：身在欧罗巴，心系美利坚》（Poland：In Europe with America[①]），形象地描摹了波兰虽然地处欧洲大陆，但却是美国的坚定伙伴的现实画面。美波关系发展对欧盟诸多领域产生影响，在强化跨大西洋同盟、增进美欧合作等方面，美国与波兰的特殊关系起到了积极作用。但是，对于那些想要独立于美国，推动欧盟自成一极的欧盟大国而言，美波关系则在一定程度上"分化"了欧盟，破坏了欧盟内部团结。

---

① Andrzej Kapiszewski, *Poland: In Europe with America* (Krakow: Ksiegarnia Akademicka, 2004) .

第七章

结　语

　　波兰作为北约和欧盟成员国，是美国在中东欧地区的重要盟友和战略支点。经过冷战后 20 多年的发展，波兰已经成为欧洲地区政治稳定、经济发展状况良好的转轨"优等生"，在中欧东地区和欧盟内具有一定影响力，不仅成为美国向世界进行民主推广的重要伙伴，还在美国对俄罗斯、对欧盟战略中发挥了重要作用。美国与波兰的关系发展是美国与其战略支点国家发展关系的典型案例，具有一定的参考价值和借鉴意义。

　　本文通过研究美国对波兰剧变、转轨与发展的影响，得出以下几点结论。

　　第一，美国是促进波兰剧变的重要外因，但波兰剧变的发生主要源于波兰内部因素。从表面上看，波兰剧变是由于美国对波兰施加影响，促使波兰在制度上向西方国家的转变，但究其根源，是由于波兰政府无法控制国内恶化的经济形势导致的。波兰移植的苏联模式一直存在"水土不服"的问题，波兰经济发展成果有限，波兰政府几次尝试改革都没有取得多大成效，连年的经济困难直接影响到民生问题，民众的不满致使波兰国内罢工迭起，并因此出现了"团结工会"。另外，波兰政府向西方国家借款导致外债累积，苏联无力帮助波兰偿还外债和改善经济状况，波兰不得不依靠美国等西方国家的资金支援。因此，美国才有了通过经济手段约束并制裁波兰政府的机会，并通过联合天主教会、发动宣传攻势和加强人员往来等方式，共同促成了波兰剧变的发生。

第二，美国在帮助波兰转轨的过程中，不仅"授人以鱼"，而且"授人以渔"。美国不仅对波兰进行资金援助和技术援助，还非常注重帮助波兰进行制度建设，为波兰国家经济发展与体制运行打下良好基础，增强了波兰发展的内生动力，这也是转轨后波兰经济能够保持较好发展不可或缺的因素。在波兰转轨过程中，美国政府、非政府组织和美国主导的国际金融机构都发挥了重要作用。当然，波兰转轨的成功离不开欧盟（欧共体）的影响，欧盟与美国在帮助波兰向西方制度转轨和推广民主方面具有共同的利益追求。但在转轨初期制度建设阶段，美国发挥了关键作用。

第三，波兰政治经济的成功转轨不仅得益于外部支援，也与波兰的国内因素密切相关。经济转轨方面，相比中东欧其他实施"休克疗法"的国家，波兰在转轨初期重视政治和法律制度的建设，为经济转轨的顺利进行提供了有力保障。另外，波兰是东欧"市场社会主义"理论的大本营，在经济改革的理念上思想相对开放，有助于"休克疗法"的实施。相比其他苏联阵营的国家，波兰实施农业公有制的时间较短，1956 年之后"家庭农场"的保留为波兰向以私营经济为主的民主市场经济的成功转轨提供了基础。这些因素都是其他中东欧国家所不具备的，也是波兰"休克疗法"取得显著成效的重要内部因素。政治转轨方面，波兰在成为苏联"卫星国"前，拥有悠久的民主传统，被恩格斯称为"东欧民主的策源地"。从中世纪起，波兰就实行以"贵族民主"为标志的自由选王制，一战后波兰重新建国，开始实行共和制，即便是在苏联阵营内的时期，波兰也属于体制较为温和的国家。正是由于波兰文化对民主接受度较高，波兰人对民主体制有着根深蒂固的认同感，因此波兰不仅成功完成了向西方民主体制的转型，还成为美国在世界推广民主的得力伙伴和助手。

第四，美国对波兰转轨的支持与援助实际上服务于美国全球战略，并非"无私奉献"。为了巩固冷战成果，扩大民主国家阵营，美国将波兰打造成转轨模板，在美国全球战略中发挥作用。波兰凭借转轨期间积累的丰富经验，成为美国对外民主推广的重要伙伴。特别是在中东欧地区和俄罗斯势力范围内，波兰已经成为在该地区进行民主推广的先锋力量，符合美国的期待。美国通过支持其盟国波兰对于安全、能源等敏感领域的诉求来维系并加深盟友关系，同时在美波双方的利益契合点上使波兰为美国所用。不论在安全还是能源领域，防范与制约俄罗斯都是美波双方的共同目的。美国帮助波兰实现能源来源多元化和能源种类多样化，不仅能够削弱俄罗斯能源输出国的强势地位，还能够在帮助波兰的同时让美国的能源企业从中获利。在安全领域，西方国家与俄罗斯的对峙态势令波兰显得格外重要，美国在波兰部署军事设施、增加驻军数量，在增进具有"恐俄"情绪的波兰的安全感、压缩俄罗斯的战略空间的同时，也让美国自身在北约与俄罗斯对阵的前沿获得了更大灵活性和主动权。

美国通过一系列政策扶植波兰，使其成为欧盟内最为亲美的国家和北约集团内美国最坚定的盟友，在地区事务中发挥对美国有利的作用，体现出美国外交的长线布局。对于波兰的亲美取向，美国对波兰多年来的帮助与支持固然重要，但归根结底，是由于美国在当今世界首屈一指的国家实力，特别是军事实力，让波兰有了当其身处险境时美国将伸出援手的战略预判，以及对《北大西洋公约》第五条①关于共同防务表述的笃信。历史记忆令波兰的民族性格中充斥着对于往日辉煌的怀恋和深刻的不安全感，也直接影响了波兰外交战略选择。波兰认为只有紧随美国，才能保障自身对国家安全和地区地位的需求，这也是波兰在欧盟内积极推动"大西洋主义"，支持美欧合作框架的重要原因。英国是美国的坚定盟友和"大西洋主义"的支持者，在英国完成"脱欧"程序后，波兰或许会为美国对欧盟政策发挥更关键的作用。

对波兰而言，美国的驻军和军事设施能够提升波兰应对潜在敌手的防御能力，但无法真正实时确保波兰国家安全。波兰紧邻俄罗斯的军事重镇加里宁格勒，乌克兰危机爆发后，特别是克里米亚问题发生以来，波兰时刻都处在对自身边界安全的忧虑中，也因此而愈发希冀能够同美国绑定，甚至被俄罗斯学者揶揄为"美国在欧洲地区的一块飞地"。美国在波兰境内设立秘密监狱关押恐怖行动嫌疑人的事件曾几度引发国际社会关注，欧洲人权法院甚至判决波兰政府赔偿被关押嫌疑人。但波兰面对国际舆论的质疑却三缄其口，直至美国参议院情报委员会于 2014 年 12 月公布相关报告后，波兰前总统亚历山大·克瓦希涅夫斯基和前总理莱谢克·米莱尔才随后承认，曾允许美国中央情报局（CIA）于 2002 至 2003 年间在波兰设立秘密关押地点。② 自 2019 年以来，波兰不仅协同美国召开针对伊朗的会议，还在年初华为事件发酵最为强烈之时，逮捕了华为波兰分公司的一名员工。其后波兰国家情报机构发言人在其推特上发布消息时，专门点名了美国中央情报局、联邦调查局等部门。诚然，

---

① 《北大西洋公约》第五条："对于欧洲或北美之一个或数个缔约国之武装攻击，应视为对缔约国全体之攻击"。

② 《美媒：波兰设黑狱美奖励 1500 万美元》，《新京报》2014 年 1 月 25 日，第 A16 版；《报告揭秘中情局买通波兰"黑狱"》，人民网，来源：新华网，2014 年 12 月 11 日，http://world.people.com.cn/n/2014/1211/c157278-26186086.html。

美国的军事存在可以起到一定的威慑作用，但波兰是真切的身处北约前沿的国家，美国毕竟是区域外大国，如果俄罗斯真的对波兰国家安全形成了威胁，美国是否还会坚持北约共同防御的义务，会否将自身战略诉求置于其次，全力支持波兰以抵御威胁，这是有待商榷的。波兰目前经济发展形势良好，如果波兰能够转变思路，利用其地缘战略的优势，走相对中立的独立自主路线，不再为美国与俄罗斯的对峙摇旗呐喊，转而成为俄罗斯与西方国家之间的"和事佬"和地区和平的稳定锚，或许将更有助于自身的发展和世界和平进程。

在波兰国内，对于领导人对美国"一边倒"式的支持，也存在诸多不满的声音。2019 年 2 月的中东问题部长级会议召开后，波兰《共和国报》网站发表了题为《美国爸爸在华沙》的评论，质疑波兰政府"为何要在波兰举办此次会议？为何要破坏波兰与伊朗的关系？为何为取悦特朗普而导致欧盟分裂？"[①] 波兰国内的在野党也始终对波美之间过度亲近颇有微词，担心此种"远交近攻"的政策会让波兰孤立于欧盟，也更加有可能成为俄罗斯战略武器瞄准的目标。波兰最大在野党、亲欧派"公民纲领党"的前主席、现任欧洲理事会主席唐纳德·图斯克也曾在多个场合对特朗普政府对欧盟的不友好政策进行公开抨击。

从发展模式上来看，1989 年之后的波兰选择在新自由主义经济模式的框架下转轨和发展，采用了美国经济学家萨克斯的"休克疗法"，遵从以"私有化、市场化、自由化"为关键标签的"华盛顿共识"，在美国等西方国家的大力支援下，取得了被世界瞩目的转轨与发展成果。但是，随着波兰经济总量的高速增长，新自由主义经济学理论的弊端开始在波兰发展过程中显现。对于"看不见的手"的过度强调、单纯地以发达国

---

① Haszczyński, "Amerykański tata w Warszawie," Februrary 12, 2019, https://www.rp.pl/Komentarze/302129898-Haszczynski-Amerykanski-tata-w-Warszawie.html.

家的模式为样板、不能充分考虑前社会主义国家面临的现实挑战等问题，导致波兰各地区间的结构性差异越发明显。作为中东欧转轨国家的成功范例，虽然波兰总体经济增长水平可观，但始终面临着失业率较高的困境。由于波兰人的教育水平普遍较高，大量的本国工程师、医生等专业精英移民到英国、德国等西欧国家，造成了本国人才的流失。2008 年国际金融危机爆发以来，世界经济普遍呈现增长动力不足、增长趋势放缓的现象，如何在提振国家 GDP 的同时，全面增进社会各群体的福利水平，成为波兰领导人需要着重思考的问题。2016 年 2 月，时任波兰副总理、现任波兰总理马泰乌什·莫拉维茨基选择对中国经济学家林毅夫的"新结构经济学"理论付诸实践，推出了"波兰全面发展规划"，即《负责任的发展计划》。内容包括再工业化，将资源集中于波兰有竞争力、可能取得全球领导地位的产业；增强政府对企业创新的推动作用；发展资本，增大投资额、鼓励国民储蓄；做好国际市场推广，除欧盟市场外，积极开拓亚、非、北美市场，针对不同市场出口具有比较竞争优势的产品；促进社会和地区发展，促进人口增长，提供更多职业培训，关注农村农业，消除贫困和隔绝；落实五大支柱的基础——建设高效政府等六项基本措施。① 该发展计划充分融合了新结构经济学"有效市场"与"有为政府"共同发力推动经济发展的思想精髓，同时还运用了新结构经济学的"增长甄别与因势利导"的框架，采用"集中兵力，各个击破"的方式，在甄别了波兰具有潜在比较优势的产业之后，诊断阻碍这些产业兴起和升级的基础设施和制度安排等方面的制约性因素，并对政府如何因势利导促成产业升级与转型提出具体政策建议。

"新结构经济学"的理论模型脱胎于中国改革开放以来的经济发展实

---

① 《波兰新政府发展计划》，中华人民共和国商务部波兰经商参赞处，2016 年 3 月 24 日，http://www.mofcom.gov.cn/article/i/dxfw/jlyd/201603/20160301282682.shtml。

践，强调以发展中国家自身为参照，在发挥市场有效性的同时，也需要政府积极有为，因势利导，支持具有比较优势的产业变成本国的竞争优势，让有效市场和有为政府共同发挥作用。[①]《负责任的发展计划》推行以来，波兰的经济社会发展出现改观。波兰创造的就业机会稳步增加，2017 年全年，波兰就业机会占到整个欧盟的 70%，一些移居海外的波兰人也开始纷纷回国就业。可以看出，源自中国改革开放实践的理论在波兰的实践效果良好。波兰从转轨初期对美国经济学家萨克斯所倡导的"休克疗法"的采纳，到发展至今对中国经济学家林毅夫的"新结构经济学"的实践，是中国特色社会主义的经济发展模式具有更广泛、更深层次适用性的有力证明。"实践是检验真理的唯一标准"，"中国模式"不仅在第三世界后发展中国家的经济建设的实践中效果显著，对于中东欧转轨国家也具有已初见实践成效的借鉴意义，我国国家软实力的全方位提升由此得以彰显。

---

① 林毅夫：《发展经济学的反思与重构》，《人民日报》2013 年 11 月 10 日，第 5 版。

参考文献

（一）中文类

中文著作

［1］崔丕：《冷战时期美国对外政策史探微》，北京：中华书局 2002 年版。

［2］冯绍雷：《构建中的俄美欧关系——兼及新帝国研究》，上海：华东师范大学出版社 2010 年版。

［3］冯绍雷、相蓝欣：《俄罗斯与大国及周边关系》，上海：上海人民出版社 2005 年版。

［4］段德智：《境外宗教渗透与苏东剧变研究》，北京：人民出版社 2015 年版。

［5］高德平：《列国志：波兰》，北京：社会科学文献出版社 2005 年版。

［6］葛腾飞、周桂银：《美国政治发展与对外政策》，北京：世界知识出版社 2007 年版。

［7］郭增麟：《波兰独立之路》，北京：北京图书馆出版社 1998 年版。

［8］金雁：《从"东欧"到"新欧洲"20 年转轨再回首》，北京：北京大学出版社 2011 年版。

［9］金雁、秦晖：《十年沧桑——东欧诸国的经济社会转轨与思想变迁》，北京：东方出版社 2011 年版。

［10］孔寒冰：《东欧政治与外交》，北京：北京大学出版社 2009 年版。

［11］孔寒冰：《东欧史》，上海：上海人民出版社 2010 年版。

［12］李庆余：《美国外交史——从独立战争至 2004 年》，济南：山东画报出版社 2008 年版。

［13］梁云彤等：《美国和平演变战略》，长春：吉林人民出版社 1991 年版。

［14］刘金质：《冷战史》，北京：世界知识出版社 2003 年版。

［15］刘金质：《美国国家战略》，沈阳：辽宁人民出版社 1997 年版。

［16］刘军、李海东：《北约东扩与俄罗斯的战略选择》，上海：华东师范大学出版社 2010 年版。

［17］刘丽云、张惟英、李庆四：《美国政治经济与外交概论》，北京：中国人民大学出版社 2004 年版。

［18］刘敏茹：《转型国家的政党制度变迁——俄罗斯与波兰的比较分析》，北京：中央编译出版社 2013 年版。

［19］刘彦顺：《波兰历史的弄潮儿：雅鲁泽尔斯基》，北京：世界知识出版社 2016 年版。

［20］刘祖熙、刘邦义：《波兰战后的三次危机》，北京：世界知识出版社 1992 年版。

［21］刘祖熙：《波兰通史》，北京：商务印书馆 2006 年版。

［22］刘洪潮：《西方和平演变社会主义国家的战略策略手法》，武汉：湖北人民出版社 1989 年版。

［23］娄亚萍：《战后美国对外经济援助研究》，上海：上海人民出版社 2013 年版。

［24］陆南泉、左凤荣、潘德礼、孔田平：《苏东剧变之后：对 119

个问题的思考》，北京：新华出版社 2012 年版。

[25] 陆南泉、朱晓中：《曲折的历程：中东欧卷》，北京：东方出版社 2015 年版。

[26] 陆南泉、阎以誉：《俄罗斯、东欧、中亚经济转轨的抉择》，北京：中国社会出版社 1994 年版。

[27] 马细谱、李少捷：《中东欧转轨 25 年观察与思考》，北京：中央编译出版社 2014 年版。

[28] 马国川：《看中国》，北京：中信出版集团 2015 年版。

[29] 芈岚、张锋、董秀丽：《世界大国（地区）文化外交·美国卷》，北京：世界知识出版社 2013 年版。

[30] 韩召颖：《输出美国：美国新闻署与美国公众外交》，天津：天津人民出版社 2000 年版。

[31] 钱乘旦：《世界现代化历程·俄罗斯东欧卷》，南京：江苏人民出版社 2014 年版。

[32] 沈志华主编：《苏联历史档案选编》，北京：社会科学文献出版社 2002 年版。

[33] 沈志华等：《冷战时期美国重大外交政策案例研究》，北京：经济科学出版社 2014 年版。

[34] 沈志华：《冷战时期苏联与东欧的关系》，北京：北京大学出版社 2006 年版。

[35] 孙敬亭：《转轨与入盟——中东欧政党政治剖析》，北京：中国文史出版社 2006 年版。

[36] 万昌华：《波兰政治体制转轨研究》，济南：齐鲁出版 2013 年版。

[37] 汪波：《美国冷战后世界新秩序的理论与实践》，北京：时事

出版社 2005 年版。

[38] 王绳祖、何春超、吴世民：《国际关系史资料选编（17 世纪中叶—1945）》，北京：法律出版社 1988 年版。

[39] 王玮、戴超武：《美国外交思想史 1775—2005》，北京：人民出版社 2007 年版。

[40] 王义祥：《中东欧经济转轨》，上海：华东师范大学出版社 2003 年版。

[41] 吴健：《美国政府的和平演变战略》，福州：福建教育出版社 1990 年版。

[42] 吴伟：《苏联与"波兰问题"（1939—1945）》，北京：世界知识出版社 2001 年版。

[43] 许嘉：《美国战略思维研究》，北京：军事科学出版社 2003 年版。

[44] 薛君度、朱晓中：《转轨中的中东欧》，北京：人民出版社 2002 年版。

[45] 杨友孙：《波兰演变的美国因素探析》，北京：中国文史出版社 2005 年版。

[46] 叶书宗：《勃列日涅夫的十八年》，北京：人民出版社 2013 年版。

[47] 张文红：《团结工会的兴与衰》，北京：中国社会出版社 2008 年版。

[48] 张文武、赵乃斌、孙祖荫：《东欧概览》，北京：中国社会科学出版社 1991 年版。

[49] 张月明、姜琦：《政坛 10 年风云——俄罗斯与东欧国家政党研究》，上海：上海社会科学院出版社 2005 年版。

[50] 赵学功：《当代美国外交》，北京：社会科学文献出版社2012年版。

[51] 郑羽：《俄罗斯东欧中亚国家的对外关系》，北京：中国社会科学出版社2007年版。

[52] 中共中央马克思恩格斯列宁斯大林著作编译局：《马克思恩格斯全集》，北京：人民出版社2006年版。

[53] 朱晓中：《中东欧与欧洲一体化》，北京：社会科学文献出版社2002年版。

[54] 朱晓中：《十年巨变——中东欧卷》，北京：中共党史出版社2004年版。

[55] 资中筠：《战后美国外交史——从杜鲁门到里根》，北京：世界知识出版社1994年版。

[56] 左凤荣：《重振俄罗斯》，北京：商务印书馆2008年版。

[57] 左凤荣：《戈尔巴乔夫改革时期》，北京：人民出版社2013年版。

中文译著

[1] [英] 巴里·布赞、[丹] 奥利·维夫：《地区安全复合体与国际安全结构》（潘忠岐等译）、上海：上海人民出版社2010年版。

[2] [英] 本·福凯斯：《东欧共产主义的兴衰》（张金鉴译），北京：中央编译出版社1998年版。

[3] [美] 戴维·莱克：《国际关系中的等级制》（高婉妮译），上海：上海人民出版社2013年版。

[4] [英] 戴维·坎贝尔：《塑造安全——美国的外交政策和身份认同政策》（李中、刘海清译），长春：吉林人民出版社2011年版。

[5] [德] 冯·埃里希·曼施泰因：《失去的胜利》（戴耀先译），北

京：民主与建设出版社 2017 年版。

　　［6］［美］弗拉季斯拉夫·祖博克：《失败的帝国——从斯大林到戈尔巴乔夫》（李晓江译），北京：社会科学文献出版社 2014 年版。

　　［7］［美］弗朗西斯·福山：《历史的终结与最后的人》（陈高华译），桂林：广西师范大学出版社 2014 年版。

　　［8］［波］格泽高滋·W. 科勒德克：《从休克到治疗：后社会主义转轨的政治经济》（刘小勇等译），上海：上海远东出版社 2000 年版。

　　［9］［波］格泽高滋·W. 科勒德克：《真相、谬误与谎言：多变世界中的政治与经济》（张淑芳译），北京：外文出版社 2012 年版。

　　［10］［英］哈·麦金德：《历史的地理枢纽》（林尔蔚、陈江译），北京：商务印书馆 2013 年版。

　　［11］［英］哈莉克·科汉斯基：《不折之鹰：二战中的波兰和波兰人》（何娟、陈燕伟译），北京：中国青年出版社 2015 年版。

　　［12］［美］亨利·基辛格：《基辛格：美国的全球战略》（胡利平等译），海口：海南出版社 2012 年版。

　　［13］［美］胡克·斯帕尼尔：《二战后的美国对外政策》（白云真、李巧英、贾启晨译），北京：金城出版社 2015 年版。

　　［14］［美］汉斯·摩根索：《国家间政治：权力斗争与和平》（［美］肯尼斯·汤普森、戴维·克林顿修订，徐昕、郝望、李保平译），北京：北京大学出版社 2013 年版。

　　［15］［美］霍华德·J. 威尔德：《美国在冲突地区的外交政策》（陈媛媛、何克勇译），南京：江苏人民出版社 2014 年版。

　　［16］［英］杰弗里·霍斯金：《俄罗斯史》（李国庆等译），广州：南方日报出版社 2013 年版。

　　［17］［美］理查德·尼克松：《真正的战争》，北京：新华出版社

1980 年版。

[18] [英] 罗伯特·拜德勒克斯、伊恩·杰弗里斯：《东欧史》（韩炯等译），上海：东方出版中心 2013 年版。

[19] [美] 罗伯特·基欧汉：《霸权之后：世界政治经济中的合作与纷争》（苏长和、信强、何曜译），上海：上海人民出版社 2012 年版。

[20] [美] 罗伯特·基欧汉、约瑟夫·奈：《权力与相互依赖：转变中的世界政治》（门洪华译），北京：北京大学出版社 2012 年版。

[21] [美] 罗伯特·卡根：《天堂与权力：世界新秩序中的美国与欧洲》（刘坤译），北京：社会科学文献出版社 2013 年版。

[22] [美] M. K. 杰万诺夫斯基：《波兰共产党历史概要》（杨绿洲译），北京：人民出版社 1990 年版。

[23] [加] 娜奥米·克莱恩：《休克主义：灾难资本主义的兴起》（吴国卿、王柏鸿译），桂林：广西师范大学出版社 2010 年版。

[24] [美] 塞缪尔·亨廷顿：《文明的冲突与世界秩序的重建》（周琪等译），北京：新华出版社 2013 年版。

[25] [美] 塞缪尔·亨廷顿：《第三波：20 世纪后期的民主化浪潮》（欧阳景根译），北京：中国人民大学出版社 2012 年版。

[26] [美] 托尼·朱特：《战后欧洲史》（林骧华等译），北京：中信出版社 2014 年版。

[27] [俄] 瓦列里·列昂尼多维奇·彼得罗夫：《俄罗斯地缘政治：复兴还是灭亡》（于宝林等译），北京：中国社会科学出版社 2008 年版。

[28] [美] 沃尔特·拉费伯尔：《美国、俄国和冷战，1945—2006 年》（牛可、翟韬、张静译），北京：世界图书出版公司北京公司 2012 年版。

[29] [美] 沃尔特·拉塞尔·米德：《美国外交政策如何影响世界》

（曹化银译），北京：中信出版社 2003 年版。

[30]［波］耶日·卢克瓦斯基、赫伯特·扎瓦德斯基：《波兰史》（常程译），上海：东方出版中心 2014 年版。

[31]［美］约翰·刘易斯·加迪斯：《长和平——冷战史考察》（潘亚玲译），上海：上海人民出版社 2012 年版。

[32]［美］约翰·米尔斯海默：《大国政治的悲剧》（王义桅、唐小松译），上海：上海人民出版社 2008 年版。

[33]［美］约翰·伊肯伯里：《大战胜利之后制度、战略约束与战后秩序重建》（门洪华译），北京：北京大学出版社 2008 年版。

[34]［美］约瑟夫·奈：《美国霸权的困惑：为什么美国不能独断专行》（郑志国等译），北京：世界知识出版社 2002 年版。

[35]［美］兹比格纽·布热津斯基：《大棋局：美国的首要利益及其地缘战略》（中国国际问题研究所译），上海：上海人民出版社 2012 年版。

[36]［美］兹比格纽·布热津斯基：《大失败——20 世纪共产主义的灭亡》（军事科学院外国军事研究部译），北京：军事科学院出版社 1989 年版。

学位论文

[1] 陈佳：《论北约转型》，中共中央党校博士学位论文，2009 年。

[2] 陈士平：《论冷战后中东欧在俄欧关系中的角色变化》，华东师范大学硕士学位论文，2005 年。

[3] 陈云超：《马克思恩格斯著作中有关波兰民族问题的思想研究》，新疆大学硕士学位论文，2010 年。

[4] 范新宇：《转轨国家经济发展道路的思考》，中国社会科学院研究生院博士学位论文，2001 年。

［5］鞠豪：《冷战后中东欧国家政党变迁和政治社会化》，山东大学硕士学位论文，2012年。

［6］李卢霞：《FDI、制度变迁与经济增长——一个基于转型经济国家的研究》，复旦大学博士学位论文，2009年。

［7］李芸：《从冷战后北约战略概念的演变看美欧关系变化》，外交学院硕士学位论文，2013年。

［8］胡彦：《页岩气对俄欧天然气贸易的影响评析》，华东师范大学硕士学位论文，2013年。

［9］李巧英：《美国的东欧导弹防御计划研究》，华东师范大学硕士学位论文，2010年。

［10］林婕：《冷战后北约东扩与美欧关系》，武汉大学博士学位论文，2005年。

［11］刘超：《欧盟东扩及其制度互动》，外交学院博士学位论文，2003年。

［12］柳丰华：《苏联解体后俄罗斯的西部安全环境与西部安全战略》，中国社会科学院研究生院博士学位论文，2002年。

［13］刘利民：《影响北约战后继续存续的决定性因素》，清华大学博士学位论文，2004年。

［14］刘秀萍：《欧盟北约双东扩与欧美关系》，外交学院硕士学位论文，2004年。

［15］刘郢庆：《冷战后美国应对欧盟东扩的政策分析》，华东师范大学硕士学位论文，2008年。

［16］吕香芝：《打开缺口：美国对波兰政策研究（1980—1989）》，陕西师范大学博士学位论文，2013年。

［17］彭睿睿：《试论美欧在北约东扩中的争论与合作》，上海师范

大学硕士学位论文，2003年。

[18] 唐娟：《冷战后的波俄关系》，黑龙江大学硕士学位论文，2012年。

[19] 王达：《中东欧转轨国家国有商业银行公司治理结构改革研究》，吉林大学博士学位论文，2009年。

[20] 汪红英：《欧盟东扩背景下的波兰外交政策》，华东师范大学硕士学位论文，2007年。

[21] 王箫轲：《美国对外经济援助研究》，吉林大学博士学位论文，2012年。

[22] 王一诺：《冷战后中东欧国家与俄罗斯关系研究》，中国社会科学院研究生院博士学位论文，2012年。

[23] 王晓军：《冷战后俄罗斯军事战略研究》，吉林大学博士学位论文，2012年。

[24] 吴庆隆：《后金融危机时代中东欧政党政治研究——以波兰、匈牙利为例》，华东师范大学硕士学位论文，2013年。

[25] 吴媛：《自由欧洲电台与东欧剧变》，陕西师范大学硕士学位论文，2013年。

[26] 熊昊：《入盟后波兰对美欧俄外交政策的演变——基本政策与主要难题》，中国人民大学博士学位论文，2011年。

[27] 许加梅：《冷战时期美国对东欧政策研究（1955—1968）》，复旦大学博士学位论文，2004年。

[28] 杨娜：《冷战结束以来的波俄关系研究》，中共中央党校硕士学位论文，2012年。

[29] 杨友孙：《波兰社会主义演变中的美国因素》，外交学院博士学位论文，2004年。

［30］赵淑芳：《普京执政以来的俄美关系》，中共中央党校博士学位论文，2005 年。

［31］赵耀虹：《冷战时期美国对东欧的援助政策（1945—1968）》，华东师范大学硕士学位论文，2014 年。

［32］郑毅：《冷战后的美国对俄政策：从老布什到克林顿》，中共中央党校博士学位论文，2012 年。

［33］朱立群：《冷战后欧洲安全结构研究》，外交学院博士学位论文，2001 年。

［34］庄湧：《北约转型及其对北约组织能力的影响》，复旦大学硕士学位论文，2008 年。

期刊报纸文献

［1］北京大学国家发展研究院科勒德克：《波兰改革历程及启示》，《北京大学国家发展研究院简报》2004 年第 11 期。

［2］蔡方柏：《欧美矛盾及其发展趋势》，《国际问题研究》2003 年第 6 期。

［3］成键：《空难·气田·俄欧关系走向》，《中国石油石化》，2010 年第 9 期。

［4］戴超武：《斯大林、苏联外交与冷战的起源》，《俄罗斯研究》2013 年第 1 期。

［5］方雷、孙奇：《中东欧国家的政治转轨：以波匈捷为例》，《山东大学学报》2006 年第 1 期。

［6］高歌：《中东欧国家政治转轨的基本特点》，《当代世界与社会主义》2009 年第 1 期。

［7］高歌：《东欧国家经济转轨与政治转轨关系》，《东欧中亚研究》2001 年第 4 期。

［8］郭洁：《近二十年波兰外交转型刍议》，《俄罗斯研究》2012 年第 1 期。

［9］郭增麟：《波兰：从军管到交权——政治转轨中的雅鲁泽尔斯基》，《当代世界社会主义问题》2001 年第 2 期。

［10］胡丽艳：《俄罗斯、欧盟和美国在中东欧国家的竞争与合作》，《俄罗斯研究》2008 年第 2 期。

［11］姜振飞：《美国在东欧部署反导系统的动机及影响》，《现代国际关系》2007 年第 8 期。

［12］姜振飞：《美国东欧反导计划评析》，《解放军外国语学院学报》2008 年第 1 期。

［13］金雁：《波兰经济转轨的成就、经验与教训》，《国际经济评论》2003 年第 3 期。

［14］孔寒冰：《大国阴影下的东欧社会转型历程》，《学术前沿》2014 年第 10 期。

［15］孔田平：《波兰的欧盟政策与入盟谈判战略》，《欧洲研究》2004 年第 2 期。

［16］孔田平：《巨变 20 年，东欧再度面临抉择》，《中国改革》2009 年第 8 期。

［17］孔田平：《尚未终结的革命——中东欧转型 20 年》，《南风窗》2010 年第 12 期。

［18］孔田平：《中欧国家的转型与崛起》，《中国社会科学院院报》2008 年第 6 期。

［19］孔田平：《从中央计划经济到市场经济：波兰案例》，《俄罗斯东欧中亚研究》2005 年第 1 期。

［20］孔田平：《通过谈判的革命——波兰的转型之路》，《南风窗》

2009 年第 15 期。

[21] [美] 雷蒙德·塔拉斯:《波兰的长期恐俄症? 精英和大众态度的比较》,《俄罗斯研究》2014 年第 1 期。

[22] 李寒秋:《波兰对外战略转型剖析》,《国际展望》2004 年第 3 期。

[23] 李兰:《波兰统一工人党下台的原因及启示》,《理论前沿》2011 年第 10 期。

[24] 李水生:《美国拉开建立欧洲反导体系序幕》,《解放军报》2010 年 6 月 3 日,第 4 版。

[25] 刘邦义:《波兰政局的剧变与"团结工会"》,《世界历史》1995 年第 5 期。

[26] 刘国柱:《当代美国"民主援助"解析》,《美国研究》2010 年第 3 期。

[27] 刘华平:《美国导弹防御计划及其影响》,《现代国际关系》2008 年第 12 期。

[28] 刘华平:《论美国东欧反导计划对欧洲共同安全与防务政策的影响》,《国际论坛》2009 年第 2 期。

[29] 刘靖华、牛军、姜毅:《论北约东扩——地缘政治与文明特性的双重分析》,《美国研究》1997 年第 3 期。

[30] 刘敏茹:《欧洲一体化对中东欧国家政党制度转型的影响》,《当代世界与社会主义》2008 年第 6 期。

[31] 刘永涛:《文化与外交:战后美国对文化战略透视》,《复旦学报》(社会科学版) 2001 年第 3 期。

[32] 刘哲、孙熠:《金融危机视角下转型国家资本流动和外资依赖问题分析——以波兰、捷克、匈牙利为例》,《世界经济与政治论坛》

2010 年第 2 期。

［33］龙静：《变动的地缘政治与中东欧地区》，《俄罗斯中亚东欧研究》2008 年第 2 期。

［34］卢春龙：《新兴中产阶层对民主价值的理解：立足中国国情的民主价值观》，《政治学研究》2014 年第 1 期。

［35］吕香芝、白建才：《冷战时期美国对波兰政策的特点》，《社会科学家》2012 年第 9 期。

［36］梦峨：《美国反导基地好处多波兰不轻言放弃》，《世界报》2008 年 6 月 25 日，第 6 版。

［37］苗华寿：《东欧国家十年来政治经济转轨的特点和趋势》，《欧亚社会发展研究》1999 年第 10 期。

［38］裴远颖：《关于波兰剧变的回忆》，《南风窗》2005 年第 7 期。

［39］［美］普杰莫斯拉夫·维耶高什：《"团结工会" 25 周年——从工人革命到资本主义（张效民译）》，《国外理论动态》2002 年第 2 期。

［40］宋耀：《欧盟东扩对中东欧国家的负面影响分析》，《俄罗斯中亚东欧研究》2005 年第 1 期。

［41］孙晓青、王莉：《中东欧国家的外交政策：定位、取向及影响》，《欧洲研究》2004 年第 2 期。

［42］孙永祥：《东欧国家能源现状及其与大国的关系》，《俄罗斯中亚东欧市场》2009 年第 6 期。

［43］武锦：《浅谈 "新欧洲" 与 "老欧洲" 的分歧》，《忻州师范学院学报》2004 年第 4 期。

［44］熊昊：《空难事件后波兰对美欧俄政策走向》，《现代国际关系》2010 年第 4 期。

［45］徐坡岭、张鲁平：《国际金融危机冲击下中东欧国家经济走势分析》，《俄罗斯研究》2009 年第 3 期。

［46］徐刚、项佐涛：《金融危机下的中东欧：冲击及其应对》，《现代国际关系》2010 年第 1 期。

［47］杨烨：《欧盟东扩中的"波兰现象"评析》，《俄罗斯中亚东欧研究》2004 年第 4 期。

［48］杨友孙：《美国对欧盟政策的演变及其影响》，《国际问题研究》2006 年第 4 期。

［49］殷红：《民主化先行式转型之评析——苏东剧变 20 年后的反思》，《辽宁大学学报》2010 年第 3 期。

［50］余南平、李享、吴皓伟、梁菁：《金融危机下中东欧转型模式再评估》，《俄罗斯研究》2009 年第 3 期。

［51］余南平、孔令兰萱：《融危机时代中东欧社会经济转型评估》，《俄罗斯研究》2013 年第 4 期。

［52］张迎红：《浅论中东欧国家政治体制的欧盟化问题》，《俄罗斯中亚东欧研究》2006 年第 5 期。

［53］张征东：《美国拉拢新欧洲暗藏玄机》，《瞭望》2007 年第 25 期。

［54］赵怀普：《美国"新欧洲"战略》，《瞭望新闻周刊》2003 年第 43 期。

［55］赵艳霞：《波美特殊关系及其制约因素探析》，《天中学刊》2008 年第 3 期。

［56］周敏凯：《论伊拉克战争后大西洋联盟的危机》，《华东师范大学学报》2004 年第 9 期。

［57］周伟：《浅谈冷战后波美关系》，《俄罗斯中亚东欧研究》2007 年第 4 期。

［58］朱晓中：《新欧洲 老欧洲：欧洲再次分裂?》，《世界知识》2013 年第 13 期。

［59］朱晓中：《欧盟内正竖起"新的经济柏林墙"》，《世界知识》2009 年第 12 期。

［60］朱晓中：《转型九问——写在中东欧转型 20 年之际》，《俄罗斯中亚东欧研究》2009 年第 6 期。

［61］朱晓中：《从铁板一块到市场细分——普京时期俄罗斯对中东欧国家政策》，《俄罗斯中亚东欧研究》2008 年第 3 期。

［62］朱晓中：《从欧洲邻国政策到东方伙伴关系——欧盟东方政策的新视线》，《俄罗斯东欧中亚研究》2009 年第 5 期。

［63］朱新光：《地缘政治与西方对波兰的外交战略》，《东欧中亚研究》2000 年第 6 期。

［64］朱行巧：《大国争斗与夹缝中的中东欧》，《俄罗斯中亚东欧研究》2008 年第 1 期。

（二）英文类

英文专著

［1］Aleks Szczerbiak, *Poland within the European Union: The New Awkward Partner?*(New York: Routledge, 2011) .

［2］Alexander M. Haig, *Caveat: Realism, Reagan and Foreign Policy* (New York: Scribner, 1984) .

［3］Andrzej Kapiszewski, *Poland: In Europe with America* (Krakow: Ksiegarnia Akademicka, 2004) .

［4］Aleksandra Zieleniec, *90 Years of Polish-U. S. Diplomatic Ties* (Krakow: Technet, 2009) .

［5］Arthur I. Cyr, *After the Cold War: American Foreign Policy, Europe and*

Asia (New York: New York University Press, 1997) .

[6] Arthur Rachwald, *In Search of Poland: The Superpowers Response to Solidarity, 1980−1989* (Palo Alto: Hoover Institution Press, 1990) .

[7] Center for Strategic and International Studies, *Twenty Years of American Foreign Policy Towards Poland: 1976 − 1996* (Washington, D. C. : Center for Strategic and International Studies, 1996) .

[8] George F. Kennan, *American Diplomacy* (Chicago: University of Chicago Press, 2012) .

[9] Gregory F. Domber, *Empowering Revolution America, Poland, and the End of Cold War* (Chapel Hill: The University of North Carolina Press, 2014) .

[10] GrzegorzEkiert, *The State against Society: Political Crisis and Their Aftermath in East Central Europe* (Princeton: Princeton University Press, 1996) .

[11] Halford J. Mackinder, *Democratic Ideals and Reality* (London: Faber and Faber, 2009) .

[12] Ilya Prizel, Andrew A. Michta, *Polish Foreign Policy Reconsidered: Challenges of Independence* (New York: St. Martin's Press, 1995) .

[13] Jeffrey Sachs, *Poland's Jump to the Market Economy* (Massachusetts: The MIT Press, 1999) .

[14] John Baylis, Jon Ropert, *The United States and Europe* (London: Routledge, 2006) .

[15] John E. Jackson, Jacek Klich & Krystyna Poznanska, *The Political Economy of Poland's Transition: New Firms and Reform Governments* (Cambridge: Cambridge University Press, 2005) .

[16] John Lewis Gaddis, *The Cold War: A New History* (London: Penguin Books, 2005) .

[17] Jonathan Kwitny, *Man of the Century* (New York: Henry Holt and Company, 1997) .

[18] Kerry Longhurst, Marcin Zaborowski, *The New Atlanticist: Poland's Foreign and Security Policy Priorities* (Hoboken: Wiley-Blackwell, 2007) .

[19] Marcin Zaborowski, David H. Dunn, *Poland - A New Power in Transatlantic Security* (Portland: Frank Cass & Co. Ltd. Publishers, 2003) .

[20] Melvyn P. Leffler, *For the Soul of Mankind, The United States, the Soviet Union and the Cold War* (New York: Farrar, Straus & Giroux Inc. , 2009) .

[21] Melvyn P. Leffler, Odd Arne Westad, *The Cambridge History of the Cold War* (Cambridge: Cambridge University Press, 2010) .

[22] Lena Kolarska-Bobinska, Jacek Kucharczyk & Piotr Maciej Kaczynski, *Bridges Across the Atlantic? Attitudes of Poles, Czechs and Slovaks Towards the United States* (Warsaw: Institute of Public Affairs, 2005) .

[23] Luckas, Richard C, *Bitter Legacy Polish-American Relations in the Wake of World War* II (Lexington: The University Press of Kentucky, 1982) .

[24] Michael Nelson, *War of the Black Heavens: the Battles of Western Broadcasting in the Cold War* (New York: Syracuse University Press, 1997) .

[25] Norman Davies, *Heart of Europe: A Short History of Poland* (Oxford: Oxford University Press, 1984) .

[26] Piotr S. Wandycz, *The United States and Poland* (Cambridge: Harvard University Press, 1980) .

[27] Roman Kuzniar, *Poland's Foreign Policy after 1989* (Warsaw: Wydawnictwo Naukowe Scholar, 2009) .

[28] Sabrina P. Ramet, *Central and Southeast European Politics since 1989* (Cambridge: Cambridge University Press, 2010) .

[29] Sharon L. Wolchik, Jane Leftwich Curry, *Central and East European Politics: From Communism to Democracy* (Third Edition, London: Rowman & Littlefield, 2014) .

[30] Susan Rose-Ackerman, *From Elections to Democracy: Building Accountable Government in Hungary and Poland* (Cambridge: Cambridge University Press, 2005)

[31] Thomas Carothers, *Aiding Democracy Abroad: The Learning Curve* (Washington, D.C.: Carnegie Endowment for International Peace, 1999) .

[32] Walter LaFeber, *America, Russia and the Cold War 1945–2006* (New York: McGraw Hill Higher Education, 2006) .

英文期刊、报纸、报告

[1] Agata Wadowska, "U. S. Anti-Missile Defense: The View from Poland, " *Daily Estimate*, September 4, 2007.

[2] A. Ross Johnson, Barbara Kliszewski, " United States Policy Toward Poland, " Rand, 1987.

[3] Carl J. Bellas, Zbigniew Bochniarz, Władysław W. Jermakowicz, Michał Meller, David Toft, "Foriegn Privatization In Poland, " Center for Social & Economic Research, Warsaw, October 1994.

[4] Christine Allison, Dena Ringold, "Labor Markets in Transition in Central and Eastern Europe 1989–1995, " The World Bank, 1996.

[5] Clara Marina O'Donnel, "Poland's U-turn on European Defense: A Missed Opportunity?" *U. S. -Europe Analysis Series*, No. 53, March 6, 2012.

[6] Council on Foreign Relations, "Declaration on Strategic Cooperation Between the United States of America and the Republic of Poland, August 2008, " Council on Foreign Relations, 2014.

[7] David L. Goldwyn, "Refreshing European Energy Security Policy: How the U. S. Can Help," The Brookings Institution, 2014.

[8] David Lipton, Jeffery Sachs, "Creating a Market Economy in Eastern Europe: The Case of Poland," *Brookings Papers on Economic Activity*, 1990.

[9] David Lipton, "Building Market Economies in Europe: Lessons and Challenges after 25 Years of Transition," Warsaw: International Monetary Fund, October 24, 2014.

[10] Doug Bandow, "Poland's Alliance with America: Worthless to Whom?" Cato Institute, June 25, 2014.

[11] Francis Fukuyama, "The End of History?" *The National Interest*, Summer, 1989.

[12] Frank Carlucci, Robert, Hunter, Zalmay Khalilzad, "Taking Charge: A Bipartisan Report to the President Elect on Foreign Policy and National Security," Rand, 2001.

[13] George N. Lewis, Theodore A. Posto, "European Missile Defense: The Technological Basis of Russian Concerns," Arms Control Association, October, 2007.

[14] Grzegorz Motak, "Poland's Role in European and World System of States 1979-2007," Monterey California, Naval Postgraduate School, 2008.

[15] George Sanford, "Overcoming the Burden of History in Polish Foreign Policy," *Journal of Communist Studies & Transition Politics*, Vol. 19, Iss. 3, September 2003.

[16] Ilan Berman, *Defense Dossier*, Washington, D. C. : American Foreign Policy Council, February 2014.

[17] Ivo H. Daalder, James M. Lindsay, "The Bush Revolution: The

Remaking of America's Foreign Policy, " The Brookings Institution, April 2003.

[18] Jan Hagemejer, Jan J. Michalek, "Political Economy of Poland's Trade Policy, "Annual ETSG Conference, Vienna, September 7-9, 2006.

[19] Janusz Bugajski, "The Eastern Dimension of America's New European Allies, " U. S. Government, October 2007.

[20] Jeremy Shapiro, Nick Whitney, "Towards a Post-American Europe: A Power Audit of EU-U. S. Relations, " The European Council on Foreign Relations, 2009.

[21] John Van Oudenaren, " Sources of Conflict in Europe and the Former Soviet Union, " Rand, 2007.

[22] Krzysztof Fedorowicz, "National Identity and National Interest in Polish Eastern Policy, 1989 – 2004, " *Nationalities Papers*, Vol. 35, No. 3, July 2007.

[23] Marcin Zaborowski, " From America's Protégé to Constructive European, Polish Security Policy in the Twenty-First Century, "The European Union Institute for Security Studies, December, 2004.

[24] Morton Halperin, "Guaranteeing Democracy, "*Foreign Policy*, No. 91, Summer 1993.

[25] Mark Me lamed, "Polish-American Relations in the Aftermath of the War in Iraq, " *The Polish Foreign Affairs Digest*, Vol. 5, No. 2, 2005.

[26] Marcin Zaborowski, " From America's Protégé to Constructive European, Polish Security Policy in the Twenty-First Century, " The European Union Institute for Security Studies, December 2004.

[27] Marcin Zaborowski, David H. Dunn, "Poland – A New Power in Transatlantic Security, " Frank Cass, 2003.

[28] Michael Moran, "MSNBC: Terms of Estrangement: For Poles, the Choice Was Easy, "Council on Foreign Relations, 2014.

[29] Michal Andrle, Roberto Garcia-Saltos, Giang Ho, "A Model-Based Analysis of Spillovers: The Case of Poland and the Euro Area, " International Montery Fund, October 17, 2014.

[30] Mickey Edwards, Stephen J. Solarz, "Foreign Policy Tools: Budget, Aid, Defense, Force, " Brookings, Spring 1997.

[31] Nicola Butler, Martin Butcher, "Bucharest Summit: U. S. Missile Defence Bases Continue to Divide NATO, " *Disarmament Diplomacy*, No. 87, Spring 2008.

[32] Piotr Buras, GUA, "After Tusk: Poland in Europe, " European Council on Foreign Relations, November 28, 2014.

[33] Ronald D. Asmus, Alexandr Vondra, "The Origins of Atlanticism in Central and Eastern Europe, " *Cambridge Review of International Affairs*, Vol. 18, Iss. 2, 2005.

[34] Rudolph J. Rummel, "Democracies Don't Fight Democracies, "*Peace*, May/June 1999.

[35] Ryszard Ziba, "Transformation of Polish Foreign Policy, " *The Polish Foreign Affairs Digest*, Vol. 4, Iss. 13, 2004.

[36] Sarah M. Terry, "Poland's Foreign Policy since 1989: The Challenges of Independence, " *Communist and Post-Communist Studies*, Vol. 33, Iss. 1, March 2000.

[37] Sonya Kostova Huffman, Stanley R. Johnson, "More Impacts of Economic Reform in Poland: Welfare Changes within a Consistent Framework, " Center for Agricultural and Rural Development, Iowa State University, 2001.

[38] Stephen Blank, "From Eurasia with Love," *The Journal of the National Committee on American Foreign Policy*, Vol. 36, Iss. 3, 2014.

[39] Ted Galen Carpenter, Andrew Stone, "NATO Expansion Flashpoint No. 1: The Border between Poland and Belarus," Cato Institute Foreign Policy Briefing, No. 44, 1997.

[40] Ted Galen Carpenter, "Democracy and War," *The Independent Review*, Vol. 2, No. 3, Spring 1998.

[41] Thomas S. Szayna, F. Stephen Larrabee, "East European Military Reform After the Cold War: Implications for the United States," Rand, 1995.

[42] Thomas S. Szayna, "Polish Foreign Policy under a Non-Communist Government: Prospects and Problems," Rand, April 1990.

[43] The World Bank, *Poland Country Partnership Strategy(2014-2017)*, Official Document, 2013.

[44] Yury Fedorov, "American Ballistic Missile Defence, Russian Iskanders and a New Missile Crisis in Europe," Chatham House, May 22, 2009.

(三) 主要参考网站

[1] 美国白宫, http://www. whitehouse. gov/。

[2] 美国国务院, http://www. state. gov/。

[3] 美国国务院历史学家办公室, https://history. state. gov/。

[4] 美国外交关系协会, http://www. cfr. org/。

[5] 美国外交事务杂志, http://www. foreignaffairs. com/。

[6] 美国外交政策杂志, http://www. foreignpolicy. com/。

[7] 美国国际战略研究中心, http://csis. org/。

[8] 美国布鲁金斯学会, http://www. brookings. edu/。

［9］ 美国卡特研究所，http：//object. cato. org/。

［10］ 美国兰德公司，http：//www. rand. org/。

［11］ 美国胡佛研究所，http：//www. hoover. org/。

［12］ 美国对外政策理事会，http：//www. afpc. org/。

［13］ 美国国家民主研究所，https：//www. ndi. org/。

［14］ 美国全国民主基金会，http：//www. ned. org/。

［15］ 美国国际私营企业中心，http：//www. cipe. org/。

［16］ 美国卡内基国际和平基金会，http：//carnegieendowment. org/。

［17］ 美国自由之家，https：//freedomhouse. org/。

［18］ 美国洛克菲勒基金会，http：//www. rockefellerfoundation. org/。

［19］ 波兰国际事务研究所，http：//www. pism. pl/。

［20］ 波兰外交部，http：//www. msz. gov. pl/en/ministry_ of_ foreign_ affairs。

［21］ 欧洲对外关系委员会，http：//www. ecfr. eu/。

［22］ 英国伦敦国际战略研究所，http：//www. iiss. org/。

［23］ 世界银行集团，http：//www. worldbank. org/。

［24］ 国际货币基金组织，http：//www. imf. org/external/index. htm。

［25］ 中国社会科学院俄罗斯东欧中亚研究所，http：//euroasia. cass. cn/。

［26］ 中华人民共和国外交部，http：//www. fmprc. gov. cn/。

［27］ 中华人民共和国驻波兰共和国大使馆，http：//pl. mofcom. gov. cn/。

［28］ 美国国际开发署，https：//www. usaid. gov/。

［29］ 欧洲复兴开发银行，http：//www. ebrd. com/。

［30］欧洲投资银行, http://www.eib.org/。

［31］Polish American Congress, http://www.pac1944.org/.

［32］Reagan Presidential Library, https://reaganlibrary.gov/s-reasearch.

［33］The Polish Information and Foreign Investment Agency（PAIiIZ）, http://www.paiz.gov.pl/.

附录

美波关系大事记

1917 年 1 月 22 日，美国总统威尔逊在给参议院的咨文中，提出"应当建立统一、独立和自主的波兰"的主张，令波兰问题成为国际政治中的重大问题。[①]

1918 年

1 月 8 日，美国总统威尔逊提出"十四点原则"，专门指出，"一个独立的波兰国家应当被重建，其中包括无可争议的波兰人口居住区，保证拥有一个自由安全的出海口，并以国际条约保证其政治经济独立和领土完整"。这也被认为是美国一战后官方为波兰独立而努力的起始。

8 月，第一届波兰美国代表大会（Polish American Congress）在底特律召开。

1919 年

1 月 30 日，美国在法律上承认波兰国家合法性。

2 月，美国开始每月向波兰提供价值 850 万美元的食物。

[①] 刘祖熙：《波兰通史》，北京：商务印书馆 2006 年版，第 345 页。

5月，美国和波兰分别特派本国全权代表在对方国家首都履职。

1920年，美国—波兰工商业联合会在纽约设立，波兰—美国工商业联合会在华沙设立。

1926年，为纪念美国独立150周年，由波兰政府以及波兰国内部分公民团体和工商界领袖联合发起，向美国赠送了一份由550万波兰人（占波兰总人口数的1/6）签署，表示友谊和感恩的祝福宣言。该宣言包含个人签名、原创艺术作品、公务印章、照片、书法和文册，共111卷。

1927年10月，波兰得到美国银行财团7100万美元的稳定借款。

1939年10月2日，美国承认由西科尔斯基领导的波兰流亡政府。

1944年
5月，美国与波兰合力在意大利和法国对抗德国军队。
5月，"美国波兰裔人联合会"成立。①

1945年7月5日，美国和英国收回对伦敦波兰流亡政府的承认，同时承认波兰临时民族统一政府。

1947年
7月23日，美国国务院发表政策声明，不再向能够自给自足的波兰政府提供经济援助。这是自波兰1918年复国以来美国对波兰经济援助的终结。

10月，美国大使馆秘密策划农民党领导人米柯瓦伊契克逃离波兰。

1950年3月14日，由于未加入美国"马歇尔计划"而受到政策歧视

---

① Polish American Congress, http://www.pac1944.org/history/Origins.htm.

的波兰退出国际货币基金组织和国际复兴开发银行。

1956 年

10 月 24 日，美国政府表示愿意继续向波兰提供援助。

11 月 19 日，美国国家安全委员会制定 NSC5616/2 号文件，即“美国对波兰匈牙利局势进展的临时政策”，文件详细规划了对波兰经济援助、加强美波经济交流和人员往来的方案。

1957 年

1 月 5 日，美国政府正式宣布 1954 年的《农业贸易发展和援助法》第 107 条（PL480）不禁止向波兰出售农产品，为美国对波兰农产品出口提供了法律基础。

2 月 26 日，中断十年的美波经济会谈在华盛顿召开。谈判内容主要涉及美国对波兰的经济援助。

1958 年 4 月 16 日，美国国家安全委员会通过了“美国对波兰政策”（NSC5808/1 号）文件，也是美国对波兰演变战略的纲领性文件。文件否定了曾经遏制波兰的做法，明确提出对波采取“和平演变”战略（这是“和平演变”第一次出现在美国正式文件之中，即从“revolution”变为“evolution”）。

1959 年

1 月，波兰语刊物《美国介绍》正式在波兰发行，该刊物由美国新闻署主管，以月刊形式出版，每月 32000 份，每份 60 页。

8 月 29 日，美国在波兰的波兹南开设领事馆，是美国在苏联阵营内的国家首都以外城市开设的第一个领事馆。

1960 年 11 月 17 日，波兰获得美国最惠国待遇。

1962 年 4 月 1 日，美国与波兰签订协议，美国为波兰提供 200 万美元用于实施医药研究计划。[①]

1967 年，波兰在美国的支持下，先于其他东欧国家成为《关税及贸易总协定》（GATT）成员国。

1968 年 9 月 6 日，美国国务院宣布，为了报复波兰参加对捷克的入侵，中断与波兰的半官方文化交流。

1972 年

5 月 31 日—6 月 1 日，美国总统尼克松访问波兰，发表关于加强双边合作的联合公报。

6 月 1 日，《波美联合公报》发表，表示要加强双方经济联系。

1974 年 10 月 8—13 日，波兰总统盖莱克访问美国，成为第一位到访白宫的共产主义国家领导人。双方签署了包括《关于波美关系原则的声明》《关于波美发展经济、工业、技术合作的联合声明》在内的 8 个协议，并商定两国将就双边关系和重要国际问题进行多级别磋商。

1975 年 7 月，美国总统福特访问波兰，波美双方签署联合声明，表示将在各种级别、各种讲坛上继续两国的接触和磋商，并进一步发展两国的经济和技术合作。

1976 年

4 月 5 日，美国国务院发表国务院顾问赫尔姆特·索南费尔特 1975 年 12 月在美国驻欧洲大使会议上的讲话摘要，间接承认东欧为苏联的势

---

① 薛启亮、柏实、韩鹏：《和平演变与范和平演变的历史记录》，沈阳：辽宁人民出版社 1992 年版，第 899 页。

力范围，在波兰人群体中引起轩然大波。①

同年，华沙大学美国研究中心成立，是东欧地区与美国合作成立的第一个美国研究中心。

1977 年，美国总统卡特访问波兰，双方商定美国继续增加对波兰的经济援助。

1978 年 10 月 16 日，克拉科夫红衣主教沃伊蒂瓦在美国的大力支持下当选梵蒂冈教皇，即约翰·保罗二世。

1980 年 8 月 22 日，西方银行向波兰提供 3.25 亿美元的贷款。

1981 年 12 月 24 日，美国宣布对波兰实施经济制裁，要求波兰政府取消战时状态，释放被捕人员，恢复"团结工会"的活动。

1982 年

1 月 11 日，以美国为主导的北约国家实行对波兰的集体制裁。

5 月，美国总统里根签署了名为《美国国家安全战略》的美国国家安全指令（NSDD32），授权采取措施抵消苏联控制东欧地区的努力，目的在于援助波兰"团结工会"，采取经济制裁、外交孤立等手段动摇波兰政府。②

6 月，美国总统里根和波兰籍教皇在梵蒂冈图书馆会面，细谈了波兰和苏联在东欧的主导地位。

10 月 27 日，美国总统里根签署关于取消波兰最惠国待遇的公告。

---

① 资中筠：《战后美国外交史——从杜鲁门到里根》，北京：世界知识出版社 1994 年版，第 748 页。

② Carl Bernstein, "The Holy Alliance," *TIME*, February 24, 1992, pp. 14-21；另可参见于力人：《中央情报局 50 年》，北京：时事出版社 1998 年版，第 678 页。

1984 年

7 月

21 日，波兰政府宣布大赦，释放了"团结工会"大批积极分子和其他一些政治犯。

22 日，美国总统里根宣布解除对波兰的部分经济制裁。

8 月，里根政府确认本月为"美国波裔人月"。

1985 年 9 月，雅鲁泽尔斯基赴古巴哈瓦那，发表"反美讲话"。

1987 年

2 月 19 日，美国政府宣布取消对波兰长达 62 个月的经济制裁，美国恢复波兰最惠国待遇，双方互派大使，恢复了外交关系。

9 月 26 日，时任美国副总统乔治·布什访问波兰，并与"团结工会"首领瓦文萨举行会谈，对其表示支持。

1989 年

4 月

17 日，美国总统布什宣布美国将给予波兰 10 亿美元的一揽子援助。

18 日，美国总统布什呼吁国际金融机构和西方盟国同美国一道，帮助波兰的"民主力量"。

7 月

9—11 日，美国总统布什访问波兰，并就圆桌会议的达成的让雅鲁泽尔斯基参加总统选举这一协议，与"团结工会"进行协商。

10 日，美国总统布什在波兰议会和参议院联席会议上讲话，宣布"援助波兰行动计划"。

10 日，波兰和美国签署了一项建立文化和信息中心的协议。

8 月 21 日，美国国务院称美国支持波兰民主进程。

11 月 28 日，美国政府通过了《支持东欧民主法案》，以此作为对后社会主义转型初期的波兰和匈牙利的援助政策指导。

11 月，"团结工会"领导人瓦文萨访问美国，并对美国两院发表演讲，让美国民众深刻意识到波兰剧变对美国的重要意义，美国从此成为世界独一无二的超级大国。[①]

1991 年

3 月，波兰总统瓦文萨访问美国。美国与波兰签署美波关系声明，确定了美国对波兰的防务负有责任。对于波兰所欠美国债务，美国宣布减免 70%。

9 月，时任波兰总理别莱茨基访问美国，宣布了波兰加入北约的决心。[②]

海湾战争期间，波兰与美国情报人员紧密合作。由于战争导致了美国与伊拉克外交往来的中断，美国请波兰使馆作为美国在伊拉克利益的官方代表。

1992 年 2 月 24 日，美国《时代周刊》杂志推出名为《神圣同盟》的封面文章，详细披露了美国总统里根和罗马教皇约翰·保罗二世如何在 20 世纪 80 年代联手，共同在暗中支持和操纵"团结工会"活动的诸多细节。

1994 年

3 月，美国国家民主研究所在波兰首都华沙组织了一场关于比较宪法的会议，并与波兰议会开展了关于行政立法关系的讨论。

---

① Roman Kuzniar, *Poland's Foreign Policy after 1989* (Warsaw: Wydawnictwo Naukowe Scholar, 2009) , p. 104.

② 刘祖熙：《波兰通史》，北京：商务印书馆 2006 年版，第 568 页。

7月，美国总统克林顿宣布，给予波兰2亿美元的经济援助。

1995年6月，北约外长会议商定了欧洲安全原则，为"北约东扩"做好了制度上的准备。

1996年10月22日，美国总统克林顿在美国底特律市进行竞选活动时发表讲话称，北约应在1999年前接纳第一批东欧国家为新成员。北约东扩的具体时间表第一次得到明确。

1998年，美国国家民主研究所结束了在波兰的工作，同时赋予了波兰更重要的任务，波兰成为美国国家民主研究所在别国推广民主转型的标杆和模板。在该年度波兰选举时，美国国家民主研究所专门组织塞尔维亚政治家前往波兰交流观摩学习。

1999年3月12日，波兰正式加入北约。

2000年

6月27日，由美国国务卿奥尔布赖特领导，联合波兰等6国政府共同发起的世界民主国家大会在波兰华沙召开。会议有107个"民主国家"代表参加，签署了宣告"民主国家共同体"诞生的《华沙宣言》。

9月20日，波兰与美国经济合作协定签署。美国众议院批准了一项对波兰、匈牙利提供8.37亿美元的一揽子援助计划。

11月14日，美国劳联—产联邀请原波兰"团结工会"主席瓦文萨访美，美国总统布什举行隆重欢迎仪式，并授予瓦文萨"自由勋章"。

2001年7月15日，美国总统布什访问波兰，美国与波兰发表联合公报，表示美国与波兰之间存在深厚的友谊关系，要在未来十年中共同致力于欧洲的民主化进程。

2002 年 7 月 17 日，波兰总统克瓦希涅夫斯基访问美国，并与布什总统共同召开联合记者招待会。

2003 年

1 月 13 日，波兰总统克瓦希涅夫斯基访问美国，波兰与美国开始进一步加强在军事和国际问题上的合作。

3 月 17 日，波兰宣布支持美国对伊拉克的战争，并向海湾地区派出由 200 人组成的突击队 "雷队"。

5 月 31 日，美国总统布什访问波兰，并发表题为《波兰是欧洲的良好市民和波兰是美国的亲密朋友》的演讲，表示要加强两国联合，共同反恐。

2004 年

1 月 27 日，克瓦希涅夫斯基访问美国，美国与波兰签署了 "面向 21 世纪的波美同盟" 联合声明，表示两国要进一步加深两国的战略联盟，这种联盟是建立在共同的价值观和争取自由的基础之上的。

5 月，波兰正式加入欧盟。

7 月，美国公布正与波兰协商在其境内建设导弹防御基地。

2005 年

10 月，即将卸任的波兰总统克瓦希涅夫斯基入围新一届联合国秘书长竞选名单，美国表示支持。

2006 年

2 月 8 日，波兰总统莱赫·卡钦斯基访问美国，这是其就任总统后出访的第一站。

11 月 7 日，波兰总统和总理分别批评美国驻波兰大使馆高官希拉斯评论波兰内政的不当言论。

2007 年

1 月 23 日，波兰总理雅罗斯瓦夫·卡钦斯基表示，波兰将恢复与美国关于美在波兰建立导弹防御基地问题的谈判。

5 月 24 日，美国和波兰在波兰首都华沙正式就部署导弹防御系统展开双边会谈。

7 月，欧盟要求波兰针对其境内设有美国中情局"黑狱"一事进行独立调查。

2008 年

1 月 30 日，波兰外交部部长西科尔斯基访问美国，向美国政府提出波兰批准美国在其境内部署导弹拦截装置的前提，希望美国能够提供更多的安全保障。

3 月 10 日，波兰总理唐纳德·图斯克与美国总统布什在白宫举行会谈。会谈后发布三项关于在波兰境内布设导弹拦截器的声明，美国宣布承担政治责任，允诺帮助波兰更新军队力量，美波两国还就安全问题制定了相互性和一致性原则。

5 月

7 日，波兰和美国就有关反导问题举行新一轮会谈。美国向波方正式提交军事援助方案，希望换取波兰同意在本国部署反导设施。

26 日，波兰国防部部长克利赫表示，波兰的之于美国的战略地位与亚洲的巴基斯坦和非洲的埃及类似，希望美国在帮助战略盟友时能够一视同仁，为波兰提供更多的帮助。

7 月 4 日，波兰总理唐纳德·图斯克表示，波兰未接受美国提出的在波境内部署 10 个导弹拦截器的提议。

8 月 20 日，波兰与美国正式签订在波兰部署导弹防御系统的争议性协议。

2009 年

2 月 26 日，波兰外交部部长西科尔斯基与美国国务卿希拉里举行会谈，美方表示将落实曾同波兰达成的协议，即首先阶段性、然后长期地在波部署"爱国者"导弹。

9 月 17 日，美国总统奥巴马在白宫发表电视讲话，宣布美国将放弃建立有争议的反导系统，同时会在欧洲建立新反导系统。波兰总理唐纳德·图斯克确认美国总统奥巴马表示将放弃在波兰部署反导系统计划。

12 月

10 日，由于美波双方对于美军士兵的司法审判权问题的理解差异，波兰和美国原定于本日举行《美国驻军地位协定》签署仪式取消。

11 日，波兰和美国在华沙正式签署了《美国驻军地位协定》。协定内容包含驻波美军士兵在波兰的法律归属问题，以及"爱国者"导弹在波兰的部署，还包括两国未来十年的军事合作等内容。

2010 年

5 月 26 日，波兰防长克利赫在波兰北部的莫龙格军事基地为驻波美军"爱国者"导弹连举行欢迎仪式，"爱国者"导弹正式部署在波兰。

7 月 3 日，美国国务卿希拉里访问波兰克拉科夫，参加"民主共同体"成立 10 周年会议，并与波兰外交部部长西科尔斯基签署波美导弹防御系统补充协议。

7 月，美国—波兰商业理事会（U. S. - Poland Business Council）成立，旨在促进美国与波兰之间的经济合作。

12 月 8 日，波兰总统科莫罗夫斯基访问美国，与美国总统奥巴马发表联合声明，表示要通过扩展战略和防御合作加强美波联盟，支持更加深化的经济联系，促进欧洲地区和世界民主机构的发展。确保维持强劲的跨大西洋关系，共同应对 21 世纪的机遇和挑战。①

2011 年

3 月，美波建立"双边民主对话"机制，用以共同促进世界民主化进程。

5 月 27—28 日，美国总统奥巴马访问波兰，出席在华沙举行的中欧国家峰会，并同波兰总理图斯克就两国间共同利益加强商业往来进行了讨论。

2012 年

2 月

5 日，美国与波兰签署协议，在非常形势下，波兰将对在叙利亚的美国侨民进行领事保护，同时保护美国驻叙利亚大使馆的财产。自协议签署之日起，波兰驻叙利亚大使馆将代表美国在叙利亚的利益。

6 日，美国国务院发表声明称，因"安全原因"，关闭美国驻叙利亚首都大马士革使馆，波兰政府将代表美国在叙利亚的利益。波兰外交部保证，波兰将尽一切努力通过波兰驻叙利亚外交机构保证美国在叙利亚的利益、财产以及在叙利亚的美国侨民安全。

11 月 9 日，美国空军分队进驻波兰中部的拉斯克空军基地，为部署在波兰的 F-16 战斗机和 C-130 运输机提供训练和演习支持，是美国历史上首次向波兰派驻军队。

---

① The White House, *Joint Statement by President Obama and President Komorowski of Poland*, December 8, 2010, https://www.whitehouse.gov/the-press-office/2010/12/08/joint-statement-president-obama-and-president-komorowski-poland.

2013 年

3 月 18 日，波兰—美国战略对话在华沙举行，美国副国务卿温迪·舍曼表示，美国和波兰是亲密合作伙伴，双方之间的合作具有战略意义。战略对话将继续进行反导系统谈判，同时还将谈及双方政治和军事合作等问题。①

4 月，波兰总统布罗尼斯瓦夫·科莫罗夫斯基签署法案，保证从 2012 年到 2023 年导弹防御项目享有独立的资金流。

10 月，波兰媒体曝光位于华沙的美国驻波兰大使馆的窃听装置。②

11 月 5 日，美国国务卿克里访问波兰，与波兰总理图斯克、外交部部长西科尔斯基举行会谈，随后在波兰国防部部长谢莫尼亚克的陪同下参观了位于波兰罗兹省瓦斯克的 32 号空军基地。

2014 年

1 月 30—31 日，美国国防部部长哈格尔访问波兰，与波兰总统科莫罗夫斯基、总理图斯克分别举行会晤。针对在波兰部署导弹防御系统、阿富汗和乌克兰局势、9 月在英国召开的北约峰会，以及选举新的北约秘书长等问题进行了磋商。

3 月

5 日，美国国防部部长哈格尔表示，应加强与波兰、波罗的海国家的军事合作，同时为乌克兰提供经济援助，以期帮助乌克兰缓解危机。

14 日，首批 6 架 F-16 战机抵达波兰拉斯科第 32 战术空军基地，这批战机隶属部署在意大利"阿维亚诺"空军基地的美国第 555 歼击机大队。未来两天，总共将有 12 架美国战机飞抵波兰。与此同时，连同战机

---

① 韩梅：《波兰与美国举行战略对话》，新华网，2013 年 3 月 19 日，http://news.xinhuanet.com/world/2013-03/19/c_124473853. htm。

② 美国驻波兰大使馆距波兰议会大厦仅 400 米，距波兰总理府约 2 公里。

还计划将有 300 名美国军人抵达波兰，以准备军演。

4 月 23 日，美国第 173 空降旅战斗小组约 150 名士兵抵达波兰西波莫瑞省的空军基地，参加在波兰举行的联合军事演习。

6 月

3 日，美国总统奥巴马访问波兰，与波兰总统科莫罗夫斯基在华沙举行联合记者招待会。

4 日，美国总统奥巴马在波兰发表"纪念波兰自由日 25 周年"演讲。重申美国与波兰"牢不可破"的盟友关系，并承诺将捍卫美国在东欧地区的盟友。

2015 年

2 月 25 日，美国军方向波兰特种部部队赠送曾在阿富汗服役的 45 辆"M-全地形车"系列装甲车。

3 月 4 日，波兰与美国在波兰北部地区举行实弹演习。

5 月，波兰与美国政府展开关于购买"爱国者"反导系统的谈判。

6 月 23 日，美国决定在波兰等中东欧和波罗的海国家部署重型武器。

2016 年

3 月 31 日，波兰总统杜达访问美国，在美国"国家记者俱乐部"发表演讲。波兰作为北约积极参与国际事务的倡导者，希望北约能够更加团结并确保所有成员国的安全得到有效保障。同时呼吁西方国家就克里米亚问题加大对俄罗斯制裁，并批判了欧盟的难民政策。

5 月 13 日，美国在波兰布设导弹防御系统的基地正式启动建设，计划 2018 年年底建成。

7 月 8 日，美国总统奥巴马赴波兰参加北约华沙峰会。

11 月 29 日，美国国务院批准向波兰出售防空区外导弹和经过改进的波兰空军 F-16 战斗机。

2017 年

1 月 14 日，美军"大西洋决心行动"计划的士兵进驻波兰，受到波兰政府和民众的热烈欢迎。

6 月 7 日，美国液化天然气运输船首次抵达波兰希维诺乌伊希切港。

7 月 6 日，美国总统特朗普出席在波兰首都华沙举行的"三海"国家首脑峰会。该峰会由波兰和克罗地亚总统共同倡议，致力于谋求中东欧国家在能源、运输、数字化等领域的经济合作。

7 月 6 日，波兰总统杜达会见到访华沙的美国总统特朗普，双方签署"爱国者"导弹防御系统购销备忘录，同时就波兰向美国购买天然气签署初步协议，价格远高于目前波兰购买俄罗斯天然气的价格。波兰政府还决定在 2030 年前将国防预算提高到 GDP 的 2.5%，增加的部分主要用于购买美国的武器装备。

11 月，美国国会批准向波兰出售武器，其中包括"爱国者"导弹防御系统。

2018 年

1 月 26 日，波兰总统杜达与美国国务卿蒂勒森在华沙举行会晤，就能源合作、军事合作、国际政治等议题交换看法。

2 月 1 日，波兰参议院通过"波兰死亡集中营"法案①。美国国务院敦促波兰重新评估此法案。

3 月 28 日，波兰与美国签署购买美国"爱国者"空中导弹防御系统合同，作为波兰维斯瓦防空计划的一部分。

---

① 该法案规定，若使用"波兰死亡集中营"（"Polish Death Camps"）指称奥斯维辛死亡集中营，或指控波兰是二战时期德国的共犯，可判处最高 3 年的有期徒刑。

4月

4 日，波兰在美国成立波兰—美国商会，致力于深化波美双方关系、加强商业合作。

26 日，美国—波兰商业峰会在华沙举行。波兰总统杜达、总理莫拉维茨基出席峰会。杜达指出，经济合作是波美战略联盟除安全外的另一个关键支柱。莫拉维茨基表示，波兰西北部希维诺乌伊希切液化天然气（LNG）终端具有成为天然气枢纽的能力，渴望成为美国天然气在中东欧地区的中心枢纽。波兰与美国的联盟关系也会产生新一轮美国对波兰的投资浪潮。

5 月 28 日，波兰向美国政府和国会提交提案，表示愿出资 20 亿美元欢迎美国军队常驻波兰。

9 月 18 日，波兰总统与美国总统在华盛顿签署了《波美战略伙伴关系宣言》，列出了两国在民用核能领域开展合作的目标。在之后的联合发布会上，波兰总统杜达再次公开表示，波兰愿出资 20 亿美元，邀请美国到波兰建立永久军事基地，并提议可将基地命名为"特朗普堡"。

11 月 8 日，波兰能源部长特霍热夫斯基和美国能源部长佩里在华沙签署了《能源安全联合声明》，强调在包括民用核能在内的多个领域扩大合作。

11 月 8 日，波兰国家石油天然气公司（PGNiG）与美国钱尼尔（Cheniere）公司签署液化天然气长期采购协议，合同期限 24 年，美国将向波兰出口总计约 2950 万吨（近 400 亿立方米）液化天然气。

12 月 19 日，波兰国家石油天然气公司（PGNiG）与美国桑普拉能源公司（Sempra Energy）的亚瑟港液化天然气出口项目（Port Arthur LNG）签署采购协议，计划从 2023 年起，20 年内向波兰出售 27 亿立方米天然气。